한국 대중고고학 개론

Introduction of Korean Public Archaeology

한국대중고고학회 엮음

한국 대중고고학 개론

Introduction of Korean Public Archaeology

한국대중고고학회 엮음

배기동 유용욱 이화종 이영덕 신희권 한 수 김영연
강평원 이한용 이효중 안성민 소상영 한지선 손준호
백운국 공현지 김태식 정상훈

발간에 붙여

    이 책은 그동안 있었던 생각과 시도를 학문의 새로운 사회 환경에 맞게 확장하려는 하나의 몸짓으로 이해하여 주면 좋을 것이다. 그래서 완벽하지는 않지만 새로운 분야와 방향에 대한 선언적인 개설서라고 할 수 있을 것이다.

    학문은 본질이 진리를 밝히는 작업이기는 하지만 사회적인 관심과 새로운 담론을 개발하기 위한 노력은 지속되지 않으면 안된다. 특히 인문학이나 사회과학에서는 그러한 노력이 필수적이라고 할 수 있다. 알려진 진리를 새로운 시각에서 설명하여 더욱 대중들이 이해하는 폭을 넓혀야 하는 것이 그 전공자의 의무이기도 하고 또한 사회적인 수요를 읽어서 학문이 사회 속에서 지속적 가치를 유지하는 것이 필요한 것이다. 대중고고학은 결국 고고학이 추구하는 대상을 대중들이 즐길 수 있도록 만들어가고 대중의 생활을 더욱 풍요롭게 만들어 가기 위해서 시작되고 발전되어 왔다. 대중을 위한 고고학이기도 하지만 한편으로는 대중이 참여하는 고고학 그리고 앞으로 대중이 만들어가는 고고학이기도 한 것이다. 공유되어야 하는 문화유산을 중심으로 전문가와 대중이 다같이 지식을 발견하고 즐기도록 만들어가는 학문적 노력이자 수행적인 작업인 것이다. 한국에서도 이미 시작된 것이기는 하지만 학문의 한 하부영역으로서 지속적인 발전을 위해서는 주제를 개발하고 또한 새로운 방법론을 지속적으로 개발하여야 하는 것은 필수적인 일이다. 이 책을 만들게 되는 기본적인 목적이다.

이 책은 한계가 많다. 아직도 대중고고학이 학문적으로 홀로서기를 한 것은 아니어서 세련되게 정리할 수 있지는 않다. 그러나 이 책은 이제 시작되는 학문의 영역의 원초적인 지침은 될 것으로 기대한다. 대중고고학에 관심이 있는 학자들이 모여서 이 책을 만들었다. 일단 대중고고학으로 묶을 수 있는 여러 영역의 고고학적인 지식의 교육적인 체험이나, 고고학적인 지식의 대중적인 소통증진 그리고 앞으로 발전시켜야 하는 분야들에 대하여 현재 하고 있는 작업들을 소개하는 것이다. 그러나 이 책은 시작이지 완성된 개론서라고 보는 것은 위험하다. 새로운 학문이자 고고학과는 성격이 다른 성격의 학문이기도 하기 때문에 앞으로 많은 담론이 필요할 것으로 생각된다. 그리고 지속적으로 방법론을 개발하여 학문의 수행이 점점 더 세련되도록 하지 않으면 안될 것이다.

고고학유산들이 가지는 무궁한 지적 그리고 감성적인 가치를 생각한다면 이를 활용하기 위해서나 사회적인 장치가 필요하고 이것의 수행을 위한 학문적인 탐구는 필수적이라고 할 수 있다. 특히 오늘날과 같이 창의적인 사고가 필요하고 지적자산이 사회적 경제가치의 핵심이 되는 시대에는 과거 인간들의 모든 생각들이 집적된 문화유산에 대한 다양한 대중적인 접근을 개발하고 진흥하는 대중고고학은 새로운 시대의 학문으로서 그 발전 가능성이 무궁하다고 할 수 있다. 아마도 멀지 않아서 진정한 개론서가 나오게 되고 다양한 방법론 책들이 나올 것을 기대하며 부족한 책이지만 새로운 고고학수행의 선언으로서 가치를 가지기를 바라고 감히 출판을 감행하였다. 부족하지만 새로운 시작이라는 관점에서 성원을 기대하고 질정도 기대하여 마지 않으며 저자들을 대표하여 출간의 변을 적는다.

이 책을 출간하는 데는 이화종 박사가 학문정진의 바쁜 일정에도 편집간사역을 맡아 주었고 또한 주류성 출판사의 최병식 사장의 배려에 감사드린다.

편집인 대표 **배기동**

『대중고고학 개설』을 발간하며

　한국 고고학이 발전해 오면서 양적, 질적으로 성장한 것은 누구라도 부인할 수는 없다. 이제는 유적과 유물의 규모와 수효가 학계 전문가도 망라하기 불가능할 정도로 거대해졌으며, 이러한 자료의 규모를 반영하는 수준으로 고고학계의 학문적 업적도 질적으로 일취월장하게 되었다. 그러나 이렇게 성장 일도의 고고학에서 간과되어 온 것은 바로 대중과 공공성 및 사회 환원이라는 커다란 과제이다. 고고학은 19세기에 들어서야 고유한 지적 영역으로 자리 잡은 학술 분야이다. 그렇기 때문에 상대적으로 철학, 역사학에 비해 그 학문적 전통은 일천하다. 고고학은 다양한 제반 인접 학문 분야의 접근법과 방법론이 실험적으로 구사되고 활용되면서 학문의 위상을 구축하였다. 근본적으로 고고학은 모더니즘의 전통을 가진 학문 분야이고, 당연하게도 시민과 중산층을 주축으로 하는 대중의 취향과 일맥상통하는 본질적 특성을 갖고 있다. 하지만 고고학은 학문적 발전의 역정을 거치면서 현대 사회가 요구하는 전문성을 필연적으로 담보하게 되었다. 그 결과 대중이 쉽게 접근할 수 없는 소수만을 위한 영역으로 전개된 감이 없지 않다. 따라서 현재 대중이 인식하고 있는 고고학은 뭔가 다른 사고와 가치관을 가진 사람들만이 종사하는 전문적이고 신비한 영역이라는 이미지가 강하게 부각되고 있다.

대중고고학은 이러한 고고학의 현황을 개선하고, 보다 더 비전문가이자 애호가인 대중들에게 고고학의 본질적인 지적 호기심을 발휘할 수 있는 풍토를 돌려주기 위해서 마련된 분야이다. 기존의 학술적 고고학이 지식 생산과 소수만의 독점에 머물렀다면, 대중고고학은 지식을 활용하는 측면에 더 치중하고 보다 더 넓은 저변이 이러한 지식을 향유할 수 있도록 다양한 기제를 통해 대중과 소통하는 방법이다. 따라서 대중고고학은 기존 고고학과는 달리 고고학 그 자체가 아니라 고고학을 해 나가는 일종의 방식이나 태도라고 볼 수도 있을 것이다. 이러한 방식이나 태도는 객관적으로 실체하는 뚜렷한 도그마와 같은 이론이나 방법론을 가지기 보다는 각자 다른 시각과 방식으로 나름의 의미를 가질 수 있는 열린 가치관을 배경으로 한다. 그렇기 때문에 대중고고학은 현대의 다가치 사회가 추구하는 진정한 의미의 포스트모더니즘적 세계관을 적극적으로 반영하는 분야일 것이다.

세계관과 지적 풍토의 변화 및 고고학계 자체의 성찰적 태도에서 비롯한 대중고고학은 그 실질적 발생 배경을 1970년대로 볼 수 있다. 영어로 'public archaeology'라고 불리우는 대중고고학은 'public'의 단어에서 알 수 있듯이 공공성을 강하게 내포한다. '공공'과 '대중'의 의미론적 차이는 쉽게 파악할 수는 없다. 그렇다고 양자를 맹목적으로 동일한 개념으로 치부할 근거도 희박한 것이 사실이다. 엄밀한 의미에서 공공성은 사회 구성원 전체의 권익과 정보 전달에 더 큰 의미를 둔다면 대중성은 이러한 사회 구성원들이 공통적으로 가지는 관심사와 흥미, 혹은 가치관을 함의한다. 그런 의미에서 볼 때 'public archaeology'의 번역은 공공고고학보다는 대중고고학이 더 정확하다고 볼 수 있다. 대중고고학이 최초로 구체화 된 영국에서는 이러한 용어를 특별히

'community archaeology'라고 해서 공동체 고고학의 의미로 재생산되고 있기도 하다. 그렇다면 대중이 가지는 관심사와 흥미, 혹은 가치관을 현행의 고고학이 어떻게 충족시키고 의미부여를 하고 현실화할 수 있을까? 본서는 바로 이러한 질문에 대한 답변으로 의도된 개설서이자, 한국 고고학계와 일반 대중에게 본격적으로 대중고고학이라는 학문적 장르를 데뷔시키는 무대라고 볼 수 있다.

  본서는 크게 세 부분으로 나누어서 기획되었다. 첫 번째 장인 '대중고고학의 개념과 영역'에서는 아직까지 고고학자 및 일반인들 모두에게 생소한 대중고고학을 정의하고, 그 의미 및 역할을 검토하고자 한다. 그 최초의 서술로서 국립박물관장 배기동은 대중고고학이 과연 무엇이고, 이러한 대중고고학이 개념적으로 존재할 수 있는 이론과 방법론적 배경을 제시하고 있다. 두 번째로 한양대학교의 이화종은 이러한 대중고고학의 발생과 발전에 대한 역사를 다루면서 이미 기성화 된 대중고고학이 다른 나라에서는 어떻게 진행되고 있는지 관찰하고 있다. 세 번째 글인 '대중고고학과 문화공동체의 형성'에서는 호남문화재연구원의 이영덕이 대중고고학을 통해서 새롭게 구성될 수 있는 문화 및 이러한 문화를 함께 공유하고 활용하는 본격적인 공동체 구성 운동을 제기하고 있다. 네 번째 글에서 서울시립대학교의 신희권은 고고학의 가장 대표적인 자료 획득 방법이자 고고학 자체와도 동일시되는 발굴 작업에 대하여, 이전의 전문 인력 중심의 발굴 대신 대중이 함께 참여하는 발굴의 가능성에 대해서 진단하고 있다. 그리고 다섯 번째 글에서 국립중앙박물관의 한수는 차후 미래의 주축이 될 어린이 혹은 마이너 계층의 체험 교육을 통하여 보다 적극적인 대중성을 확보하는 방법에 대해서 제시하고 있다. 여섯 번째 글은 대중교육 프로그램 운영의 필요성과 그 전망에 대하여 한강문화재연구원의 강평원이 현재 구제발굴의 주체이자 한국 고고학의 중추적 역할을 담당하고 있는 발굴조사기관의 대중고고학 참여-역할론에 대해서 다루고 있다.

두 번째 장은 보다 구체적인 사례 연구 분야로서, 대중고고학의 가장 핵심적인 부분인 체험 교육에 대해서 다루고 있다. 이 장은 고고학의 고유한 영역인 유적·유물의 본질적 특성을 대중이 직접 체험하고 활용하게 함으로서 전문 지식의 보다 폭넓은 확산을 도모한다. 그리고 이를 통해서 흥미롭고 유익한 교육 미디어로서 고고학의 잠재적 성격에 대해서 알아본다. 전곡선사박물관의 이한용은 전곡리 유적 축제와 고고유산 체험 교육에 대한 각론을 제시하고 있으며, 충남대학교 박물관의 유용욱과 이효중은 사회교육이자 장년층 시니어 교육으로서 박물관의 역할 및 그 효과에 대한 사례를 보여준다. 충청문화재연구원의 안성민과 소상영은 각각 타제석기와 토기의 제작 및 활용 방법을 구체적으로 보여주고 있으며, 국립충주문화재연구소의 한지선은 제철 유적에서 발견된 자료를 통한 제련과 야금 등의 실험 제작법, 고려대학교의 손준호는 청동기 유적에서 발견된 다양한 유물 및 그 문화상의 복원 및 보전에 대해서 언급하고 있다.

세 번째 장은 대중고고학이 대중과 소통하고, 이를 통해서 또 다른 차원의 대중고고학으로 발전해 나가는 면모에 대해 다루고 있다. 대중고고학의 자전적 발전 및 활용은 주로 대중 매체라던가 첨단 기술을 통해서 구체화되고 있다. 현역 방송제작자인 대구 MBC의 백운국은 자신의 고고학 관련 방송 제작 경험을 통해서 미디어의 객체 및 콘텐츠 소비자로서의 대중이 받아들이는 고고학적 지식의 효용성을 다루고 있다. 국립중앙박물관의 공현지는 최근 들어 보다 더 첨단화 되고 있는 디지털 기술과 대중고고학의 결합 및 이러한 결합의 사례로서 가상명품박물관이라는 플랫폼을 소개하고 있다. 그리고 마지막으로 충남대학교 고고학과의 유용욱과 정상훈은 현행 문화유산 학계 및 업계에서 채택되고 있는 기본적인 가상현실과 증강현실 디바이스를 검토하고, 이러한 기술이 대중의 문화유산 체험에 어떠한 방식으로 구체화되는지를 고찰하고 있다.

　다양한 관심사를 가진 각계의 전문가와 관련 분야의 종사자들이 고고학의 대중화라는 테제를 갖고 한 데 모여서 이루어 낸 작은 결실이라고 자부하고 싶다. 하지만 어디까지나 그 시작은 미약할 수밖에 없고, 지금 내 놓는 이러한 개설서의 성격은 역시 대중성을 담보한다는 본질적 성격으로 인하여 유동적이고 한시적일 수밖에는 없다. 본서가 대중고고학이라는 아직은 낯설지만 무궁무진한 흥미와 관심거리에 대해서 일말의 지침이 될 수 있다면, 여기 한 데 모은 이 글들의 존재 의미는 나름 충족되지 않나 생각해 본다. 진정한 대중고고학으로 거듭나기 위한 고고학계와 대중 모두의 애정 어린 관심을 수줍은 마음으로 기대해 본다.

2018.10월
저자들을 대표하여
유용욱(충남대학교 고고학과) · 이화종(한양대학교 박물관)

목차

1

대중고고학의 개념과 영역

2

체험교육형의 대중고고학

3

미디어와 대중고고학의 새로운 영역

1

대중고고학의 개념과 영역

한국 대중고고학 개론
Introduction of Korean Public Archaeology

한국 대중고고학의 개념 정립과 방향

배 기 동 (국립중앙박물관장)

1. 학문으로서 한국고고학과 대중

　학문분야는 고유한 영역에서 독특한 방법을 동원하여 자연과 인간의 본연의 원리를 새롭게 밝히고자 하는 것이 그 임무이다. 그러한 임무는 결국 자연과 인간에 대한 인식을 새롭게 확장하여 인간의 삶을 증진하는 것이 궁극적인 기능이라고 할 수 있고 그 어느 학문이라도 이러한 철학을 바탕으로 공감대를 가지고 있다. 그래서 어느 단계 또는 어느 분야의 학문이든지 간에 그 학문이 발전하기 위해서는 연구의 성과로서 창출한 지식들이 생활에 유용한 정보나 기술이 되든지 또는 삶의 가치를 획기적으로 높이는 일에 기여하는 것이 중요하다. 이러한 학문의 사회 기여는 시대를 초월하여 결국 학문의 수요계층을 확대하고 관심과 사회적인 지지를 확보하여 학문의 발전의 기반을 구축할 수 있게 되는 것이다.

2. 고고학과 대중

고고학은 학문의 수행 그 자체나 또는 고고학적인 수행에서 얻어진 유물과 유적들은 다양한 목적의 오브제로서 엄청나게 많은 정보를 담고 있을 뿐 아니라 과거 인간의 흔적이라는 점과 시간적인 길이 때문에 오늘날 사람들에게 감성적인 매력을 제공하고 있다. 자연과 인간의 경험에 대한 인식의 깊이를 더해갈 뿐 아니라 또 한편으로 시간적인 깊이에 의해서 인간에 대한 기억으로서 현실사회를 살고 있은 사람들에게 위안과 인간적 감성의 연속성을 제공한다고 할 수 있을 것이다. 그래서 고고학적인 학문수행의 결과 얻어진 지식을 사회적으로 나누는 일은 오래전부터 추구되어 온 고고학자의 본연의 일이라고 생각되어야 할 것이다(Wheeler 1995). 다른 한편으로는 고고학적인 자료는 지역성을 가지고 있어서 인식의 공유를 위한 증거로서 정체성을 확장하는데 활용되는 것을 우리는 많이 볼 수가 있는 것이다. 이러한 점은 고고학이 사회의 경제적인 발전에 직접적인 기여가 적다고 하더라도 어느 사회이건 고고학을 유지하고 발전시켜 사회적인 정체성 인식재고나 창의력의 육성이라는 목적 이외에도 인간 문화의 다양성 인식의 기회를 제공하려는 노력이 있는 것이다. 고고학적 산물과 정보의 활용은 사회가 발전하면 할수록 그 효용이 커지는 것은 그만큼 사고와 경험의 다양성 그리고 사회적인 체험의 중요성이 강조되고 실물이 가지는 힘을 인지하게 되기 때문이다(UNESCO 2015). 사회과학으로서 뿐 아니라 인문과학으로서 고고학이 인류사회에 공헌하는 것은 앞으로 인공지능이 발달할수록 그 수요는 확장될 수밖에 없을 것이라고 기대한다.

고고학은 사실 과거 인간의 모든 것을 다루는 학문분야이다. 인간의 신체뿐 아니라 이들의 행위를 연구하는 분야이다. 그 자료가 모두 땅 속이나 지표 그리고 앞으로는 우주공간에 남은 물질적인 흔적을 가지고 과거의 한 순간 또는 시간적인 범위 내에서 인간행위의 보편적 양상 그리고 개별적인 양상에 대해서 그 원인을 설명하려는 과학적인 입증과정을 통해서 학문적인 목적을 추구한다. 물질적인 증거에서 행위적인 복원에 이르는 과정까지 고고학자의 추론이 작용하게 되는데, 이 추론은 결국 오늘날 우리가 가지고 있는 총체적인 지식, 즉 선험적인 지식과 그 지식에서 생겨난 예지력을 동원하여 과거의 패턴을 구성해 내는 작업이다. 결국 오늘날 존재하는 선험적인 지식이 기반을 이루는 이론적인 틀을 이용하여 추론, 즉 예측 가설 또는 설명을 만들어내는 학문이다. 고고학적인 지식의 대중화라는 관점에서 이 과정에서 유의할 영역이 바로 '선험적인 지식'이며 또한 가설을 만들어내는 과정인 것이다. 가설의 유용성의 여부는 결국 선험적인 지식의 확산에 의해서 판단된다는 점에서 대중의 중요성이 고고학에서도 적극적으로 유의하게 고려되어야 하는 것이다.

3. 한국고고학 발달과 대중인식

한국에서도 서구적인 고고학이 지난 19세기 말에 시작된 이후, 특히 지난 반세기 동안 급속히 발전하여 왔다. 그러한 과정에서 다른 대부분의 나라들과 마찬가지로 학문적인 작업은 대중적인 관심과는 상관없이 수행되었다. 특히 한국의 근대와 현대사적인 경험은 민족문화유산에 대한 정서적인 가치가 엄청나게 커서 문화유산에 대한 강한 신봉이 학문적인 수행과정에 반영되었지만, 대중들은 문화유산을 한편으로는 무관심과 한편으로는 경외의 대상으로서 생각하는 것이 일반적이었다고 할 수 있다. 그러나 현대사회 들어서 문화와 정보의 중요성이 커지고 교육적인 체제가 바뀌게 되면서 문화유산에 대한 시각이 바뀌고 활용의 방식이 현저히 달라진 것이다. 그래서 문화유산에 대한 대중적인 접근이 더욱 활발하게 되어 고고학적인 수행에 대중을 염두에 두어야 하는 단계에 도달한 것이다.

대중과의 접점이 이루어지는 과정에서, 한국고고학은 지난 반세기 동안에 엄청난 규모의 발굴을 수행하여 왔다. 그러한 발전을 이룩하는 과정에서 고고학 수행제도의 허점으로 인하여 사회의 일부 집단과는 그 수행과정에서 갈등이 있기도 하였다. 이러한 갈등은 경제적인 문제로 인한 것이기는 하지만 한편으로는 사회적으로 유적과 유물에 대한 이해의 부족도 중요한 요인이라고 할 수 있을 것이다. 궁극적으로는 문화유산의 공동체적인 가치가 경제적인 가치를 뛰어넘지 못한다는 현실적인 인식이 이러한 갈등의 배경에 깔려 있는 것이다. 다른 한편으로 고고학의 작업과정이 과거 문화현상을 복원하고 설명하는 것보다는 자료의 수습에 치우쳐 이루어진 탓이기도 할 것이다. 결국 고고학자들이 문화유산이 가지는 항구적인 가치를 충분히 설명하지 못한 것이 그 원인의 근저에 깔려 있는 점을 부정하지 못할 것이다. 그래서 효용이 적은 자원이고 학문이라는 인식이 사회에 팽배하여 있는 점을 간과하거나 극복하지 못한 점이 그 원인이 되는 것이다.

이 시점에서 가지게 되는 질문, 많은 발굴에도 불구하고 우리 사회에 '궁극적으로 유적과 유물의 수습과 보존이라는 측면에서 고고학이 어느 정도 기여하였던가?'의 질문에는 자신 있게 답하기는 어려운 입장이다. '유물이 뭐길래?'라는 암묵적이고 자조적인 시각을 떨쳐버리는 것이 본령의 한국고고학이 가지고 있는 당면과제이기도 한 것이다. 이러한 질문은 결국 고고학 그리고 고고학적인 자료가 가지는 전인류사적인 가치에 대한 우리 스스로의 인식과 그 실행이 충분하지 않았음을 반증하는 것이기도 하다. 유물과 유적이 국가사회적인 자산으로서 보존되기 위해서는 범사회적인 공감대가 크게 높아지지 않으면 안 되는데, 사실 고고학이 이 점에 유의한 지는 오래된 것은 아니다. 고고학의 사회적인 기여에 대해서 유물의 수습과 보존이라는 측면을 강조하였지, 그 철학적인 바탕이나 방법론을 개발하여 확산하려는 노력은 부족하였다는 것이 사실이다. 그러한 점은 결국 학문이 가지는 사회적인 가치에 대해서 담론이 부족한 것이 과거의 현실임을 말하는 것이다.

인문사회학적인 영역의 한 분야로서 이제까지의 한국고고학수행이 가지는 문제점은 바로 고고학적인 담론이 상위단계의 초고고학적인 영역으로 확대되지 못한다는 점이다. 이 점은 우리 기성의 고고학자들이 책임을 통감하여야 하는 부분인데 학문사회가 가지는 공동의 주제를 해결하는 고고학적인 방식의 고안이 절실하고, 이론의 범주가 중하위의 범위에 머물러 타 학문들과 공동의 담론을 형성할 수 있는 고범위 이론으로 지향하는 연구가 많이 없었다는 점이 지적될 수 있을 것이다. 그리고 한국고고학이 그동안 추구하여온 대세의 경향은 문화의 보편성이라기보다는 계통성과 물질의 동정 등 하위담론에 안주하고 있었다고 할 수 있다. 결국 좀 아픈 현실이지만 유물 관련 사실의 확인의 범주에 머무는 경우가 대다수의 설명이었다고 할 수 있을 것이다. 고고학적인 담론들이 물질적인 패턴의 확인 작업에 머무르는 반면, 또 다른 한 면으로는 추론이 너무 관념적인 차원에서 이루어지고 이를 지지할 수 있는 중간검증과정의 누적이 그다지 일어나지 않고 있다는 점이다. 이러한 점이 결국 학문의 수행에서 상승적으로 다른 학문들과의 통섭에 한계를 가진 결과를 가져왔고 결과적으로 대중에게 접근될 수 있는 인간과 문화에 대한 일반적인 담론에 기여하지 못하게 된 셈이다.

근래에 활성화되고 있는 고고유산의 활용이 확대된 것은 사실 고고학계의 노력에서 출발하였다고 하기는 어려운 점이 있다. 아직도 많은 경우에 고고학적인 현장이 대중과 거리를 두고 이루어지는 점에서도 그 오래된 고고학현장 관습을 엿볼 수 있는데 결국 고고유산과 대중과의 격리 현상이 아직도 강하게 남아 있는 것이 현실이고 이것이 궁극적인 학문발전의 기반을 약하게 만드는 결과인 셈이다. 고고유산의 대중적 활용이 본격적으로 확대되기 시작한 것은 사회의 전체적인 변동, 즉 문화에 대한 관심의 증대라고 생각할 수가 있지만 좁은 의미에서는 바로 한국의 교육정책의 변화에 더 큰 이유가 있을 것이라고 생각할 수 있다.[1] 현장학습이나 실물기반 학습 등의 새로운 교육 개념이 도입되면서 그 소재로서 고고학적 유산들이 활용되기 시작한 점이 있다. 그리고 창의적인 사고를 터득하기 위해서 자기중심의 학습과 맞춤형 학습 등의 필요성에 대한 교육계의 새로운 인식이 문화유산영역에 적용되면서 이 분야에 있어서 다양한 교육활동이 증대되는 이유일 것이다. 현재 각 유적이나 박물관에서 고고학적인 유산과 관련된 다양한 체험교육프로그램들이 실행되고 있다. 이것은 과거의 고고학이 수행하던 사회적인 미션에 비해서는 엄청나게 확대된 것은 틀림없다. 그리고 이러한 교육수행은 그 특별한 인기에 힘입어서 이제 사회교육의 한 장르로서 중요한 자리를 점하고 있다.

그러나 사회가 새로운 교육의 매개체로서 문화유산과 유산의 현장을 사용하는 과정에서 유산교육이 이루어지고 있지만 이러한 프로그램들이 어느 정도 효율적으로 이루어지는가에 대해서는 구체적인 평가가 어려울 것이다. 다른 한편으로는 대중과 연결되는 고리로서 이러한 고고학체험교육이 중요한 역할을 하지만 현재의 단계가 고고학유산이 담고 있는 정보의 사회적인 활용과 개인사고와 생활의 향상에 어느 정도 적정성이 있는지에 대한 학문적인 평가와 반성 그리고 새로운 방법론의 개발은 아직도 요원한 실정이라고 할 수

---

1   제7차 교육과정에서 제시된 것이 바로 창의적 재량활동으로서 자기주도적 학습이 강조이다.

있다. 그래서 하나의 새로운 학문의 영역으로서 고고유산에 기반을 둔 융합학문으로서 대중고고학의 설정이 필요한 시점이라고 할 수 있다.

4. 새로운 지평의 고고학으로서 대중고고학

대중고고학은 고고학 자료와 학문수행상의 특성 때문에 대중이 그 수행과정에 관심과 참여를 하면서 형성된 학문이라고 할 수 있다. 그동안 많은 정의가 있었지만 일반적으로 대중고고학은 전통적인 개념의 고고학의 영역보다는 훨씬 광범위한 영역에서 문화유산을 대중적으로 인식시키고, 공동체의 문화나 환경인식을 더욱 강화하여 사회적인 지속가능성을 넓히는 확장된 고고학의 분야라고 할 수 있다(Little 2012). 가장 단순하게 말하자면 고고학과 대중이 어떠한 관계 속에서 이것을 어떻게 더욱 발전시킬 수 있는지를 고민하는 학문이라고 정의하기도 한다(Matsuda and Okamura 2011). 더욱 단순하게 표현하면 고고학이 세상을 만날 수 있게 만드는 고고학 분야이다(Moshenska 2017). 그래서 고고학이 단순히 학문적인 영역에 머무르지 않고 대중 개개인의 지적관심 뿐 아니라 공동체의 관심사의 해결방안으로서, 심지어 국제적인 이슈로서 문화유산의 역할을 정의하고 수행하는 영역까지를 포함하는, 다시 말해서 사람이 사는 세상을 대상으로 수행하는 학문분야라고 할 수 있다.

5. 대중, 대중고고학 그리고 개념의 발달

고고학은 그 유적과 유물의 공공성으로 인하여 당연히 대중의 관심을 끌게 되고 그 관심으로 하여금 고고학을 지속하게 만들지만 공공public이라는 단어는 원래 대중고고학이라는 용어가 시작될 때는 '국가state'라는 의미로 사용되었던 것인데(McGimsey 1972) 그동안 이 분야가 지속적으로 발달하는 과정에서 공공public이라는 용어는 결국 대중을 지칭하는 것으로 확대된 것이다. 그러한 과정을 보면 대중이라는 것이 막연한 공공성을 염두에 둔 것에서 결국 대중 개개인을 대상으로 하는 것으로 확장되었고 또한 그러한 대중들이 수행할 수 있는 목적이 다양화되어 온 것임을 알 수 있다. 그런데 대중이라는 개념 속에는 많은 사람들이 호응하는 의미가 포함될 수가 있는데 이러한 호응에는 반드시 공공성이 있다고 할 수는 없을 것이다. 예를 들어서 외계인의 흔적을 추적하는 것과 같은 유사고고학 등을 추구할 수도 있겠지만 여기에서는 전통적인 고고학의 영역 속에서 대중의 존재에 대해서 집중하는 것이 바람직할 것이다(Moshenska 2017).

오늘날 그리고 미래에 지속될 대중고고학은 고고학의 응용분야의 하나로서 결국 고고유산을 기반으로 대중들이 고고학적인 작업에 참여하는 체험이나 고고유산에 담겨진 유산콘텐츠를 문화적으로 향유하거나 창의적인 배움을 위해 활용하는 행위에 대해서 실행과 현상의 관찰, 분석 그리고 종합을 통해서 물질적 그리고 정신적 세계 유산들이 인간집단들의 삶에 미치게 되는 관계에 대해서 추구하는 학문이라고 정의할 수가 있을 것이다. 물론 대중고고학은 응용분야로서 고고학적인 연구의 성과를 대중적인 삶의 가치를 제고하는 데 활용되는 사례들을 많이 볼 수가 있다. 이러한 고고유산의 체험이 작용하는 인간 의식의 저변에서 삶의 질과 방식을 어떻게 개선하게 되는가를 관찰하고 분석하여 그 패턴을 찾아내고자 하는 제학문분야적인 작업이라고 할 수 있을 것이다. 대중고고학은 문화유산과 이에 대한 과학적인 탐구의 성과로서 설명들이 개개인들의 인지체계에 어떻게 작용하게 되고 지적능력과 감성함양을 성취하게 되는가에 대한 학문적인 노력이라고 할 수 있을 것이다. 또한 사회적인 맥락 속에서 문화유산의 인지와 탐구 그리고 사회적인 활용을 정의하고자 하는 공동체고고학Community Archaeology(Reid 2012)도 그 영역은 다르지만 대중고고학의 개념 속에서 이해될 수가 있을 것이다.

전 세계적으로 고고학은 전통적인 학문의 수행에서 엄청나게 다양한 주제와 목적을 가진 학문으로 발전하고 있다. 과거의 유물의 수습과 보존 그리고 그 역사적인 의미의 구현이라는 학문의 미션에서 이제는 고고학적인 지식들이 사회의 다양한 측면과 연계되어 추구되는 것을 볼 수가 있다. 이제는 사회의 생활과 동 떨어진 '고대유물 캐기' 작업으로서가 아니라 현대사회에서 제기되는 고유한 사회적인 문제를 포함하고 나아가 현대사회에서 제기되는 보편적 문제들을 인간행위의 결과로서 남은 고고학적인 유물을 통해서 입증하고 설명하려는 노력이 널리 확산되고 있는 것이다. 이러한 노력은 단지 전통적인 고고학적인 방법론에서만 이루어지는 것은 아니다. 어느 사회이든 가지고 있을 세부적인 새로운 주제에 대한 탐구 뿐 아니라 사회의 각 분야의 많은 학문적 그리고 사회적 집단과의 연계 속에서 인간의 행위를 총체적으로 복원하려는 방향으로 진행되는 것이다. 고고학이 그 방법론의 하나로서 자연과학이나 관련학문의 도움을 받게 되는 것보다도 훨씬 광범위한 공동협력적인 노력이 요구되는 것이고 고고학 이외의 영역과의 협업은 필연적인 과정이라고 할 수 있을 것이다.

그리고 고고학은 이제 단순히 고대유물의 수습과 연구라는 주제 뿐 아니라 완전히 다른 시각에서 인간의 행위, 상황 그리고 역사적인 시각에서 접근되는 것을 볼 수가 있고, 또한 이제 고대유물의 고고학이라는 통념은 이제 더 이상 일반적인 학문정의는 아니다. 현대인의 행위나 인식과 지속적인 접점을 찾아가려는 노력이 지속적으로 대두되고 있고, 또한 그러한 과정에서 고고학적인 콘텐츠가 가지는 현대적인 의미를 강화하려고 하고 있다. 이러한 노력의 배경에는 과거 인간 경험의 흔적으로서 유물들이 오늘날 인간의 근본적인 이해에 어떻게 공헌하게 할 것이며 또한 소외된 인간들에 대한 새로운 시각에서 그들의 경험을 일반적인 공유로 확대하려는 노력을 담고 있는 것이다. 결국 고고학적인 자료들이 인간을 생각하는데 새로운 면들을 지속적으로 개발하여 과거의 '오래된 사람 이야기'를 만드는 고고학이라는 틀을 완전히 뛰어넘고 있음을 직시하지 않으면 안되는 것이다. 결국 고고학이 유물 중심의 학문이었다면 이제는 인간 자체에 대한 생각을 더욱 심도 있게 하려는 노력의 학문이라고 할 수 있는 것이다.

고고학은 학문으로서 당연히 인간과 문화의 원리를 밝히는 작업으로서 존재하지만 그 특성상 대중적인 철학을 기반으로 하는 것이라고 할 수 있다. 오늘날 고고학적인 자료를 평가하는데 일반적으로 사용되는 양식패턴의 변화는 결국 사용의 빈도와 양에 의해서 설명되는 것이며, 이것은 바로 많은 대중의 행위나 의식이 반영된 화석으로서 유물을 해석하는 것이다. 그런데 현대사회의 문화유산 연구에서 요구되는 것은 과거의 대중에 대한 오늘 현재 살아 있는 사람으로서 대중의 인식이라고 할 수 있다. 고고학이 과거의 문화적인 현상을 과학적으로 설명하는 것도 반드시 이루어내야 하는 작업이지만 한편으로 새로운 지적 욕구의 창출과 스스로의 인식의 영역을 개척하도록 하는 새로운 학문적인 미션을 수행하야야 하는 시대가 된 것이다. 인간이라는 보편성의 토대 위에서 각 집단들의 의식과 고고유산에 박혀있는 행위의 흔적들의 설명이 오늘날 인간의 삶에 어떻게 영향을 미칠 수가 있는가를 논하는 것이 이제 새로운 고고학의 영역이 된 것이라고 할 수 있다. 이러한 점에서 창의적인 인지구축이라는 차원에서 대중고고학의 미션과 방법론이 설정될 수 있는 것이다.

고고학은 과학적인 입장에서 유적을 발굴하고 해석하지만, 후대의 세계에서 고고학적인 유물은 하나의 가치로서 해석될 수 있는 것은 아니다. 그 자체가 무한한 인간의 과거에 대한 무한한 콘텐츠를 가지고 있을 수도 있으며, 또한 보고자 하는 입장에 따라서 다양한 가설적인 설명과 상상이 가능할 수가 있는 것이다(Pearse 1994). 문화유산에 대한 향유의 가치를 극대화하는 것은 각 시대의 가치에서 문화유산을 이해하고 해석하고 활용할 수 있도록 해야 하고 그렇게 하기 위해 바로 문화유산의 보존이 사회적인 가치가 있다. 고고학적인 유산, 즉 물질적인 유산은 결국 인간의 문화적인 경험의 축적에서 이루어진 것이며 또한 그러한 인간적인 경험은 우리에게 선험적인 지식으로서 전수되고 있다고 보아야 할 것이다. 그리고 선험적 지식에 의해서 우리는 고고학적인 유산을 이해하게 되는 것이다. 그러한 점에서 현대의 대중들이 고고학적인 유산에 가지게 되는 다양한 상상과 추론은 인간의 인지의 보편성에 대한 새로운 인류학적인 접근이 되는 셈이다. 고고유산과 인간의 일반적인 경험이 개인적으로 어떻게 나타나게 되는가에 대한 연구가 바로 대중고고학이 궁극적으로 지향하는 바의 학문이라고 할 수 있을 것이다. 그러한 점에서 대중인지의 고고학이라고 표현할 수도 있을 것이며 '고고학 수행 현장에서의 인지인류학'이라고 말할 수 가 있다. 이것은 대중고고학에 참여하는 인간들의 행위에 대한 연구가 중요한 목표의 하나이기 때문이다. 결국 고고학 유적의 발굴이나 또는 체험적인 교육 현장에서 각 개인들이 가지는 특별한 경험이 '이들의 인지체계에 어떠한 영향을 주게 되는가?'라는 문제를 다루기 때문이다. 이 문제에 대한 지속적인 탐구가 없다면 결국 문화유산의 항구적이고 사회적인 가치를 유지할 수가 없을 지도 모른다. 물론 이러한 분석의 결과는 궁극적으로는 앞으로 교육적인 차원에서 활용되어야 하는 것은 당연한 과정이다. 다시 말해서 각 시대를 살아가는 대중들에게 필요한 지식 뿐 아니라 상상력과 창의성 등을 유발할 수 있는 인간 사고능력의 신장으로 연결되어야 하는 것이다.

대중고고학은 수행의 과정, 즉 발굴에 참여나 유물의 분석과정에서 의문을 실험적으로 풀어가는 과정 등에서 인문학적인 정신함양이나 인문정신의 진흥에서 대단히 중요한 역할을 할 수 있을 것이다. 그러한 관점에서 볼 때 고고학이 시공을 초월하여 다양한 목적과 다양한 집단 그리고 다양한 형태로 접근되고 사회적인 소통을 통해서 새로운 가치를 창출할 수 있도록 하는 것이 절대적으로 필요하다고 할 수 있다. 이러한 의미에서 유물을 다차원적 그리고 초시간적으로 활용하는 대중고고학은 인문학적인 목적을 가지고 있다고 볼 수 있지만, 한편으로는 사회과학적인 특성으로서 수행되는 융합적인 구조를 가지고 있다고 보아야 할 것이다. 고고학은 물질을 연구의 대상으로 하지만 결국 상위적인 담론으로 이행하는 통섭적인 과학이며 대중고고학은 현재로서는 대중적인 참여고고학이라고 할 수 있지만 앞으로는 대중의 인간경험에 대한 인지패턴을 연구하는 새로운 형태의 인류학적인 고고학으로 발전할 수 있을 것이고 그러한 영역의 확장은 미래의 고고학을 획기적으로 바꾸어 놓을 수 있을 것이다. 그것은 단순히 유물의 조사와 보존 그리고 교육적인 활용의 차원을 넘어서 현대적인 인식체계 속에서 이루어지는 작용에 대한 연구라는 점에서 훨씬 더 넓은 학문적인 영역으로 새롭게 부상할 것이기 때문이다. 이는 다양한 인지학적인 연구의 기반적인 연구가 되고 사회의 창의성 교육에도 획기적인 기반을 마련할 것이기 때문이다.

6. 한국 대중수행고고학의 형성과정

한국에서도 지난 수 십 년 동안 대중고고학은 다양한 이름으로 사회적인 실행과정에서 서서히 학문적인 논의가 이루어져 왔고 이제는 고고학에서 가장 보편적이고 사회친화적인 고고학의 영역으로 성장하게 되었다. 한국에서도 학문의 발전의 초기 단계부터 고고학적인 유물이 대중의 감상을 위한 목적에서 박물관에서 전시되고 또한 박물관 교육적으로 활용되는 것은 간헐적으로 시도되어 왔다. 경주 역사도시에서 어린이를 위한 유물과 유적 교육이 경주박물관에서 지난 이십 세기 중반에 이루어진 것이 그 효시라고 할 수 있을 것이다(국립중앙박물관·한국박물관협회 2010). 지난 반 세기 동안 사회변동으로 고고유산에 대한 인식과 활용이 자연히 변화하게 되는 과정이 나타나게 되었다. 보존이 강조되던 시기에서 지난 80년대 이후 고고유산에 대한 교육을 통한 활용기회가 증가하는 경향을 보이게 되었고, 지난 1990년대 초에 시작된 전곡선사유적을 장기적으로 보존하기 위한 방안으로서 축제와 유산교육의 시작은 고고학의 대중화에 새로운 전기를 만들게 되었다(배기동 2017). 그 후 여러 국가적으로 중요한 유적에서 축제를 통한 고고유산교육이 실시되는 시발점으로서 유적을 활용하는 방안의 하나의 새로운 모델을 세우게 된 셈이다. 대중들이 유적지에서 고고학적인 지식의 체험적인 경험과 이미지의 재현을 통해서 고대 인간을 인지하게 하는 과정으로서 대중고고학이 시도된 경우라고 할 수 있다.

이제는 유사한 개념의 고고학체험교육 및 축제들이 전국적으로 확산되어 많은 유적들에서 그리고 박물관들에서 시행되고 있다. 정부도 '생생문화재활용사업'이나 '길위의 인문학' 등과 사업으로서 이러한 프로그램들을 장려하기 시작하여 이제는 한 해에 5백 만 명의 이상의 참여자들이 대중고고학 체험교육 프로그램들을 즐기고 있다. 이러한 사회적인 현상은 학문의 대중적인 기반을 형성하고 지지층을 두텁게 만들어간다는 점에서 대단히 중요하다고 할 수 있다. 한편으로는 박물관 교육에서도 찾아가는 박물관 등의 새로운 형태가 가미되어 유산교육의 확산이 본격적으로 시작된 셈이다. 근래에는 인문학의 수행과 접목되어 국가적으로 고고유산을 통한 사회교육의 새로운 지평이 설정되고 있는 것을 볼 수가 있다. 그러나 아직도 고고유산을 기반으로 하는 고고학적인 영역은 단순히 그러한 체험교육의 단계에 주력하고 있어서 대중고고학의 영역이나 방향의 설정이 새롭게 이루어져야 하는 시점이라고 생각된다.

한편으로 전문고고학 내에서 석기나 토기 또는 철 생산과 제작 등과 같은 실험고고학적인 연구가 심화되는 경향을 보이고 또한 민족지연구와 협력하는 경향이 나타나는 것은 고고학 연구경향의 변화라고 할 수 있을 것이며, 고고학적인 연구의 방법을 더욱 넓히는 결과를 가져왔다고 할 수 있다. 그렇지만 학문적인 문제를 해결하기 위한 실험고고학이나 민족지 고고학적인 과정과 문화유산의 교육과정으로 제시되는 이러한 고고학적인 시도는 그 목적이 다르기 때문에 분리되어 이해되어야 하지만, 분명히 대중적인 관심이 있는 영역이고 또한 대중의 참여로 다양한 결과를 만들어내고 있다는 점에서 대중고고학 발전에 기여가 크다고 할 수 있다. 한편으로 과학적인 검증과 교육적인 실행을 동시에 시도할 수 있는 것도 방법론적인 영역에서 많이 고려해야 할 것이다. 결국 그러한 고고학적인 과정이 발굴에 참여하는 것과 같은 의미의 대중고고학을 만들어 낼 수가 있는 것이다.

7. 대중고고학의 미션과 영역

대중고고학의 핵심적인 가치는 실물과 관련된 환경 속에서 직·간접적인 체험을 통해서 감각적으로 인간경험을 깊이 있게 이해하고 문화정보를 인간의 삶을 재창조하는데 유용하게 사용할 수 있도록 하는 것이다. 문화유산의 체험적 교육은 결국 문화정보를 깊이 있게 소통하게 만드는 방법이라고 할 수 있다. 이러한 대중고고학에서 수행하고 있는 체험적 교육은 현대 교육에서 세대를 막론하고 그 효율성이 높은 것으로 인정되고 있다(Kolb 1984, Heson 2017). 그리고 이러한 경험이 개인에게 어떠한 삶의 의미를 창출하게 되는 지는 개인에 따라서 엄청나게 다양하고 그 정도가 달라질 것이다. 그래서 현대사회에서 고고유산교육이 가지는 의미가 심대한 것이다. 현대사회의 교육이나 배움의 가치는 바로 문화다양성의 유지와 창의성 개발로 오늘날 각 사회들이 지속가능성을 높이기 위하여 가지고 있는 보편적인 화두이다. 미국의 경우에도 STEM(Science, technology, education, mathematics)교육제도의 보편화가 이루어지고 있고, 한국도 이를 받아들여서 STEAM(A= arts)교육을 고안하고 널리 확산하기 위한 노력을 하고 있다. 결국 창의성을 높이기 위한 교육의 체제이고 이러한 교육들은 결국 방법론적으로 '실물과 현장교육(Objects and experience at site)'을 택하고 있고, 또한 이것을 확산하기 위한 다양한 교육제도를 개발하고 있는 것을 볼 수 있다. 이점은 고고학이 오늘날 사회에 크게 기여할 수 있는 철학적인 바탕과 기능을 가지고 있다고 볼 수 있을 것이며, 고고학으로서는 엄청난 기회가 될 수도 있는 것이다. 고고학적인 유물과 유적은 결국 실물과 현장으로서 기능을 하는 셈이며 과거의 융합적인 창의성을 관찰할 수 있기 때문에 현대교육의 방향에 가장 부합되는 소재로 간주되는 것이다.

또 한편으로 고고학적인 유산의 다양성, 그리고 그 형성과정과 복합에 대한 관찰·경험은 결국 현대사회의 다양성을 이해하는데 바탕을 이룰 수 있고, 이는 사회적인 안정성을 유지하는 교육을 제공하는 기회가 되는 것이다. 결국 고고학이 생산해내는 여러 차원의 문화정보와 그 실체, 즉 유적과 유물들은 우리 사회의 지속가능성을 높일 수 있을 것이며 이를 사회적으로 인식하게 하고 또한 고고학적인 수행방식의 효율성을 제시하는 것이 오늘날 고고학이 학문의 지속가능한 발전을 위해서 고민해야 할 과제라고 생각된다. 그래서 미지의 세상으로 유도하고 생각을 자극하는 원천적인 자원으로서 고고유산의 활용이 전제되고 보편화되어야 하는 것이다.

대중고고학은 고고학의 한 분야로서 그 대상이나 기본적인 실행과정은 공통적이라고 할 수가 있다. 그렇지만 전통적인 고고학과는 다른 미션을 가지고 있고 그 방법론 또한 전통적인 고고학에서 다룰 수 없을 수도 있다. 왜냐하면 우선 대중을 상대로 고고학정보의 확산을 목적으로 하는 것이어서 학문적인 추구와는 다른 방식의 고고학 수행이라고 할 수 있고, 더 나아가서 학문적으로 심각한 단계의 대중고고학은 과거의 유산을 소재로 하여 이에 대한 오늘날 인간 개개인들의 개별적인 반응을 연구의 대상으로 하여야 하기 때문이다. 그래서 대상으로 하는 과정을 기준으로 크게 두 가지의 단계의 대중고고학으로 구분할 수가 있다. 바로 수행대중고고학과 인지대중고고학이다. 이 모두 대중의 참여나 관찰의 대상으로서 존재한다는 점에서 대중고고학이라고 부를 수 있는 것이며 수행하는 과정에서는 이 두 가지 영역을 분리할 수가 없을 것이다. 그렇지만 이 두 가지의 하부 분야는 엄연히 다른 방법론적인 특성을 가지고 있어서 분리하여 이해하고 또한 연구의 대상으로서 설정하는 것이 필요한 것이다.

8. 수행대중고고학

그동안은 대부분의 대중고고학에서 다루는 것은 유적과 유물을 대상으로 대중의 참여수행이나 교육수행을 위주로 해온 것이고 그러한 수행의 목적이 개인적 지식의 충족이거나 소속된 공동체나 글로벌공동체의 문제해결의 관점에서 이루어진 것이 대부분이다. 그동안 대중고고학은 고고학의 전문작업과 정에 대중적인 참여와 실험적 복원체험 등을 포함하는 것이 보통이다. 유물과 유적, 그리고 나아가 이러한 물질적 재료들에서 파생된 새로운 형태의 문화지식들을 대상이자 목적으로 하고 있다는 점이다. 그리고 또한 자료의 수집과정과 그 해석의 과정에도 참여할 수도 있다. 참여수행은 단순히 고고학적인 자료에서 개인적으로 새로운 사실의 발견이나 확인 등의 목적에서 더 나아가 그러한 지식을 토대로 대중들이 지적 그리고 정서적 경험을 확장하는 것이 그 목적이라고 할 수 있는 것이다. 아마도 이 점이 기존의 일반적인 고고학의 수행의 목적이나 과정과 확연하게 구별될 수 있다. 이러한 점에서 대중고고학을 일종의 '수행대중고고학'이라고 할 수 있을 것이다. 고고학의 주제를 대상으로 하여 개인적인 경험을 토대로 개인들의 창의성 개발을 포함하여 사회적인 여러 가지 문제를 해결하는 방식이 될 것이다.

고고학적인 자료나 수행자체가 가지고 있는 지식체계로서의 복합성, 영역과 종류의 다양성, 미지의 추구대상으로서 신비성, 유형적 자산으로서의 가지고 있는 감각적 충족성, 탐구의 비경제성 등을 고려한다면 고유한 학문적인 목적과 수행의 프로세스를 가지게 되는 것이다. 이러한 고고유산의 지적가치는 몰입을 통한 창조성의 고양이나 감각적인 카타르시즘의 경험 등을 할 수 있게 만드는 점에서 고고학적인 지식의 활용은 대중적인 소통과 협력을 통한 수행이 효율적이고 대중의 광범위한 협력을 통해서 그 지적인 창조와 유통에 선순환의 시스템을 구축하는 것이 필요한 것이다. 그러한 점에서 수행대중고고학의 사회적인 당위성이 천명될 수 있을 것이다.

9. 수행대중고고학의 영역들

수행대중고고학은 고고학적인 연구의 과정에 나타나는 단계 중에서 몇 가지 다른 대상이 있으며 또한 그 수행에서도 범위나 방식이 다르다고 할 수 있다. 가장 보편적으로 이루어지는 것이 바로 유물이나 유적을 대상으로 콘텐츠를 전달하는 방식일 것이다. 그러나 이보다도 더 복합적인 것이 바로 실험적 방식의 체험이라고 할 수 있다. 이것은 결국 유물의 제작이나 사용의 과정을 체험적 행위로 수행하게 됨으로서 지식의 깊이를 시간적으로 공간적으로 확장하여 스스로 깨닫게 하는 방법이 될 것이다. 이러한 과정은 흔히 오늘날 오브제 또는 장소 중심의 학습이라고 부르는 것이며 한편으로 많은 경우에 자기주도형 학습과정이라고 할 수 있다. 이러한 과정이 바로 오늘날 교육에서 이상적으로 생각하는 주제와 환경을 제공하는 셈이 되는 것이다. 이러한 학습의 과정을 대상으로 하는 것이 바로 박물관교육학이며 또한 문화유산교육학이라고 할 수 있으며 서로 밀접한 관련이 있다. 가장 심도 있는 대중고고학 수행으로서는 바로 실험적인 생활고고학이라고 할 수 있다. 이것은 제시된 조건 속에서 실질적으로 모델화한 당시의 행위로서 생활함으로서 총체적인 문화 이해의 경우일 것이다.

임시방편으로 구분하기는 하지만 수행대중고고학은 두 가지의 다른 차원의 고고학적인 수행이 가능하다고 생각된다. 하나는 문화유산교육학으로서 대중의 교육을 포함한 지적인 향유를 위한 실행학문의 영역이 설정될 수 있을 것이고, 다른 하나는 대중참여고고학으로서 학문의 동반자로서 대중의 참여가 이루어지는 참여 실행의 영역이 설정될 수 있을 것이다. 물론 이 큰 두 가지의 방식 모두 개인의 새로운 지적경험이라는 점에서 사회교육적인 차원으로 그 가치를 이해될 수가 있겠지만, 대중참여고고학의 경우에는 개인들의 지식 공유와 향유의 기회라는 점과 함께 고고학의 학문적인 수행의 경제성을 확립하는 차원이라든가 또는 문화유산보전의 바탕을 견고히 하는 등의 사회적 가치를 창출할 수 있을 것이다.

참여형의 대중고고학은 아직도 우리나라에서는 그다지 발달을 하지 못한 분야이다. 첫 번째로 야외고고학작업이나 실험실의 분석작업에서 참여형의 대중고고학이 가능할 수가 있지만 아직은 이 모두 전문가적인 작업으로 한정되거나 또는 고용정책으로서 참여가 이루어지고 있는 것이 대부분이다. 그래서 서양에서처럼 대중들이 모여서 전문가와 함께 발굴을 하는 과정으로서 대중고고학은 시작되지 않았다고 할 수 있다. 그러나 고고학이 앞으로 학문의 영역의 확장과 경비의 효율성을 확대하기 위해서 이러한 분야는 지속적으로 개발할 수 있는 사회적인 여건의 조성이 필요하다고 생각된다. 이러한 참여형의 대중고고학은 지적인 자극이 공간적으로나 시간적으로 확대된 차원에서 이루어질 수 있기 때문에 그 경험의 깊이가 차원이 다르게 일어난다고 할 수 있다. 이를 통해서 문화유산을 보존할 수 있는 대중의 저변을 확대하고 고고학이 일상생활 속에서 지적흐름의 주요한 주제가 될 수 있게 함으로서 고고학의 사회적인 가치를 획기적으로 높일 수가 있을 것이다.

또 다른 한편으로는 고고학적인 작업 중에서 디지털영역에서 이루어져야 할 작업의 경우에는 대중적인 참여가 절대로 필요하다(Housely at el. 2014). 고고학적 자료의 빅데이터화 또는 크라우드소싱을 통한 고고학적인 작업을 가능하게 만들어낼 수 있는 것이다. 거대한 패턴을 읽기 위한 고고학의 작업들은 도저히 몇 사람의 고고학자들만이 작업해서 될 일이 아닐 수도 있다. 또한 디지털 공간에서 엄청나게 이루어지는 인간의 생각의 유산들은 앞으로 미래 고고학의 중요한 분야이지만 이러한 디지털유산에 대한 연구—디지털고고학은 전통적인 고고학 방법론으로서는 불가능할 수가 있고 대중적인 협력이 필수적인 것이라고 할 수 있다. 아직도 박물관학을 포함하는 문화유산교육의 수행은 이미 많은 발전을 하고 있는 셈이지만 아직도 고고학자들과 대중이 연대해서 작업을 하게 되는 참여대중고고학의 영역은 한국에서는 미지의 영역으로서 앞으로 많은 개발이 필요하고 할 수 있다.

10. 인지대중고고학

　인지대중고고학은 대중이 관여된 고고학적인 작업이라고 할 수 있지만 전통적인 고고학과는 완전히 다른 차원의 고고학이다. 대중고고학이 현상과 내재된 패턴을 논하는 고유한 학문영역으로서 완성될 수 있는 것은 바로 이 영역이 존재할 수 있기 때문이다. 고고학적인 자원, 즉 유물과 유적 그리고 고고학적인 방법론이 반드시 적용되어야 하는 것이라는 점 그리고 대중의 참여라는 점에서는 일반적 대중고고학이지만 결국 참여자의 인지의 패턴을 연구한다는 점에서는 궁극적으로 고고학과는 그 궤를 달리한다고 할 수 있다. 한편으로는 고고학이 유물과 유적을 대상으로 하기는 하지만 결국 문화적인 복원, 즉 인지체계의 복원이라는 점에서 그 학문적인 목적은 같다고 할 수가 있고, 다만 과거 인간의 인지체계와 그 인지체계에서 남은 유물과 유적에 대한 오늘날 인간의 인지체계의 작용을 보아야한다는 점에서 고유한 영역이라고 할 수 있다.

　앞서 언급한 바의 고고학 작업과정에서 체험이든 참여이든 간에 대중의 인지체계의 변화와 그 패턴에 대한 연구라고 할 수 있으며 이것은 바로 고고학적인 유산이나 고고학적인 작업과정이 어떻게 참여자의 인지에 작용하는가를 분석하고 설명하고자 하는 것이다. 이것은 결국 수행대중고고학의 학문적인 실행의 특성이나 효율성을 확인하는 중요한 방법론이 되는 셈이다. 그래서 이 영역은 수행대중고고학이 가야할 방향을 제시하게 될 것으로 기대되는 것이다. 흔히 대중고고학이 교육적인 차원에서 접근되는 것을 볼 수가 있는데 인지대중고고학은 교육현장으로서 고고학 발굴현장이나 박물관 유물관람의 현장을 활용하는데 중요한 지침을 제공할 것으로 생각되고 한편으로 참여자들의 과거의 경험이 새로운 고고학적인 경험에 어떻게 작용하는가를 확인하는 인류학적인 연구가 되는 셈이다. 그리고 이러한 인지대중고고학의 경우에는 결국 인지가 개인의 지적인 성장에 어떠한 영향을 미치고 있는지 또는 감성적인 개발에 어떠한 영향을 주게 되는지 등의 연구로 연결되어 교육학적으로 활용될 수 있을 것이다.

결국 수행대중고고학이나 인지대중고고학은 동일한 과정에 대해서 다른 목적을 수행하게 되는 것으로서 사실은 이 두 가지의 대중고고학이 합쳐지는 것이 미래의 발전을 위해서 바람직하다고 할 수 있다.

11. 대중고고학 방법론구축을 위한 전제

문화유산을 매개로 하는 교육으로서 대중고고학의 교육적인 영역이나 박물관 교육은 유물이라는 오브제나 역사적인 경험의 공간을 매개로 하여 이루어지는 자기주도형의 체험놀이 또는 체험학습이라고 할 수 있다. 이러한 학습방식은 현대사회에서 그 영역이 크게 확장되고 발전하고 있지만, 문화유산교육을 위해서 아직도 충분한 교육방법론의 개발은 이루어지지 않았다. 각 문화유산의 종류별 교육적인 특성, 교육방식의 효율성에 대한 평가의 문제, 개인적인 선험적인 특성에 따른 체험교육효과의 차이나 세대 단계별 교육의 방식의 차이 등등 교육적인 차원에서 그 평가와 수행방법의 개선이 학문적으로 수립될 수 있도록 그 방법론에 대한 논의가 이루어지지 않으면 안 된다. 이러한 분야는 결국 교육학적인 이론과 방법론의 도입과 재정립의 과정을 거치지 않으면 안 되는 것이다. 지적 그리고 감성적인 자극의 원천으로서 문화유산이라는 오브제의 효율적인 활용방식을 정립하는 방법론의 개발이 필요한 것이다. 그래서 고유한 문화유산교육으로서 그 실행에 있어서 도덕적인 기준을 마련하여야 하고 교육적인 효과를 극대화하기 위해서 대중고고학의 방법론을 정립하여 나가도록 하는 것이 출발점에서 고려하여야 할 일이다.

표: 대중고고학의 수행과 관찰의 방법론 전제와 과정

참여자의 선험적 지식과 감성 → 고고학수행과정 참여: 참여고고학자, 참여과정, 참여 항목 → 인지변화: 논리적 지적경험과 감성적 상상력

　　결국 대중고고학의 방법론 정립을 위해서는 기존의 고고학과는 달리 유물의 해석에 사용되는 다양한 고고학 방법론을 기초로 하고 그 지적콘텐츠가 전달되고 감성적인 수용 등을 분석할 수 있는 교육학적 그리고 소통학적인 분석 방법이 적용되어야 한다. 그리고 분석의 실질적인 도구로서 교육학적이거나 인류학적인 다양한 방법론적인 도구들이 적용되어야 할 것이다. 그런데 대중고고학에서는 관찰이든 참여이든 간에 인지적인 변화에 대한 관찰과 분석이 필수적으로 있어야 한다. 콘텐츠 지식의 수용의 효율성을 측정할 수 있는 방법론과 수용된 지식과 과정에서의 경험이 개인적인 인식변화에 미치는 영향을 관찰하고 분석할 수 있는 도구로서의 방법론이 필요한 것이다. 그리고 대중참여고고학에서는 전문가와 대중이 공동의 작업을 해 나가는 과정에서 그 역할의 정의와 수행을 정밀하게 하고 그 과정에 대한 관찰이 가능하여야 하는 점이 필요할 것이다. 이러한 모든 관찰에서는 분석을 위해 개인별 조건을 명확히 해두어야 하는 것이 방법론의 적용의 전제가 될 것이다. 그리고 수행된 내용이 개인들에게 어떠한 영향을 주게 되는가를 측정하여야 하는 것이다. 또한 선험과 대중고고학적인 경험이 상호 가지게 되는 연관성을 측정할 수 있는 방법론도 필요한 것이다. 그러한 측정의 영역이나 기술 등은 결국 연구자의 의도에 따라 달라지겠지만 일반적으로 관찰의 틀을 구성하고 측정을 수행하는 과정에서 적용되는 방법적인 기술, 즉 참여관찰, 인터뷰, 질문지 등은 결

국 인류학적 그리고 교육 및 인지과학적인 방법론을 적용하는 것이 필요할 것이다.

앞으로 다양한 대중고고학적인 수행들의 여러 가지 사례들의 기록, 즉 대단히 체계화된 대중고고학지(誌)의 구축이 필요하며 이러한 과정에서 각 방법론들의 적절성이 검증되고 변형되어 유효한 고유한 방법론을 만들어내지 않으면 안 될 것이다. 이러한 작업은 결국 다학문적인 작업으로서 학제간의 담론이 활성화될 필요성이 있을 것이다. 이러한 기초작업과 그 조건과 효과에 대한 분석이 어느 정도 누적될 때 대중고고학의 고유한 방법론이 형성되게 될 것으로 기대한다. 현재로서는 무엇보다도 대중고고학의 수행과정의 여러 가지 조건과 상황들, 그리고 개인의 사전 경험과 반응 특성, 또한 개인의 성취와 반응에 대한 기록이 유지되는 것이 반드시 필요하다.

12. 대중고고학의 미래

이제 글로벌 시대의 치열한 경쟁 속에서, 어느 학문 분야를 막론하고 현대 사회에서는 그 사회적인 효용성을 스스로 창출하지 않으면 살아남기가 어렵다. 바로 해당 지식정보의 대중화의 범위와 심도라고 할 수 있다. 그래서 학문이 고유한 수행과 함께 사회적인 접점을 확대하고 그 지식정보의 사회적 유효성을 지속적으로 설득하지 않으면 안 되는 사회에 우리는 살고 있는 것이다. 고고학을 수행하는 과정에서 '공공(public)'이라는 의미는 두 가지로 해석될 수 있을 것이다. 하나는 공공성이고 다른 하나는 대중성이라고 할 수 있다. 공공성이라는 단어가 가지는 맥락은 바로 문화유산의 공공성에서 출발하는 것이라고 생각할 수 있다. 고고학을 하기 위한 비용의 제공자로서 대중의 인식을 높임으로서 지지를 지속적으로 얻어낼 수 있을 것이다. 이러한 점에서 한국

고고학이 미래에 닥쳐올 한계를 극복하기 위한 중요한 전략으로서 공공고고학, 다른 용어로서 대중고고학의 확장을 적극적으로 시도하는 것이 반드시 필요하다고 생각된다. 우리나라에서도 고고학적인 지식의 대중적이고 교육적인 활용을 통해서 이러한 대중적인 기반이 탄탄해지는 것은 대단히 희망적이고 고고학의 새로운 발전을 도모할 수 있는 원동력이라고 생각된다. 이와 함께 한국 고고학계로서는 학문의 지속가능한 발전으로 유도할 수 있는 전략의 개발이 심각하게 고민하여야 할 과제를 부여하기도 한 것이다.

대중고고학이 새로운 학문분야로서 지속적으로 발전하기 위해서는 대중들이 쉽게 접근할 수 있는 영역의 개발 역시 대단히 중요하다. 전문가들이 수행하는 고고학에 참여하는 것 뿐 아니라 스스로 고고학적인 수행을 생활에서 할 수 있는 영역을 개발하는 것이 미래의 사회수요일 것이다. 기존의 체험적인 프로그램에 있어서도 다양한 프로그램의 개발이 지속적으로 이루어 지고 또한 세대별로 관심이나 흥미 별로 프로그램들이 개발되어야 한다. 또한 수행대중고고학에서 대중의 체험의 질을 높일 수 있는 방안들이 강구되어야 한다.

고고학은 물질과 문화, 즉 물질, 즉 유물이나 유적과 관련된 행위를 복원하는 학문인 점에서 우리 주변의 현대 물질문화 속에서도 대중들이 다양한 경험을 할 수 있고 또한 그러한 경험이 인지에 큰 변화를 가져올 수 있다. 물론 이러한 것들이 현재 진행되고 있는 행위가 관련되기 때문에 인류학적인 영역이라고 치부할 수도 있지만 물질과 행위 그리고 나아가서 문화와 연결하여 학문을 수행할 수 있다는 점에서 고고학적인 영역인 셈이며 일종의 생활대중고고학이라고 할 수 있다. 그래서 대중이 개별적인 공간에서 현대물질문화와 인간행위와의 관계를 대중고고학적인 방법론으로 접근하는 것도 중요한 영역이 될 것이고 고고학을 대중적으로 인식하게 만드는데 중요한 기여를 하게 될 것으로 기대된다. 이러한 대중고고학적인 연구는 민족지고고학적인 연구와 연계하여 미래에는 고고학연구의 새로운 방법론으로서도 발전할 수 있는 영역이라고 할 수 있다.

고고학이라는 순수학문분야에서 파생된 하나의 응용학문으로서 대중고고학은 고고학 뿐 아니라 교육학, 인지과학, 인류학, 사회학과 정보과학 등의 제 분야와 통섭적인 관계를 가지고 학문적인 추구와 대중적인 적용의 두 축 사이를 오가면서 발전하지 않으면 안 되는 학문일 것이다. 대중적인 적용은 결국 대중고고학의 핵심이지만 가장 적절한 적용을 위한 학문의 끊임없는 질문과 해결책을 구하기 위한 노력으로서 학문적 추구를 위한 방법론을 개발해 내지 않으면 안되는 것이다. 이러한 학문의 틀을 구축하기 위해서는 현재 시행되고 있는 많은 실물과 실재의 공간체험기반의 교육들의 사례들을 심도 있게 분석하여 그 원인과 결과의 상관관계를 찾아내는 것이 일차적인 임무일 것이며 앞으로 그러한 사례들에서 보이는 패턴을 토대로 대중의 문화정보소통, 교육적인 효율성, 삶의 패턴의 변화에 미치는 영향 등등의 영역에서 문화유산의 활용이 인간행위에 미치는 영향에 대해서 이론을 정립하여야 할 것으로 기대된다. 특히 한국사회는 문화유산자원이 풍부하고 앞으로 사회적으로 문화자원의 중요성이 더욱더 심화될 것이기 때문에 대중고고학의 발전이 문화유산의 보존이나 모학문인 고고학의 발전에 지대한 공헌을 할 수 있을 것으로 기대되는 것이다.

13. 한국사회 속에서 대중고고학의 실천방안

첫째, 무엇보다도 문화유산이 대단히 가치 있는 교육적인 자원이라는 점을 국가적으로 인식시키기 위해서는 외국처럼 '고고학의 날'을 정하는 것이 중요하고 관련된 프로그램들을 개발하여 전국적으로 문화유산을 동시에 향유할 수 있는 기회가 필요하다. 이것은 문화유산의 가치 뿐 아니라 사회 공동체의 가치를 재확인하는 작업으로서 사회의 지속가능성을 높이는 일을 하게 될 것이다. 우리나라에서 최초로 본격적인 발굴이 이루어진 호우총발굴의 시작일을 '한국고고학의 날'로 지정하여 고고학의 대중화 그리고 대중고고학의 새로운 지평을 확대하는 것이 바람직하다.

둘째, 현재 이루어 지고 있는 박물관교육과 문화유산교육 그리고 정부가 시행하는 문화유산해설교육 등의 수행자들이 지켜야 하는 대중고고학 윤리헌장을 제정하는 것이 필요하다. 수행자들이 문화유산의 전 사회적인 중요성을 충분히 인식하는 것이 필요하며 관계되는 정보의 정확성을 유지하고 참가하는 대중들의 개인적인 특성이 충분히 존중되도록 하는 자세를 가지는 것이 중요하다. 그래서 기본적 소양을 위한 교육체제를 구축하고 이수하도록 하는 것이 중요할 것이다. 이러한 제도의 수립과정에서는 대중고고학자들 뿐 아니라 인지과학자나 교육학자들도 참여하여 구축하도록 한다.

셋째, 대학에서 응용고고학 분야라고 할 수 있는 대중고고학을 전공하는 과정을 설정하고 이 분야의 전문가들을 육성하는 것이 필요한 시점이다. 이러한 전문가들이 문화유산의 해설이나 박물관교육학, 대중고고학 전문가로서 활동하는 것이 사회적으로 문화콘텐츠의 소통을 극대화하고 또한 그 효율성을 높이는 비결이 될 것으로 기대한다. 그리고 대중고고학을 문화를 매개로 하는 기관이나 기구들에서 적극 인지하게 하여 앞으로 전문요원의 선발의 영역으로 개발하도록 제도를 구축한다.

그리고 문화가 항구적인 지속가능사회의 구축의 궁극적인 수단이 될 수 있다는 점에서 젊은 세대의 인문학적인 소양을 육성이 필요하다. 문화유산의 새로운 해석 그리고 창의적 해석을 진작하는 전국적인 문화유산인 문학연차대회를 실시하는 것이 유용할 것이다. 이것은 이미 유럽지역에서는 시행하고 있는 것으로서 현재 진행되고 있는 국가인문학 및 인문정신진흥프로그램에 넣어서 확대하도록 한다.

대중고고학은 단순히 고고학의 한 연장선의 하부학문영역이라기 보다는 고고학이 확산되어 사회적으로 유용성이 크게 확대될 수 있도록 할 뿐 아니라 그 자체가 사회가 필요로 하는 교육과 여가의 활용 등에 기여를 할 수 있는 새로운 개념의 미래학문이라고 할 수 있다.

[참고문헌]

국립중앙박물관-한국박물관협회 2010, 한국박물관백년사.

배기동 2017, 전곡구석기유적과 축제의 시작, 동아시아고고학연구소.

유네스코 2015, 박물관 및 콜렉션의 보호와 활용 권고안.

Heson, Don 2017, Archaeology and education, Key concepts in Public Archaeology. Ed. by G. Moshenska. UCL Press. London. Moshenska. UCL Press. London.

Housely, W., R. Procter, A. Edward, P. Burhap, M. Willians, L. Sloan, O. Rana, J. Morgan, A. Voss and A. Greenhill 2014, Big and borad social data and the sociological imagination; A collaborative response. Big Data and Society 1 (1), DOI:10.

Little, B.J. 2012, Public Benefits of Public Archaeology. The Oxford Handbook of Public Archaeology. Ed. by R. Skeates, C. McDavid and J. Carman.

Matsuda, A and K. Okamura 2011, Introduction, New Perspective in Global Public Archaeology. Eds. by Matsdua and Okamura. N.Y. Srpinger.

McGimsey, C. 1972, Public Archaeology. Seminar Press.

Moshenska, G. 2017, Alternative archaeologies, Key concepts in Public Archaeology. Ed. by G. Moshenska. UCL Press. London.

Moshenska, G. 2017, Introduction: Public archaeology as practice and shcolarship where archaeology meets the World, Key concepts in Public Archaeology. Ed. by G. Moshenska. UCL Press. London.

Pearse, S. 1994, Objects as meaning; or narrating the past, Interpreting Objects and Collections. Ed. by S. Pearse. Taylor and Francis. London.

Reid P. 2012, Preformance and participation:The relationship between local communities and the archaeological domain. In G. Meshenska and S. Dhanjal(eds) Community

Archaeology, Themes mehtods and pracitce, Oxbow Books.

Wheeler, R.E.M. 1955, Still Digging: Interleaves from an Antiquaries' Notebook.

Kolb, David 1984, Experimental learning;Experience as the Source of Learning and
Development. Englewood Cliffs, NJ.

한국 대중고고학 개론
Introduction of Korean Public Archaeology

대중고고학의 발전과 한국의 대중고고학

이화종 (한양대학교 박물관)

1. Public의 의미와 정의

최근 들어 한국고고학에 새롭게 등장한 패러다임 중 하나는 공공의 자산으로서 고고학 자원을 고고학자를 포함한 전문가 뿐 아니라 일반인을 포함하여 보다 폭넓게 활용하고 이를 통해 사회적 자원으로서 효율적 보존에 대한 관심의 증가라 할 수 있다. 이런 새로운 패러다임은 자연스럽게 이른바 대중고고학 혹은 공공고고학이라고 불리는 'Public Archaeology'에 대한 관심의 증가로 이어지고 있다(이영철 2006, 조우택 최성락 2014, 배기동 2015, 2017 등). 이러한 관심의 증가로 2016년 연구모임인 '대중고고학 포럼'(이화종 2016)이 결성 활동 중에 있으며, 2017년 '한국대중고고학회'(한국대중고고학회 2017)의 창립으로 이어지고 있다. 이런 새로운 패러다임은 물론 21세기 한국고고학에 변화와 발전 방향에 긍정적인 방향을 제시할 것이라 기대되는 한편, Public Archaeology에 대한 기본적인 이해와 연구가 필요할 시점이라 생각된다.

일반적으로 서구에서 말하는 'Public'는 포괄적으로 일반인 혹은 시민들이라는 의미와 함께 사적인 혹은 개인적인 것의 반대로 공공 혹은 공중이라는 의미로 이미 로마시대 이후부터 사용되어 왔다(Melton 2001:1). 이러한 의미에 따라 Public Archaeology에서 다루고자 하는 대상이나 연구의 주제 등에서도 차이를 보인다. 예를 들어 Merriman은 'Public'의 의미로 공공기관, 공용 건물 등에서 쓰이는 '공공 혹은 공용'의 의미를 강조하면서, 문화적 생산품을 소비하고 관련된 이슈에 대한 토론을 진행하는 과정에서 대중을 문화자원에 대한 '공공의 의견(public opinion)을 가지고 있는 개인의 집단이라 정의하였다 (Merriman 2004, 1). Carman(2002) 'public'을 제도적(administrative or institutional) 그리고 대중(people)으로 구분하였다. 더불어 Public Archaeology가 다루는 주제와 관심의 변화에 따라 제도적인 부분을 다시 구분하여, 법률과 행정적인 부분의 관리의 의미(administrative)와 고고유산 및 자원의 관리와 관련된 기관의 역할의 증대라는 의미(institutional)로 다시 한번 세분하여 정의하였다.

'Public Archaeology'를 정의하는 'Public'의 의미는 그간 다양하게 정의되고 해석되었다. 결국 Public Archaeology의 발전과정은 그 정의와 개념의 변화과정을 통해 이해 할 수 있을 것이다. 따라서 이 글에서는 Public Archaeology의 등장부터 현재까지의 변화와 발전과정의 'Public'의 의미와 정의를 통해 고찰해 보고자 한다. 이러한 이유로 이 글에서는 'Public Archaeology'를 번역 없이 그대로 사용한다. 최근 한국에서 사용되고 있는 '대중고고학' 혹은 '공공고고학'은 'Public Archaeology'가 가지고 있는 의미와 정의, 다양한 연구 주제 등 다양성을 포괄할 수 없을 수도 있기 때문이다.

Public Archaeology의 정의에 대한 심도 있고 폭넓은 논의를 통해 한국적인 상황에 맞게 정리될 수 있을 것이라 기대한다.

2. Public Archaeology의 등장

2.1 이른 시기의 움직임

일반적으로 현대적인 개념의 Public Archaeology의 등장은 1970년대 찰스 맥김지에 의해 'Public Archaeology'라는 용어가 등장하면서 부터라 할 수 있다(Shdahall 1999, Matsuda 2004, Merriman 2004, Moshenska 2017 등). 맥김지는 1972년에 발간된 동명의 책 'Public Archaeology'(McGimsey 1972)에서 '사유화된 고고학은 없다(There is no such thing 'private archaeology')'라 정의하면서 고고학 자료의 공공성을 강조하였다. 이러한 현대적인 개념의 Public Archaeology는 1970년대 등장했다고 할 수 있지만, 고고학 자료 혹은 문화자원이나 유산의 공공성을 염두에 둔 움직임은 보다 오랜 역사를 가지고 있다고 할 수 있다.

고고자료의 공공성 혹은 대중에 대한 인식이라는 측면에서 Public Archaeology의 시작은 보다 오랜 역사를 가지고 있다고 할 수 있다. 물론 현대적인 Public Archaeology의 개념과는 차이가 있다고 할 수 있지만, Jameson(2004, 43)은 미국에서 문화자원 혹은 고고학 연구에 있어 대중에 대한 인식의 시작을 미국의 3대 대통령인 토마스 제퍼슨이라 언급했다. 제퍼슨 대통령은 1781~1782년 그의 사유지 내의 인디안 무덤을 발굴하고 발굴결과에 대한 보고서를 발간(1787)하여 발굴조사 내용과 자신의 생각을 대중에게 공개하였으며, 이외에도 루이스와 클라크 탐험(Lewis & Clark Expedition)에 의해 수집된 아메리카 인디언의 유물을 정리하여 자신의 집에 전시하고 일반에 공개함으로써 인디언 물질문화에 대한 관심의 증대의 시초를 제공했다. 이후 인디언 문화의 관심 증가는 인디언 문화의 수집과 연구 전시를 위한 시설로 1848년 스미소니언박물관이 개관하게 되었다. 뿐만 아니라 1881년 미국 최초로 공공자금 지원 발굴로 선사시대 인디언무덤이 조사되었다.

Public Archaeology의 관점에서 유럽은 18세기 루브르 박물관이나 영국박물관 등이 공공박물관으로 등장하기 시작했다. 1753년 프랑스 대혁명에 따라 설립된 루브르 박물관은 왕실 소속이었던 고전 예술품들을 예술가들과 일반 대중에 공개할 목적으로 설립되었으며 이를 통해 예술교육의 민주화에 기여하였다. 영국박물관은 개관 당시부터 공공박물관으로서 지난 250여년간 무료개방 원칙을 통해 박물관을 통한 교육기회의 확장에 기여하고 있다(서원주 2010, 59-60).

이외에도 고고자원 혹은 문화유산의 제도적인 관리하는 측면에서는 "모든 보물은 왕실의 소유"라 정의한 1966년의 Swedish Proliclaim 역시 그 초기의 움직임이라고 할 수 있다. 관습법인 Treasure Grove를 가지고 있던 영국은 1882년 고대기념물보호법(Ancient Monument Protection Act 1882) 제정을 통해 지정문화재 제도를 시작하고 고고유산의 보존에 정부의 책임을 법률화함으로써 보다 체계화된 제도로서 고고유산의 보호가 시작되었다(이화종 2016).

그러나 이러한 이른 시기의 움직임은 고고학 자원의 공공성 혹은 사회적 자원으로서의 기능, 다양한 사람들의 참여와 관여를 통한 가치의 형성 등 현대적인 측면의 Public Archaeology와는 많은 차이를 보이고 있는 것이 사실이다.

2.2 Public Archaeology의 현대적인 개념의 발달

앞서 언급한 바와 같이 현대적인 개념의 Public Archaeology의 등장하기 시작한 것은 1950년대부터라 할 수 있다. 영국의 고고학자이자 텔레비전 저명인사며, Public Archaeology의 시초를 제공한 모티머 휠러 경은 고고학자의 "과학적인 작업의 가능한 한 완전한 일반인들과의 공유의 도덕적 그리고 학문적 필요성을 확신하며"(1955: 104),[1] "대중에게 다가서고 인상을 주는 것 그리고 솔직하고 담백한 이해의 틀 속에 고고학자의 말을 담는 것은 과학자로서의 고고학자의 의무이다(1956: 224)"라고 언급했다.[2] 이런 대중에 대한 인식은 1970년대 Public Archaeology의 등장의 토대를 제공하였고, 그 결과로 등장한 것이 앞서 언급한 1972년 찰스 맥김지의 "Public Archaeology"로 대표되는 현대적인 개념의 Public Archaeology의 등장이다.

다만 1970년대의 Public Archaeology 역시 21세기 우리가 주로 다루고 있는 개념의 Public Archaeology와는 조금은 다른 관점을 가지고 있다. 이는 Public Archaeology의 등장이 단순히 새로운 연구 분야에 대한 전문가들의 관심 증가가 아니라 현실과 대응하는 실용학문으로써 등장하였기 때문이다. 예를 들어 맥김지의 상징적인 문장인 '사유화된 고고학은 없다(There is no such thing 'private archaeology')'를 통해 고고학자원의 공공성을 언급하였지만, 그 주요 대상은 고고학자원의 대중을 위한 이용이나 활용보다는 공공재로서의 고고학자원의 보존을 위한 제도적인 접근을 염두에 둔 공공고고학(public sector archaeology)에 가깝다고 할 수 있다. 이러한 개념은 맥김지가 언급한 미국 뿐 아니라 영국을 포함한 유럽에서 유사한 모습으로 나타난다. 이는 당시의 사회적 배경에 고고학이 반응하는 과정에서 Public Archaeology가 성립되었기 때문이라 할 수 있다.

---

1   I was, and am, convinced of the moral and academic necessity of sharing scientific work to the fullest possible extent with the man in the street and in the field.

2   It is the duty of the archaeologist, as of the scientist, to reach and impress the public, and to mould his words in the common clay of its forthright understanding.

예를 들어 미국은 20세기 초 테디 루즈벨트 대통령의 이른바 'Square Deal'을 통해 문화와 자연자원에 관한 보호를 천명하고(Jameson 2004, 25) 이후 정부주도의 보호사업과 제도마련이 시작되었다. 1930년대 대공황을 타개하기 위한 New Deal정책과 1940년대 후반의 세계 2차 대전에 따른 전후복구 사업 과정은 고고학에 새로운 패러다임을 제시한다. National Park Service를 중심으로 중요한 역사 문화자원에 대한 조사, 복원, 복구, 구매가 이루어지게 되었으며, 그 과정에서 현재 미국 고고학 성립의 토대가 마련되었다. 고고학적인 관점에서 이시기의 주요한 성과 중 하나는 정부주도의 공공자금을 통해 이루어진 이른바 구제고고학(savage or rescue archaeology)을 통해 현대 고고학으로의 발전에 기반을 마련하였다는 것과 함께 대규모의 유적과 유물의 포함한 자원의 관리를 위한 방안의 모색을 위한 제시된 방법론이 이후 문화자원관리(Cultural Resource Management(CRM)) 및 Public Archaeology 의 등장에 영향을 주었다는 것이다.

1970년대까지 이어지는 이러한 대규모의 구제 고고학 프로그램은 일반인 뿐 만 아니라 전문가들 역시 중요한 자원과 정보의 손실에 대한 경종을 울리게 되었다. 맥김지는 이러한 상황을 '지구경관이 급격하게 변하는 시기'라 정의하고 고고학 자원과 정보의 보호의 필요성을 언급했다.[3] 이러한 보호의 필요성은 다양한 문화자원관리를 위한 제도적 뒷받침으로 이어졌다 – National Historic Preservation Act (NHPA) (1966), Executive Order 11593 'Protection of the Cultural Environment' (1971), National Environmental Policy Act

---

3   1970' as 'the age of rapid transformation of the earth's landscape', and pointed the public's concern as 'completeness of data recovered and ultimate and continued public availabilities of the artifacts and permanently identified and with adequate accompanying data permanently preserved'.

(1969), Archaeological and Historical Preservation Act (1974), Department of Transportation Act (1966) 등의 법률이 고고학자원의 보호를 위해 중앙정부 차원에서 제정되었다. 이러한 법률 시스템을 통한 제도적 뒷받침과 함께 공공의 자산인 고고학 자원의 합리적이고 적절한 조사와 보존을 위한 전문가(고고학자)와 관련기관의 기준이 제시되었다. 1976년 Society of Professional Archaeologists (SOPA)는 최소한의 교육과정과 연구 경력을 기준으로 각종 프로그램의 참가 자격기준을 제시하는 한편 최소한의 공간과 장소, 연구장비, 보안 등을 포함하여 프로젝트에 참여하는 기관의 기준을 제시하였다. 이와 더불어 보고서 작성의 기준, 출토유물의 수장의 문제, 복원과 보존에 있어 진정성에 대한 논의 등이 시작되었다.

다시 말해 1970년 미국을 중심으로 등장한 Public Archaeology 대규모 개발 사업의 과정에서 공공의 자산인 고고학자원 혹은 문화자원을 보호하기 위한 법률제도와 전문가 및 전문기관의 기준 등을 포함하는 제도적 장치의 마련에 초점을 두었다. 이러한 의미에서 맥김지의 Public Archaeology는 대중(people) 보다는 제도(public sector archaeology)에 관심을 두었다 할 수 있다.

대중의 고고학에의 참여라는 측면에서 영국은 비교적 긴 역사를 가지고 있다. 고고학이 독립된 학문으로 자리 잡기 이전인 19세기부터 이른바 '아마추어 고고학'이라 불리는 지방의 고고학 단체 혹은 관심집단의 활동이 시작되었고(Moshenska 2017, 7), 이러한 지역 혹은 지방고고학 단체들이 세계 2차 대전 이후의 전후복구 사업과정의 구제고고학에서 일정 부분 역할을 하기도 하였다. 그러나 이러한 단체 혹은 소속자들 대부분은 자원봉사 형식의 조직으로 대규모 개발에 따른 대형의 그리고 속도를 요구하는 구제발굴을 수행하는 한계가 있었다. 1938년 브라이언 오닐이 최초로 정부 자금을 이용해 발굴을 시작한 이후, 1960년대에 이르면서 개발사업의 규모는 급격하게 증가했다. 이런 대규모 개발사업에서 이전 자원봉사 형식의 지방단체의 한계가 명확해 지기 시작했고, 이를 타개하기 위한 방안으로 1971년 RESCUE: British Archaeological Trust가 탄생한다.

1970대의 구제발굴의 시대를 통해 변화 중 가장 주요한 것은 RESCUE를 통해 개발사업과정에서 이루어지는 구제발굴을 위한 정부지원금의 확보의 증가라 할 수 있다(Everill 2007, 159). 예를 들어 1971년 £200,000에 불과하던 정부지원금은 1977년 £2,600,000까지 증가하였으며, 이른바 오염자부담의 원칙으로 개발사업자의 조사비용 부담을 명문화한 Planning Policy Guideline 16 (PPG16)이 등장한 1990년대까지는 지속적으로 증가했다. 더불어 또 다른 주요한 변화는 고고학의 전문화라 할 수 있다. 대규모 구제발굴의 필요성에 따라 1972년 발굴조사에 종사하는 전문고고학자와 기관이 등장했고, 1979년까지 약 660여명으로 증가했다(Everill 20077, 164). 이와 함께 대학을 중심으로 대규모의 고고학 연구 및 교육기관이 설립되었다. 이러한 전문가 및 전문기관에 의한 발굴조사는 현재 영국고고학의 기틀을 마련하였다는 데에는 이견이 없다. 이러한 변화는 고고학에 있어 '정부'와 '전문가(고고학자)'의 역할을 증가시키는 결과를 가지고 왔다. 이러한 역할을 증가의 결과 중 하나가 법제도를 통한 고고학 자원의 관리이다. 1882년 최초의 법인 Ancient Monument Protection Act 1882가 제정된 이후, 1970~1990대에는 문화유산의 종류와 상황에 따른 다양한 법제도가 등장하였다.

2.3 21세기의 Public Archaeology

21세기 Public Archaeology의 가장 큰 특징은 이전 시기에 비하여 Public 의 의미에서 '대중(people)'의 의미가 더욱 강조되고 있다는 것이다. 물론 Public Archaeology는 그 등장 시기부터 고고학자원을 공공의 자산으로 인식하고 그 주인인 대중을 위해 어떻게 보호하고 활용할 것인가라는 고민 아래에 발전해 온 것은 사실이다. 그러나 그 초창기의 모습은 사회적인 상황에 적극적으로 대응하면서, 실질적인 해결책으로서의 제도적인 부분에 초점을 맞춘 것도 사실이다. 그러나 21세기의 Public Archaeology는 이러한 제도적인 뒷받침과 함께 고고자원의 활용을 통해 얻는 이익을 어떻게 대중과 공유 할 것인가라는 질문을 던지고 있다.

예를 들어, 아처슨(2000: 2)은[4] 'Public archaeology'을 '물질문화의 연구와 관련된 모든 새로운 영역으로... 그 모두는 고고학이 경제적인 갈등과 정치적인 투쟁의 실제 세상으로 들어갈 때 나타나는 모든 문제에 대한 것이다. 다른 말로 이는 윤리이다' 라고 정의했고, 션다홀[5](Schadla- Hall 1999: 147)은 '다양한 이유로 학문으로서의 고고학에 대한 이해 높지 않은 상당수를 포함한 대중과 교감하는 혹은 교감할 가능성이 있는 모든 고고학적 행위의 분야, 메리만(Merriman 2004: 5)[6]은 '고고학이 논쟁과 의견충돌이 필수적인 보다 폭넓은 대중문화의 부분이 되어가는 과정과 결과에 대한 연구이다. 그러므로 윤리와 정체성이 존재하는 대중고고학은 필수적으로 그 의미를 넘어서는 절충과 갈등

---

4   Public archaeology is all the New Territories, lying around the periphery of direct research into the remains of material culture··· All of them are about the problems which arise when archaeology moves into the real world of economic conflicts and political struggle. In other words, they are about ethics (Ascherson 2000: 2).

5   any area of archaeological activity that interacted or had the potential to interact with the public – the vast majority of whom, for a variety of reasons, know little about archaeology as an academic subject (Schadla- Hall 1999: 147).

6   it studies the processes and outcomes whereby the discipline of archaeology becomes part of a wider public culture, where contestation and dissonance are inevitable. In being about ethics and identity, therefore, public archaeology is inevitably about negotiation and conflict over meaning (Merriman 2004: 5).

이다', 모센스카(Moshenska 2009: 47)[7]는 '대중고고학은 가장 넓은 의미에서 고고학적 상품을 생산하고 소비하는 과정에 대한 연구와 비판과 관련된 분야이다', 마즈다와 오가무라(Matsuda and Okamura 2011: 4)[8]는 '고고학과 대중의 관계와 그 관계를 증진하는 방안에 대해 연구하는 분야'라고 정의했다.

이러한 Public Archaeology의 변화와 발전은 학문으로서 그 연구대상의 변화만을 의미하는 것은 아니다. Public Archaeology는 앞서 살펴본 바와 같이 고고학이 마주하고 있는 사회적 환경에 따라 현실적인 대안을 마련하는 방향으로 발전해 왔다고 할 수 있다. 21세기 Public의 의미가 대중에 무게를 두면서 새로운 방향의 Public Archaeology 역시 등장하고 있다. 모센스카(Moshenska 2017)는 이러한 대중고고학의 새로운 경향을 '대중과 함께하는 고고학(Archaeologists with the Public)' '대중에 의한 고고학(Archaeology bythe public)' '대중을 위한 고고학(Archaeology for the public)' '공공 분야의 고고학(Public sector archaeology)' '오픈 고고학(Open archaeology)' '고고학 교육(Archaeological education)' '미디어 고고학(Popular archaeology or Media archaeology)'과 '학문으로서의 대중고고학(Academic Public archaeology)'으로 세분하였다.

2.3.1 대중과 함께하는 고고학 (Archaeologists with the Public)

대중과 함께 하는 고고학은 이른 바 공동체 고고학(Community Archaeology)

---

7   public archaeology in the broadest sense is that part of the discipline concerned with studying and critiquing the processes of production and consumption of archaeological commodities (Moshenska 2009: 47).

8   a subject that examines the relationship between archaeology and the public, and then seeks to improve it (Matsuda and Okamura 2011: 4).

로 고고학자에 의해 계획되고 진행되는 고고학 프로그램에 일반대중 혹은 관련 공동체가 참여하는 프로그램들을 의미한다. 발굴조사의 참여 등과 같이 보다 직접적인 조사과정에의 참여에서 최근에는 박물관 등으로 그 중심이 옮겨지고 있다.

2.3.2 대중에 의한 고고학 (Archaeology by the public)

한국의 고고학적 상황과는 차이가 있지만, 고고학의 초창기의 모습은 이른바 아마추어 혹은 몇몇 관심 있는 사람들에 의해 연구와 조사가 시작되었다 할 수 있다. 이러한 전통이 현재까지 이어져 전문적이고 제도적인 교육을 받은 전문가에 의한 연구가 아니라 일반 대중에 의해 이루어지고 있는 고고학을 통칭 한다할 수 있다. 대표적인 예는 영국이나 유럽 등지의 금속탐지기를 이용한 고고학 유물의 채집이라고 할 수 있으며, 최근에는 자체적으로 지식의 증진과 확산 등을 위한 수업 강연 등이 이루어지고 있다. 물론 엄밀한 의미에서 이들이 행하는 조사가 전문적인 고고학 조사라고 할 수 없다는 비판이 있지만(e.g. Thomas 2012), 일면 많은 정보를 제공하기도 하였다(Bland 2005).

2.3.3 공공분야 고고학 (Public sector Archaeology)

21세기 Public Archaeology는 '대중'과 밀접한 연관이 있음은 부정 할 수 없다. 1972년 맥김지에 의해 Public Archaeology가 출간되었을 때 역시 'Public'이라는 용어 안에 '대중'의 의미가 포함되기는 하였지만, 1970년대 미국의 상황을 고려해 보면, 공공분야의 고고학이라는 의미에 더욱 가까울 것이다. 다른 관점에서 보면 구제발굴의 시대에 고고학이 당면한 문제는 고고학 자료의 활용이나 이용보다는 보호가 보다 시급한 문제였기 때문에 법제도를 통한 고고 자료의 보호부터 연구의 적절한 기준의 설립 등이 주요 대상이었다.

2.3.4 고고학적 교육 (Archaeological education)

현재 Public Archaeology의 가장 주요한 분야 중 하나라 할 수 있다. 공공의 자산인 고고학 자원을 다루는 전문가로서의 고고학자는 자신들이 연구하고 생산한 지식을 활용하고 공유함으로서 고고학 자원으로로부터 얻는 이익을 공유한다는 Public Archaeology의 기본적인 원칙을 가장 효과적으로 실현할 수 있는 방법이기 때문이다. 현재 고고학적 교육은 고고학 유적 자체에서 뿐 아니라 박물관 등을 중심으로 매우 다양한 형태로 나타나고 있다. 이러한 교육의 중요성의 설명하기 Merriman은 과학분야에서 과학적 전문지식이 부족한(deficit) 대중과의 소통이 의무라는 개념을 차용하여 고고학 분야 역시 'deficit model'을 주장하고, 다양한 관점을 이용한 교육의 중요성을 강조하였다(Merriman 2004).

2.3.5 공개고고학 (Open Archaeology)

Public Archaeology의 관점에서 고고학이 가지는 매우 흥미로운 점 중 하나는 다른 전문분야와 달리 그 연구과정(e.g.발굴조사 현장과 과정)을 쉽고 흥미롭게 공개할 수 있다는 것이다(Farid 2014; Moshenska 2009b; 2013; Tilley 1989). 한국 역시 최근 학술발굴조사 혹은 주요한 발굴조사를 중심으로 현장 공개가 증가하고 있는 추세이기는 하지만, 아직은 구제발굴이 주를 이루고 있는 상황에서 많은 한계를 가지고 있는 것이 사실이다. 그러나 Public Archaeology가 비교적 발전했다고 하는 영국을 중심으로 다수의 학자들은 고고학이 대중으로부터 폭 넓은 이해를 위해 고고학 연구과정 즉 발굴조사현장의 공개의 중요성을 지적하였다(Morgan and Eve 2012; Moshenska and Schadla-Hall 2006).

2.3.6 미디어 고고학 (Media or Popular archaeology)

고고학적 연구 성과를 접근성이 높고 사용이 편리한 매체를 이용하여 소통하는 분야라 정의 할 수 있다. 전달되는 연구의 정보나 지식의 질적인 측면은 분명히 위에 살펴본 고고학적 교육과는 차이가 있으나, 그 양적인 면에서는 보다 넓은 지식과 정보를 폭 넓은 대중과 소통할 수 있어 그 중요성이 높다고 할 수 있다. 이러한 분야에서 가장 유명한 예 중 하나가 영국 체널 4에서 1996년부터 2014년까지 방영된 'Time Team'일 것이다. 구석기 유적부터 세계2차 대전 유적까지 다양한 유적을 3일간 발굴조사하고 이를 편집·방송하는 'Time Team'은 높은 시청률로 영국에서 고고학을 대중에게 알리는 가장 대표적인 프로그램이라 할 수 있다.

2.3.7 학문으로서의 Public Archaeology (Academic public archaeology)

앞서의 분야들이 고고학자원의 실질적인 활용에 중점을 두었다면, 학문으로써의 Public Archaeology는 실행과 관련된 사회적, 정치적, 경제적 기반을 제공하는 역할을 한다고 할 수 있다. 한국을 포함한 많은 나라들은 고고학 자원을 포함한 다양한 문화유산의 보호를 주장하고 노력하고 있지만, 예산의 문제, 환경적인 문제 등과 상충하면서 그 해결책을 모색해 나가고 있다. 이러한 해결책의 근간이라 할 수 있는 고고학 자원의 성격(e.g. Public Property – 공공의 자산), 이를 다루는 전문가들의 연구 기준(e.g. ethical standard – 윤리규정), 고고학자원의 지속가능한 활용의 정의 등 실행을 위한 원리와 원칙을 개별 지역 혹은 국가의 정치·사회·경제적 맥락을 반영하여 제시하는 것이 가장 주요한 역할이라고 할 수 있다.

3. 한국의 Public Archaeology

앞장에서 제시된 Public Archaeology의 다양한 하위분야는 모든 지역과 사회에 모두 적용된다고 할 수는 없다. 언급한 바와 같이 Public Archaeology 의 성립과 발전은 개별사회가 가지고 있는 서로 다른 배경을 바탕으로 서로 다르게 전개되었다. 예를 들어 한국의 경우 Public Archaeology라는 분야의 직접적인 언급 이전 이미 박물관을 중심으로 하는 문화유산의 교육, 고고학 유적의 보존과 활용이라는 관점에서 고고학 자원의 사회적 활용에 대한 중요 성이 이미 언급되기 시작하였다. 더불어 2000년대 이후에는 급증하는 고고학 조사에 따른 효율적인 조사와 이에 대한 보호를 위한 제도적인 측면에 대한 논의가 지속되고 있다.

3.1 박물관 교육으로서의 대중고고학

한국에서의 박물관 교육의 시작은 이미 일제강점기 은사기념과학관의 '어 린이 날' 교육, 1946년 이후 실시된 국립박물관의 연구발표회, 특히 1954년 국립박물관 경주분관에서 실작한 '경주어린이박물관' 등 그 역사는 대한민국 이 등장하기 이전인 일제강점기부터 시작되었다고 할 수 있다. 그러나 이러한 박물관 교육은 일반적이고 보편적으로 행해지던 박물관의 역할은 아니었다(국 성하 2009). 그러나 1992년 제정된 '박물관 및 미술관 증진법'에 박물관은 이미 주요한 '교육'을 수행하는 기관으로 명문화되어 있어 박물관 교육에 대한 인식 은 일찍부터 시작되었다고 할 수 있으며, 그 본격적인 등장은 1970년대 후반 이며 80년대 전반에 걸쳐 양적인 성장을 거두었다고 할 수 있다(국성하 2009). 그러나 이시기의 박물관교육은 박물관 관련 종사자, 교사, 문화예술 종사자 등이 그 주 대상으로 21세기 박물관교육의 대상에 비해 제한적이었다. 또한 교육의 내용과 방식 역시 당시의 정치·사회적인 상황을 반영한 강연과 강의가 중심된 형태로 진행되었다.

이후 1990년대를 거쳐 박물관 교육은 그 대상이 전문가, 성인, 어린이, 노년층으로 다양화되고 이에 따른 다양한 프로그램의 개발을 통해 양적인 발전과 함께 질적인 발전을 했다. 이러한 발전과정의 가장 큰 성과는 박물관 교육의 보편화이다. 2000년대 이후 박물관의 기본적인 기능은 전시, 수장과 연구와 더불어 교육이 포함된다는 것이 폭 넓게 인식되었으며, 이에 따라 교육의 질적인 발전을 거듭하고 있다. 가장 대표적인 예로 학교교육과는 차별화된 즐기는 교육(Eudtainment)으로서의 문화유산교육으로 체험중심의 양방향 교육 등이 21세기 박물관 교육의 흐름을 주도하고 있다.

3.2 고고유적의 활용

Public Archaeology라는 측면에서 고고유적에 대한 기본적인 인식의 변화 중 하나는 고고자원이 단순히 보호·보존되어야하는 자원이 아니라, 사회적 자원으로써 보다 적극적으로 이용·활용되어야 한다는 것이다. 이러한 변화를 보여주는 것이 유적의 정비, 복원의 증가와 유적공원 및 박물관(전시관)의 증가와 함께 고고유적공원이나 유적박물관을 중심으로 하는 교육·체험 전시의 증가이다(윤희진 2016). 다만 유적공원 등을 중심으로 한 고고 유적의 활용이 증가하고 있는 것이 사실이지만, 전국의 선사유적 중 70% 가량은 아직도 원형보존 중심의 소극적인 방식만을 가지고 있어 사회적 자원으로서 보다 적극적인 활용이 필요한 상황이다(윤희진 2016).

고고유적의 활용의 또 다른 모습은 문화유산의 활용사업의 증가이다. 예를 들어 문화재청의 문화유산 활용사업은 "활용사업은 '문화재 문턱은 낮게', '프로그램 품격은 높게', '국민 행복은 크게'라는 전략으로 닫히고 잠자고 있는 문화재를 가치와 의미를 발견하고 문화콘텐츠로 새롭게 창조하여 국민과 함께 하는 살아 있는 역사교육장 및 프로그램형 문화재 관광 상품을 만드는 사업이다(강평원 2017). 이를 위해 2000년대 들어 정부지원 사업의 일환으로 '생생문화재사업' '우리 동네 유적' 사회 교육 프로그램, '고고학 체험학습' 등이 발굴조사 전문기관 및 문화유산활용 전문기관 등을 중심으로 진행되고 있다(강평원 2016). 물론 이러한 활용프로그램의 증가는 문화유산의 활용과 보존이라는 새로운 패러다임에서 매우 긍정적이 변화라 할 수 있다. 그러나 새로이 시작된 이러한 프로그램 등은 여전히 국가지원사업으로써의 구조적인 한계는 여전히 개선의 여지가 필요하며(강평원 2016), 이러한 개선을 통해 질적·양적 발전을 기대할 수 있을 것이라 생각된다.

3.3 관련 법률과 제도

1999년 한국의 문화재보호법 시행령의 개정과 함께 2000년대 구제발굴의 본격적으로 등장하면서 고고학 발굴조사는 폭발적인 증가하게 되었다.[9] 이런 증가는 한국고고학의 학문적 발전에 크게 기여한 것은 분명하지만 '개발과 보존' 사이의 갈등이라는 사회적 이슈를 만들어 냈다. 10여년간 구제발굴시대를 지나면서 한국고고학은 새로운 패러다임을 맞이하게 된다. 문화유산에 대한 국민적인 관심의 증가함께 2010년대 대형 구제발굴이 급격히 감소는 한국고고학은 개발에 맞서 유적을 보호하는 것이 아니라, 유적을 보존하면서 어떻게 활용할 것인가라는 새로운 사회적 이슈에 직면하게 하였다. 2000년대 초반은 급증하는 구제발굴조사에 효율적으로 대응하기 위한 법적·제도적 장치의 합리화가 주요했던 시기라 할 수 있다. 이를 위해 1993년 이후 문화재보호법 시

---

9   고고학 발굴조사에 대한 통계는 이미 다양한 연구자(배기동 2015, 15-16, 박승규 2015, 79-82 등)에 의해 제시된 바 있어 구체적인 수치를 제시하지 않았다.

행령은 약 45회 이상 개정되었으며, 보다 합리적인 제도의 마련을 위해 2011년 "매장문화재 보호 및 조사에 관한 법률"이 제정되었다. 물론 장기적인 관점에서 구제발굴이 끝나가면서 이러한 제도적인 문제가 다소 감소할 수도 있다는 예상이 가능하지만, 최근의 경향인 고고자원의 활용이라는 측면 역시 제도적이 뒷받침이 반드시 필요한 부분이라는 점에서 아직도 진행형이라 할 수 있다.

4. 결론

21세기 변화하는 사회 속에서 한국의 고고학이 새로운 역할을 찾아야 한다는 것은 이미 대부분의 고고학자들이 동의하고 있다. Public Archaeology는 '대중고고학'으로써 또 '공공고고학'으로써 새로운 역할을 위한 다양한 방안을 제시하는데 중요한 역할을 할 수 있을 것이다. 더욱이 Public Archaeology의 등장과 발전과정에서 보여 주듯 Public Archaeology는 실용고고학(Applied Archaeology)의 분야로서 현실의 문제를 해결하는 방안을 제시하는 과정에서 발전하고 변화해 오고 있다. 한국 역시 Public Archaeology가 등장한 다른 나라나 지역과는 고고학적인 환경 뿐 아니라 사회·정치·경제적 환경 역시 상이하다. 따라서 제시되는 접근법은 한국의 상황을 잘 이해하고 반영하는 것이 당연하지만, 보다 효율적인 방향의 제시를 위해서는 Public Archaeology의 근본적인 개념의 이해가 도움이 될 것이라 생각된다.

[참고문헌]

■ 국문

강평원 2016, 「조사기관의 문화재 활용사업 현황과 과제」, 『한국고고학의 기원론과 계통론』, 제40회
　　　한국고고학학전국대회 발표문, 한국고고학회.

국성하 2009, 「우리나라 박물관교육의 역사 – 1945년 이후 국립박물관을 중심으로」, 『박물관교육
　　　연구 3호』, 한국박물관교육학회.

박승규 2015, 「고고학 발굴과 지역사회 –대중고고학의 활성화를 기대하며–」, 『제39회 한국고고학
　　　대회 발표요지문』.

배기동 2015, 「한국고고학과 현대사회 – 새로운 비젼의 한국고고학을 위하여」, 『고고학과 현대사
　　　회』, 제39회 한국고고학전국대회, 한국고고학회.

서원주 2010, 서구 박물관(미술관)교육의 역사 한국박물관교육학.

이영철 2006, 「대중고고학을 위한 우리들의 역할」, 『고고학과 시민사회』, 한국고고학회.

_____ 2014, 「대중고고학(public archaeology)의 활용」, 『한국매장문화재 조사연구방법론 9』, 국립
　　　문화재연구소.

이화종 2016, 「Public Archaeology – 대중고고학, 공공고고학?」, 『한국고고학의 기원론과 계통론
　　　자유패널』, 제40회 한국고고학전국대회, 한국고고학회.

_____ 2016, 「Public Archaeology의 의미와 발전과정」, 『제1회 대중고고학포럼 발표회 요지문』, 대
　　　중고고학포럼.

윤희진 2016, 『선사유적박물관과 전시매체 연구 – 전곡리 유적과 암사동 유적을 중심으로–」, 한양
　　　대학교 문화인류학과 석사학위 논문.

조우택·최성락 2014, 「고고학의 대중화에 관한 試論 – 대중 인식과 소통을 중심으로」, 『한국고고학
　　　보 90』, 한국고고학회.

한국대중고고학회 2017, 『고고학과 대중 – 한국대중고고학회 창립기념 국제학술대회 발표 요지문』,
　　　한국대중고고학회.

■ 영문

Acherson, N. 2000, Editorial. Public archaeology 1(1).

Bland, R.F. 2005a, A pragmatic approach to the problem of portable antiquities: The experience of England and Wales. Antiquity 79(304): 440 – 7.

Carman, J. 2002, *Archaeology and Heritage: An Introduction. London:* Continuum.

Everill, P. 2007, BRITISH COMMERCIAL ARCHAEOLOGY: ANTIQUARIANS AND LABOURERS; DEVELOPERS AND DIGGERS, In Hamilakis, Y. and Duke, Ph. (eds) *Archaeology and Capitalism: From Ethics to Politics.* Walnut Creek, CA: Left Coast Press

Jameson, J 2004, Public Archaeology in the United States, In Merriman, N. (ed.) *Public Archaeology.* London: Routledge.

Matsuda, A. 2004, *The concept of 'the Public' and the aims of public archaeology.* Papers from the Institute of Archaeology 15: 66 – 76.

Matsuda, A. and Okamura, K. 2011, Introduction: New perspectives in global public archaeology. In K. Okamura and A.Matsuda (eds.) New Perspectives in Global Public Archaeology. New York: Springer, 1 – 18.

McGimsey, C. R. 1972, *Public Archaeology.* New York: Seminar Press.

Merriman, N. (ed.) 2004, *Public Archaeology.* London: Routledge.

Melton, J. (ed) 2001, The rise of Public in Enlightment Europe. Cambridge University Press.

Morgan, C. and Eve, S. 2012, DIY and digital archaeology: What are you doing to participate? World Archaeology 44(4): 521 – 37.

Moshenska, G. 2009, What is public archaeology? Present Pasts 1: 46 – 8.

_____ (ed.) 2017, *Key Conceptions in Public Archaeology.* UCL Press.

Schadla– Hall, T. 1999, Editorial: Public archaeology. *European Journal of Archaeology 2(2):* 147 – . 58.

_____ 2006, Public archaeology in the twenty– first century. In R. Layton, S.

Shennan and P.Stone (eds.) A Future for Archaeology: The Past in the Present. London: UCL Press, 75–82.

Thomas S. 2012, Archaeologists and metal– detector users in England and Wales: Past, present and future. In R. Skeates, C. McDavid and J.Carman (eds.) The Oxford Handbook of Public Archaeology. Oxford: Oxford University Press, 60–81.

Wheeler, R.E.M. 1955, Still Digging: Interleaves from an Antiquary's Notebook. London: Michael Joseph.

_____ 1956, Archaeology from the Earth. Harmondsworth: Penguin.

대중고고학과 문화공동체의 형성

이 영 덕 (호남문화재연구원)

1. 대중고고학은 무엇인가?

'대중고고학'은 사람에 의한, 사람을 위한 고고학의 개념이다. 고고학 연구의 대상이 인간행위의 결과물이기 때문에 그것을 복원하는 과정에서 머나먼 과거로부터 출발한 인간을 떼어 놓고는 더 이상 의미가 없을 것이다.

고고학의 출발은 '好古'와 '所藏 價値'에 대한 반성과 그것의 '共有'를 위한 노력에서부터라고 할 수 있다. 유럽지역의 경우 고고학에서 '大衆'의 중요성은 1970년대부터 강조되었으며, 1930년대 이후 대부분의 고고학 연구조사가 '공공의 자산(public property)'을 다루고 있어 연구를 통해 얻어진 정보를 일반인들과 공유해야 한다는 인식에 기반을 둔다. 결국 고고학자가 다루는 유적을 통해 얻는 모든 연구 결과는 모두 일반인들에게 공개, 공유되고 활용되어야 한다는 원칙으로 적용되고 있다고 해도 과언이 아니다. 병행하여 Open-air museum으로 일컬어지는 유적 활용시스템의 변화 또한 대중을 위한 고고학에서 대중이 함께하는 고고학의 흐름으로 변화하고 있다.

반면 한국의 상황은 어떠한가?

고고학이라는 학문 분야에 대한 일반 시민의 관심은 국토개발의 호황과 함께 인식되기 시작했다. 1990년대 중후반 이후 전국 각지에서 벌어진 택지개발, 고속도로, 공단, 고속철도 등 수많은 개발과 함께 이슈화될 수 있는 유적과 유물의 발견, 또는 개발의 저해요인으로 관심의 대상이 되었다. 고고학이 비단 발굴만이 전부가 아님에도 불구하고 고고학이라고 하면 스스로든 외부 시각이든 간에 발굴이라는 키워드로 집약 되다시피 했다.

그동안 한국고고학에서 대중과 함께하려고 한 노력은 국공립 박물관이나 대학박물관 그리고 일부 조사기관에서 진행된 발굴현장 공개나 고고학 체험교실, 어린이 박물관학교, 시민강좌 등의 프로그램이라고 할 수 있다. 최근 들어 문화재 활용의 중요성이 강조되면서 문화재청 주관 활용프로그램이나 발굴현장 현장설명회 등이 증가하고 있기는 하나 여전히 대중과는 괴리된 모습으로 밖에 보이지 않는다.

필자는 매장문화재 조사연구기관에서 20여년을 근무하고 있다. 고고학의 연구방법이 발굴이 전부를 차지하는 것은 아니지만 현재 한국고고학의 상황으로 비추어볼 때 연구자의 과반 이상이 분포한 조사연구기관의 대중고고학에 대한 인식과 변화가 관건이라고 판단한다. 따라서 이 글은 매장문화재 조사연구기관의 시각에서 고고학의 대중화와 그리고 개별 연구자의 삶의 문제에 대해서 접근하고자 한다.

2. 한국 구제발굴 고고학의 현황과 미래

　지난 20여 년 동안 개발사업의 폭주와 일정부분 안전장치화된 매장문화재 정책으로 인해 고고학은 급격한 양적팽창을 이루었다. 이는 전국토가 문화재인 한반도의 상황에서는 어쩌면 다행스러운 일이었을 것이다. 이러한 외부적인 요인은 2000년 초반을 즈음해서 대부분의 고고학 전공자가 개발현장에 선봉장 역할을 담당하는 모습을 보이게 했다. 아마도 이 시기에 가장 많은 고고학 연구자가 탄생했던 것 같다.

　2007년 전반까지만 해도 매장문화재 조사는 30여개의 조사전문기관과 대학박물관 등의 조사시스템으로 운영되어오다 2007년 법란 이후 조사전문기관이 배가되는 현상이 벌어졌다. 또한 고고학 종사자도 급격히 증가하게 됐다. 그리고 현재는 조사전문기관이 120여개에 육박하고 있다.

　한편 2007년 법란은 조사기관의 전반적인 운영시스템에 변화를 주었으며, 외부적으로는 고난의 행군이 시작되는 시점이다. 흔히 말하는 갑과 을의 원위치, 그리고 발굴조사에 대한 기준을 설정하고 품셈의 적용, 시장논리에 근간한 전국입찰 등 기존 매장문화재조사의 흐름과는 전혀 다른 시스템이었다.[1]

　매장문화재 발굴 위주로 쉼없이 달려왔던 고고학은 2010년을 분기로 다시 위기를 이야

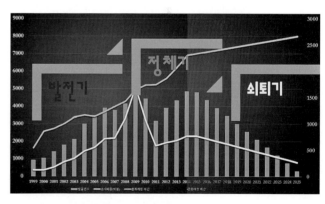

그림 1. 한국 매장문화재 발굴 현황과 전망

1　발굴조사 품셈 적용과 같은 순기능도 있으나 이 글의 논지에서 벗어나기 때문에 더 이상 언급은 하지 않겠다.

기하기 시작했다. 2007년 법란이 외부세력에 의한 고고학의 탄압과 내부 자정시스템의 부재에서 온 것이라면 2010년 이후의 상황은 전반적인 흐름에 대처하지 못한 고고학의 미래에 대한 이야기이다.

지난 20여 년 동안 급격히 늘어나는 물량에 맞춘 발굴은 고고학의 연구를 위한 수단이라기보다는 조사기관의 몸통불리기로 대변될 수 있다. 학문적인 배경을 강조했지만 결론적으로는 각 개인의 안식처 또는 생활수단이었던 것은 누구나 부정하지 못하는 사실이다. 한편으로는 비영리법인이라고 하면서 다른 한편으로는 각 기관, 개인의 목적을 위한 수단이 발굴전문법인이었다.

이 과정에서 만들어진 조사기관의 유일한(?) 결과물이자 생산물은 무엇인가? '발굴보고서'를 제외하면 극히 미미하다. 발굴보고서의 내용이 과연 고고학 전공자 이외의 대중에게 얼마만큼 설득력 있게 다가갈 수 있었을까? 마치 신앙처럼 섬겼던 발굴보고서가 이제는 처치 곤란한 짐으로 치부되고 고물상에 무게를 달아 폐기되어지고 있는 실정이다. 우리들의 생산물이 생활 속에서 이미 거추장한 짐으로 전락되었다. 이러한 현상 속에서 고고학은 삶의 수단에 불과했다. 그것이 신앙까지는 아니더라도 이미 애초에 가졌던 신념조차도 폐기되어 지고 있는 느낌을 받게 한다.

현재의 전문조사기관의 형태로는 고고학이라는 학문이 지속될 것인가하는 의문이 든다. 시장경제 논리에 의한 매장문화재 발굴은 앞으로 공급과 수요의 불균형 격차가 극심하게 벌어질 가능성이 있다. 최근 들어 발굴 건수는 늘어났다고 해도 소규모이거나 지자체 단위의 학술발굴이 그 자리를 채우고 있으며, 발굴비 총액은 전년에 비해 감소하고 있는 경향이다. 즉, 구제발굴이 조사기관 운영의 종잣돈이었던 시절은 이미 지나갔음을 예고한다고 할 수 있다.

2010년대 초반 들어 구제발굴이 급감하던 시절 몇몇 기관에서 조사원 감축이라는 방법으로 기관의 생명을 연장하고자 했었던 적이 있다. 단기간에야 구조조정을 통해 운영을 해 나간다고 할 수 있지만 장기적인 안목에서는 결국 고고학 자체를 소멸시키는 과정이라고 생각한다. 불행하게도 고고학이 곧 발굴이라는 공식이 성립될 수 있는지, 특히 조사기관 운영비용의 대부분을 차지하는 구제발굴이 지속될 것인지에 대한 답은 모두가 잘 알고 있다. 긍정적인 답을 제시할 수 있는 전문조사기관 종사자는 거의 없을 것이다.

그럼에도 불구하고 2018년 현재 전문조사기관은 하나둘씩 생겨나고 있고 이와 함께 기존 기관의 분화가 병행된다. 고고학 종사자 수는 줄어드는데 조사기관의 수는 늘어나는 기현상이 2018년 현재도 진행중이다.

3. 대중고고학의 실천, 고고학 공동체

이상과 같이 지난 시기 구제발굴에 길들여진 조사기관이나 개인 고고학 연구자들의 미래는 구제발굴이 감소와 더불어 전국입찰에 따른 조사기관간의 경쟁 심화로 점점 피폐해질 것은 자명하다. 그럼에도 불구하고 현재의 생존 방법이 지속된다면 향후 후배 세대들이 설 수 있는 고고학 현장이나 연구공간은 점점 줄어들 수 밖에 없을 것이다.

또한 대부분의 연구자는 그동안 고고학이 재미있어서, 그리고 발굴현장에서는 항상 새로운 유물과 유구가 기다리고 있어서 땀을 흘리는 줄도 모르고 이렇게 나이를 먹게 되었는지도 모른다. 그러나 앞으로 땀이 주는 희열을 현재의 방식에서 얼마나 찾아질 수 있을런지 의문이다. '恒産恒心'이라 했다. 학문 영역으로서 고고학과 그것을 지탱하는 삶이 일치했을 때 일상의 즐거움이 유지될 것이다.

어차피 구제발굴은 감소할 수밖에 없고 그동안 그 일을 수행해 왔던 고고학 연구자는 별다른 기술이나 자격을 갖추고 있지 않는 한 지금까지 익혀온 지식과 경험을 토대로 삶을 꾸려나가야 한다고 생각한다.

시장경제 논리로 인해 이미 매장문화재 조사는 막다른 골목을 향하고 있다. 이 변화의 흐름에 기관과 고고학 연구자 모두 변해야만이 우리가 신앙처럼 여겨왔던 고고학이라는 학문의 영속성이 보장될 수 있다.[2] 2000년대 들어서면서 진입한 연구자들이 이제는 가정을 꾸리고 아이들의 육아문제를 고민한다. 출산이나 육아문제로 인해 그동안 축적시켜온 고고학 지식을 고스란히 장롱 속에 가두기도 한다. 그리고 한편에서는 그것을 강제하기도 한다.

또한 최근 2~3년 전국입찰이라는 시스템을 거의 모든 기관에서 수용하면서 어느 날은 경기도 어디에 있다가 어느 날은 전라도 어디에서 조사를 수행하고 있다. 가정생활이나 육아를 포기하지 않고는 직장생활로서 매장문화재 조사를 수행할 수 없는 상황에 이르렀다. 입찰시스템에 따른 저비용 발굴과 사전 지식의 부족, 열악한 생활여건 등은 부실발굴이나 형식적인 발굴로 귀결될 가능성이 농후하다.

'그리운 것은 땅속에 있다'는 말은 비단 고고학 연구자만의 전유물은 아니다. 문화생태적으로 고고학 발굴을 통해 빛을 만나는 과거의 흔적들은 많은 대중의 눈과 귀를 뜨게 한다. 지역 문화유산에 대한 자부심과 그리고 지적욕구가 세계 어느 나라에 비해 높은 민족이 한반도에 살고 있는 사람들이다.

10여 년 전 대중고고학 프로그램으로 발굴현장에 초대하고 '이것이 삼국시대 집자리다'고 했을 때 많은 대중은 그것만으로도 충분히 만족했다. 그리고 이후 개인적인 답사와 메스미디어에 의한 접근 등을 통해 '알 만큼 알아버린' 아마추어 고고학자가 되다시피 했다. 그러나 정작 우리 고고학 연구자는 10

---

2 내재적인 변화만이 전부는 아닐 것이다. 국가 공공재인 매장문화재의 조사와 연구를 사적인 영역으로 인정하고 먼발치에서 관리, 감독만하는 국가 시스템이 가장 큰 문제이나 필자의 논지에서 벗어나 더 이상 언급은 하지 않겠다.

여 년 전의 언어를 되풀이하고 있을 뿐이다. 이미 대중은 그 이상의 것을 요구하고 있는데…

고고학 현장에서 만나는 대중과 함께 연구하고 공유 프로그램을 개발할 수 있는 시스템이 필요하다. 즉, 지역연구의 심화를 위한 질적인 변화가 필요한 시점이다. 예를 들어 일본

그림 2. 어린이 발굴체험

의 각 지역 단위 매장문화재센터처럼 지역 문화재 인프라를 구축해서 발굴과 보존, 활용이 부단하게 진행된다면 더 이상 고고학의 생명에 대한 고민은 줄어들지도 모른다. 물론 현재의 상태에서 일본의 예처럼 공영제 또는 준공영제 시스템이 도입되기는 요원한 문제일수도 있다.

그러나 고고학 연구자의 삶의 문제, 그리고 앞으로 펼쳐질 매장문화재 발굴 시장의 축소로 인한 조사기관의 위기, 새로운 연구 인력의 창구 개발 등으로 볼 때 지역 단위의 집단 연구가 필요한 것으로 생각한다.

필자는 대안으로서 그동안 누구나 이야기했던 대중속의 고고학, 그리고 스스로의 변화를 얘기하고 싶다. 필자는 개인적으로는 생활고고학이라고 입버릇처럼 얘기하고 다녔다. 고고학 속에 생활이 있고 반대로 생활 속에 고고학이 있어야 한다는 논리로 이야기하고 접근했다.

이런 생각의 개인적인 접근을 귀촌이라는 방식을 택했다. 다행히 필자가 근무하고 있는 연구원이 군지역이라 오히려 다른 어느 상황보다는 유리했을 것 같다. 그리고 얼치기 텃밭 농사꾼이 되기로 했다. 내 식구가 먹을 꺼리에 대해

그림 3. 필자의 집짓기 과정

서는 자급할 수 있는 시스템을 갖추고자 했으며, 현재도 미완의 진행형이다. 또한 가장 큰 부담이자 즐거움이 스스로 집짓기였다. 새가 둥지를 스스로 만들 듯이 인간 스스로 자신에 맞는 집을 짓고 자신과 가족을 위해 간소한 식량을 정직하게 만든다면 새들이 늘 노래하듯이 인간 역시 스스로 즐거워질 것이라는 생각에서의 출발이다.

개인적인 취향으로 판단할 수도 있다. 하지만 집을 짓는 과정, 먹거리를 스스로 준비하면서 그동안 발굴과 고고학 연구가 밑천이었음을 알게 되었다. 구들을 놓는 일, 적심을 깔고 초석위에 기둥을 세우는 일, 밭의 고랑을 파고 이랑에 파종하는 것 자체가 고고학 현장에서 이미 익히고 있었던 것이었다.

이러한 모습이 공동으로 이루어질 수 있다면, 그것이 지역에 기반한 고고학 공동체로서 '고고학마을'을 이룬다면 좀 더 심도 깊은 지역 고고학을 할 수 있는 기반이 조성될 수 있다고 판단한다. 하지만 이 논의의 전제는 권력화 된 고고학이 아닌 각 개개인이 스스로의 변화와 그리고 그것을 받아들일 준비가 되었을 때만이 가능할 것으로 생각한다.

4. 고고학 마을의 모습

지속가능한 고고학 연구공동체 마을

1) 마을의 형태 : Archaeology + Eco-village + Co-housing = Archaeovillage
   - 생태계 : 야생생물의 자연서식지 보존을 위한 노력
     식량이나 나무 등의 생물학적 자원을 지역에서 획득하기 위한 노력
   - 주거환경 : 집과 그 밖의 구조물은 친환경 재료와 재생 가능한 에너지원을 사용하도록 설계, 화석에너지 이용을 최소화, 자가 생산 에너지원으로 유도
   - 교육환경 : 공동교육 방안 모색
   - 식량생산 : 소규모 분업농 방안 및 개인 텃밭농 구축

2) 마을의 경제 : 집과 땅의 개인소유 및 공동소유 등의 문제, 자체 생산 시스템 구축, 외부 생산 시스템 구축 등
   - 마을의 위치 및 설계 : 지속적인 가족모임과 사례검토, 논의 과정을 통해 결정
   - 지자체 연계 방식 또는 위탁관리 시스템 도입
   - 자체 생산시스템 구축 : 지역 유적 기반 Open-air museum 모델
   - 외부 생산시스템 구축 : 지역단위 또는 전문분야 기관 설립

3) 마을의 운영 : 공동체 의사결정기구 및 내외부 생산시스템에 따른 조직의 이원화
   - 개인별 투자 개념의 협동조합 모델 검토
   - 전 구성원이 분야별로 분담과 연계 시스템 : 스페인 몬드라곤 시스템

4) 마을의 비전 : 구성원의 지향가치, 목적의 통일성과 관점의 다양성이 조화된
   마을
     – 내부 연구인력의 전문성 강화 및 공동 프로젝트 진행
     – 장기 실험고고학 프로젝트 실현 및 외부 연계 가능성

5. 논의

고고학 마을의 실현 가능성에 대한 구체적 대안은 제시하지 않았다. 필요하다면 꾸준한 논의와 실험이 필요할 것이다. 그 과정에서 대안제시와 실천만이 필요할 뿐이다.

마을은 일순간에 헤쳐모여 식으로 만들어질 수 있는 것이 아니다. 수백 년 이어져 온 관습이 있고 한 두 사람의 노력으로 지탱되지도 않는다. 모든 구성원이 마을이었고 지속가능하도록 이어져 온 동력이었다. 산업화와 더불어 농촌이 해체되고 있는 것은 결국 지속할 수 있는 인적 자원이 모두 도시로 떠났기 때문이다.

고고학도 마찬가지라고 생각한다. 현재의 구제발굴 위주의 생산 또는 연구체계만을 고수한다면 분명 위기는 올 것이다. 발굴이 줄어들고 그것으로 인해 먹고사는 문제가 파생되면 당연히 인적자원의 이동은 불가피하다. 고고학을 공부하겠다고 진입하는 후학이 그저 명맥을 유지할 정도라도 된다면 그 역시 과욕일수도 있다.

집단이든 개인이든 체질개선이 필요하다. 체질개선 방법에는 여러 가지가 있겠으나 필자는 '손이 자유롭고 몸이 기억하는 고고학'으로서 고고학 마을을 제시한다.

대중 참여 발굴의 고고학

신 희 권 (서울시립대학교 국사학과)

1. 머리말

고고학은 과거 인류가 남긴 물질문화, 즉 유적과 유물을 통해 과거의 생활상과 문화상을 연구하고 재구성하는 학문이다. 고고학에서 유적과 유물을 조사하는 기본적인 방법이 발굴조사로, 과거를 복원하는 데 필요한 자료를 획득하기 위해 빼놓을 수 없는 고고학 연구 절차이다. 그러나 그동안 고고학자의 전유물로 여겨져 왔던 고고학 발굴에 대한 인식이 근래 대중들에게도 점점 보편화되고 있고, 특히 최근에는 문화유산의 보존과 활용에 관한 공공의 관심이 높아지면서 고고학에 대한 대중적 시각도 변해 가고 있다.

오늘날 고고학이 직면한 여러 이슈 가운데 하나가 바로 고고학과 대중 사이의 상호 작용과 관련된 것이다. 고고학에 대한 대중의 지지를 얻고 그 성과를 공유하기 위한 노력은 현대 고고학자들에게 요구되는 가장 중요한 책무 중 하나이다. 대중이 고고학의 학문적 가치를 재미있게 수용하고 향유하도록 하는 대중고고학의 활용은 장차 고고학이 생존하고 발전해 나갈 수 있는 최선의 방법이 될 수 있을 것이다.

대중고고학의 역할은 고고학에 대한 대중의 인식 전환을 통해 발굴 유적을 포함한 문화유산의 보존이 왜 필요한가에 대한 공공의 인식을 유도하여야 하며, 문화유산의 활용 가치를 재창조함으로써 삶의 질이 향상될 수 있다는 공감대를 이끌어 내는 데 있다. 문화유산의 바람직한 보존과 활용을 고고학자와 지역 주민이 함께 이루어 냄으로써 문화유산이 훌륭한 미래 자산으로 거듭날 수 있을 것이다.

2. 대중 참여 발굴 방법

2.1 발굴 현장 공개

근래에는 생생문화재 사업과 같은 지역 문화 활용사업, 고고학 체험교실, 박물관 사회교육 프로그램, 발굴 전문기관의 매장문화재 홍보 활동 등 다양한 대중고고학적 활동이 이루어지고 있다. 그러나 무엇보다 주목되는 활동은 최근 들어 문화재 당국과 발굴 전문법인이 역점적으로 추진하고 있는 발굴 현장의 공개 프로그램이다. 그동안 발굴 지도위원회나 학술 자문회의, 전문가 검토회의 등 전문가 위주의 공개에 국한되었던 폐쇄적인 발굴 현장을 일반인들에게 공개함으로써 고고학의 대중화에 큰 기여를 꾀하고 있다.

지하에 매장되어 있는 유적을 발굴하는 현장은 무엇보다 훌륭한 활용 콘텐츠가 될 수 있다. 일반인들에게는 발굴 현장에서 이루어지는 일련의 조사 활동과 기록 행위 등이 생소하고 신기할 수밖에 없으므로 그 자체로 호기심을 불러일으키기에 충분하다. 따라서 발굴할 대상지의 측량 작업에서부터 조사구역의 구획, 제토 및 유물 수습에 이르는 발굴 작업 과정의 처음부터 끝까지가 전부 활용가치가 있는 것이다. 특히 매장된 유물을 노출하고 출토해

그림 1. 풍납토성 발굴조사 현장 설명회

내는 작업은 발굴조사에서 가장 흥미진진한 순간이기 때문에 보는 이들로 하여금 탄성을 자아내게 할 만한 효과적인 프로그램이 될 수 있다. 따라서 모든 발굴 현장에서 발굴조사의 전 과정을 상시적으로 일반에 공개할 필요가 있다. 원하는 사람이라면 누구나 원하는 시간에 발굴 현장을 찾아가 견학할 수 있는 기회를 제공하는 것이야말로 고고유적을 제대로 활용하고 대중화하는 첫걸음이 될 것이다 (신희권 2014: 291~292).

그러나 현실적으로 국가기관에서 추진하고 있는 발굴 현장 몇 곳을 제외하고는 이러한 공개 여건이 조성되어 있다고 볼 수 없다. 국립경주문화재연구소에서 매년 발굴조사를 실

그림 2. 경주 쪽샘지구 유적 발굴 공개 현장

시하고 있는 경주 쪽샘지구 유적은 일반인들이 발굴 현장에 와서 자유롭게 관람할 수 있도록 보호 시설까지 갖추기도 하였으나, 이러한 발굴 현장은 전국적으로 볼 때 극히 일부에 지나지 않는다. 비록 정부의 제도적인 방침과 조사기관들의 자발적 노력으로 발굴 현장의 공개가 어느 정도 활성화되고 있긴 하지만, 아직 제도적으로 정착되었다고 볼 수는 없다.

현재 전국적으로 실시되는 발굴조사의 절대 다수가 건설 공사 시행에 앞서 이루어지는 구제발굴이기 때문에, 지금처럼 충분한 조사 기간과 예산이 확보되지 않은 상태에서 발굴 현장을 상시적으로 공개하는 것은 현실적으로 불가능하다. 따라서 이 같은 문제를 해결할 만한 제도적 개선이 이루어져야만 발굴 현장의 공개를 활용한 대중고고학 활동이 안정적으로 유지되고 대중들로부터도 호응을 이끌어 낼 수 있을 것이다(신희권 2018: 369).

2.2 발굴 자료와 정보의 공개

고고학과 문화유산의 인식 전환을 위해서는 무엇보다도 고고학을 적극적으로 대중에게 홍보하고 소통하는 것이 중요하다. 발굴 자료의 공개와 소통을 목적으로 현지 설명회를 개최하고 대중 매체, 인터넷을 통한 정보 공유를 강화해야 한다. 발굴조사 현장이 더 이상 특정 개발 사업자와 조사기관 간의 사적인 계약 행위로만 진행되는 폐쇄적인 사업 현장이 아니라 국민 모두가 알아야 할 중요한 문화유산 조사·연구와 역사 교육의 현장임을 깨닫게 해 줄 필요가 있다.

발굴 현장은 전문가를 대상으로 한 학술적인 검토회와 더불어 기자나 일반인들을 대상으로 한 친절한 교육의 장으로서의 현장 설명회를 실시하여야 한다. 덧붙여 현장 설명회와 연관된 고고학 강좌와 심포지엄을 개최하여 고고학자들의 연구 성과를 소개하고 심화된 학습의 기회를 제공하면 훨씬 효과가 클 것이다. 이런 활동을 통해서 발굴 유적의 보존 타당성에 대한 인식이 바뀔 것이며, 고고학자와 지역 주민 및 개발 사업자 사이에 문화유산의 보존 및 활용 방안에 관한 상호 협력 방안을 모색하는 변화의 장이 마련될 수 있을 것이다.

그림 3. 발굴조사 성과 보고 학술대회 사례

또한 발굴조사가 완료되었다 하더라도 발굴과 관련된 모든 과정이 철저히 기록되고 유지 관리되어야 하며, 일반 및 학계에 관련 정보가 충실히 제공되어야 한다. 고고유적은 다른 문화유산과 달리 한번 발굴 되고나면 원상을 회복하는 것이 불가능하기 때문에 기록 보존이 어느 분야보다 중요하다. 더욱이 발굴자 외에는 발굴된 유적의 정보를 직접 접할 수 있는 기회가 적기 때문에 발굴자의 객관적이고 사실적인 보고는 향후 심화 연구의 유일한 기초 자료가 될 수밖에 없다.

즉, 고고학은 학문적 연구 활동의 성과물을 대중들과 보다 친숙하게 공유해야 한다. 고고학 발굴의 성과가 고고학 종사자들만의 것이 아니라 대중과 함께 배우고 느끼고 깨달아 가는 소통과 체험의 장이라는 인식이 바로 현대의 고고학자들이 추구하여야 할 방향이 아닌가 생각된다.

2.3 발굴 체험 교육 활성화

나아가 현실적인 제약이 많지만 고고학 체험 교육 활동에 지역 사회 주민의 적극적인 참여를 유도해야 한다. 일반인들을 대상으로 직접 발굴을 경험해 보는 체험 학습장을 마련하여 제공할 필요도 있다. 특히 초중고 학생들에게 가상의 발굴 공간을 만들어 놓고 직접 땅을 파면서 매장되어 있는 유물을 수습하게 하는 체험은 그야말로 고고유적에서만이 가능한 특화된 프로그램이라 할 수 있다. 발굴조사를 체험해 봄으로써 발굴이란 행위가 학술적으로 얼마나 중요한지, 그리고 생각지도 못한 유물들이 생생하게 발굴되는 과정이 얼마나 신기하고 흥미로운지 느끼게 해 주어야 한다. 또한 발굴조사란 것이 밖에서 보고 생각하는 것처럼 단순한 작업이 아닐뿐더러 긴 시간을 요하는 지난한 과정의 일임을 알림으로써 발굴에 대한 부정적인 인식을 종식시킬 필요도 있다.

외국에서는 발굴이 끝난 현장을 보존한 후 교육적 체험 시설과 관광 코스 등으로 활용하여 유적의 보존과 관리 측면에서 큰 성과를 거두고 있다. 우리나라에서도 전국적으로 해당 지역 학생들을 대상으로 '고고학 체험교실'과 같은 발굴 현장 체험 사업을 진행하여 좋은 평가를 받고 있다. 이러한 일반인의 참여도는 물론 만족도도 꽤 높아 향후 사업의 확대가 필요할 것으로 생각된다(신희권 2014: 291~292).

이처럼 발굴 유적지를 활용하는 프로그램은 역사적·학술적으로 의미가 있는 발굴터를 역사 교육의 산 체험장으로 적극 활용하는 방안으로 그 가치가 대단히 높다. 다시 말하면 고고학적 행위가 왜 필요한지, 그리고 발굴된 유적의 보존이 어떤 의미가 있는지에 대한 살아 있는 교육과 홍보의 장으로 기능할 수 있을 것이다.

그림 4. 발굴 현장 체험 사례

2.4 발굴 유적의 현장 박물관화

발굴된 유적을 그대로 현장에서 볼 수 있다는 것은 일반인에게는 별다른 설명이 필요 없을 정도로 대단한 교육적 효과를 불러올 수 있다. 고고유적은 당시의 토목 기술이나 건축적 요소 등을 생생하게 보여줄 뿐만 아니라 그 속에 담겨 있는 정신적·문화적 배경까지도 유추할 수 있는 귀중한 자산이기 때문에 그 상태로 훌륭한 야외 박물관이 될 수 있는 것이다.

지금까지 진행되어 온 발굴의 목적이 대체로 개발에 앞서 유적의 존재 여부를 확인하는 것을 목적으로 했기 때문에, 발굴이 끝나면 개발 사업으로 영원히 사라져 버리는 경우가 대부분이다. 혹 중요 유적이 발견되더라도 일부 복토하여 보존하거나 이전 복원하는 것이 최선이었다. 그러나 이제는 중요 유구가 집중적으로 발견된 지점에 대해서는 보호각을 씌우는 방법 등을 이용하여 그대로 노출 전시한 현장 박물관으로 활용하는 방안도 적극 고려해야 한다.

장기간 유적의 노출 상태를 유지해야 하기 때문에 온·습도 조절 등 관리상의 어려움이 있지만, 제대로 관리하고 홍보한다면 훌륭한 국민 교육의 장이 될 수 있을 뿐만 아니라 관광 상품으로의 활용도 가능하다. 교육적 효과로 치자면 아마도 발굴된 상태의 유적을 현장에서 그대로 보여주는 것 만한 방안이 없을 것이다(신희권 2014: 292~293).

그림 5. 서울시 신청사 군기시터 유적 전시실

한편 발굴된 유적이 역사적·학술적으로 큰 가치가 있는 경우에는 현장 전시 방법

그림 6. 고령 대가야 박물관

외에 관련 박물관을 세우는 것도 중요하다. 지역 문화를 종합적으로 알리고 교육·전시하는 기능은 전국적으로 건립되어 있는 국공립 박물관에서 감당할 수 있겠지만, 일반인들로 하여금 유적이 위치한 현장에서 그 유적에 대한 역사와 발굴 과정 등을 이해할 수 있도록 기회를 제공하는 것도 대단

히 중요한 책무이다. 중요 유적의 경우에는 발굴 현장 또는 유적지에 이러한 기념관이나 유물 전시관이 갖추어져 있어야만 그 유적을 찾는 수많은 관람객들이 그것을 통해 무언가 느끼고 돌아갈 수 있을 것이다. 즉, 현장에서 유적의 발견 경위 및 발굴 성과, 발굴 후 유적 보존 처리에 얽힌 생생한 자료들을 접하게 해 줌으로써 살아 숨 쉬는 역사와 문화의 숨결을 느낄 수 있는 진정한 교육과 학습의 공간으로 활용함이 바람직하다. 고고학적 성과물이 대중과 가장 친밀하게 다가갈 수 있는 공간이 바로 유적지에 세워진 박물관이라 할 수 있다.

3. 맺음말

고고학은 수백만 년 전 인류가 남긴 자취부터 현재에 이르기까지 우리 조상들이 물려준 유산을 연구하는 학문이자 우리 스스로를 연구하는 학문이다. 따라서 과거를 간직하고 있는 소중한 유산을 보호하여 미래에 물려주는 것이 현대를 살아가는 우리 모두의 책무라 할 수 있다. 그중에도 발굴이라는 행위를 통해 과거의 유산을 연구하는 고고학자들은 누구보다도 중요한 역할을 담당하고 있다.

　고고학자들은 발굴된 사실과 연구를 통해 밝혀낸 내용들을 어떠한 방식으로든 대중에게 알리고 교육할 필요가 있다. 전문가들만이 소화할 수 있는 학술 논문 외에도 잡지나 신문, TV, 인터넷 같은 다양한 매체를 이용하여 대중들이 발굴 정보에 보다 쉽게 접근할 수 있는 길을 열어 주어야 한다. 그러한 방법을 통해 고고학자들의 활동이 널리 알려질 수 있고, 대중들은 과거에 대한 지식을 습득할 수가 있다. 과거의 유적과 유물은 고고학자들의 전유물이 아니기 때문에 고고학자들이 알아낸 내용을 일반 대중과 공유하는 것이 고고학자들의 기본적인 책무임을 잊어서는 안 될 것이다(신희권 2018: 379).

　고고학적 정보의 공개와 전달 뿐 아니라 고고유적이 생생한 교육 현장과 문화 공간으로서의 기능을 수행하기 위한 방안 마련도 필요하다. 유적의 정비·복원과 현장 전시관 건립 등은 물론 그곳에서 즐길 수 있는 흥미로운 정보와 교육적 요소들이 결합된 다양한 프로그램을 개발해야 한다. 최근 붐이 일고 있는 다양한 지역 축제와 고고유적을 연계하는 방법도 고려할 만하다. 즉 고고학 유적과 발굴조사 현장이 지역 공동체 및 주민들의 향토애를 자극하고 자긍심을 높일 수 있는 역사 문화 공간으로 자리매김 할 수 있도록 해 주어야 할 것이다.

　이러한 방안은 수익 창출을 통해 지역 경제의 활성화에도 기여할 수 있기 때문에 고고학의 대중화는 물론 문화유산 활용의 전반적인 방향 설정에 시사하는 의미도 클 것으로 생각된다. 고고학자를 중심으로 대중과 함께 과거 유산을 보존하여 미래에 계승하고, 과거에 대한 지식을 공유하여 인류사의 발전에 기여해 나갈 때에 비로소 고고학의 존재 이유를 다시금 확인하고, 고고학자로서의 보람도 찾을 수 있을 것으로 생각한다.

[참고문헌]

문화재청 2009, 『문화재 활용 가이드북』.

_____ 2011, 『문화재 유형별 활용 길라잡이』.

박승규 2015, 「고고학 발굴과 지역사회 ―대중고고학의 활성화를 기대하며―」, 『고고학과 현대사
        회』, 제39회 한국고고학전국대회 자료집, 한국고고학회.

신희권 2014, 「고고유적 활용 방안 연구」, 『야외고고학』 19.

_____ 2018, 『문화유산학 개론』, 사회평론 아카데미.

이한용 2016, 「대중고고학과 유적박물관」, 『한국고고학의 기원론과 계통론』, 제40회 한국고고학전
        국대회 자유패널 「한국고고학의 새로운 흐름 Public Archaeology ―현황과 제안」 발표, 한
        국고고학회.

이화종 2016, 「Public Archaeology ―대중고고학, 공공고고학」, 『한국고고학의 기원론과 계통론』,
        제40회 한국고고학전국대회 자유패널, 한국고고학회.

한국문화재조사연구기관협회 2010, 『온가족이 함께 떠나는 5월의 시간여행』.

T. 더글라스 프라이스 지음 · 이희준 옮김 2013, 『고고학의 방법과 실제』, 사회평론.

박물관 어린이 교육으로서의
고고학 체험

한 수 (국립중앙박물관)

어린이를 비롯한 교육수요자들에게 이상적인 고고학 체험교육 장소는 발굴이 이루어지고 있는 유적이라고 할 수 있다. 그러나 여러 현실적인 제약으로 안전하고 체계적인 체험교육은 항구적인 시설과 교육프로그램을 설계하고 수행할 수 있는 전문인력을 갖춘 곳에서 가장 활발하게 진행된다. 바로 박물관이다. 그 중 국립중앙박물관은 대한민국의 대표박물관으로서 소속기관으로 전국에 위치한 13개의 국립지방박물관과 함께 소장품관리, 전시, 연구이외에 다양한 교육활동을 펼치고 있다.

국립중앙박물관은 용산으로 이전·개관한 2005년 10월 28일에 어린이박물관도 함께 개관하였다.(사진1) 이후 14년 간 어린이박물관은 박물관의 다른 분야에 비하여 급격하게 성장하여 왔고 현재 연간 관람객이 50여만명에 이르는

사진 1. 어린이박물관 전시실

핵심적 관람공간이 되었다. 당초 최초 구성안에 포함되지 않았던 어린이박물관의 급성장은 관람객들이 박물관에서 원하는 경험의 기대치가 크게 달라졌다는 것을 의미한다. 즉 문화유산의 학술적 정보를 제공하는 학습공간보다는 다양한 프로그램을 통한 공감각적 체험공간으로서 박물관의 역할이 변화하고 왔다고 할 수 있다. 어린이박물관의 건립목적은 어린이들의 눈높이에 맞춘 전시 및 체험 교육 프로그램을 제공하여 어린이들이 국립중앙박물관의 소장품을 기반으로 대한민국의 역사와 문화를 이해하는 것이다. 이러한 목적을 달성하고자 기본적으로 어린이와 어른이 모두 친근하고 즐겁게 즐길 수 있는 곳이 되기 위하여 체험 중심의 전시실에서 어린이들이 만져보고, 조립하고, 이야기하고, 들어보는 행위를 통해서 옛사람들의 삶에 대한 궁금증을 스스로 풀어나가며 생각을 이어 갈 수 있게 하게 하는 곳이다.(사진2)

사진 2. 어린이박물관 신라영역 체험전시물

현재 국내 어린이박물관은 기본적으로 두 가지로 나주어

볼 수 있다. 한 종류는 한국 최초의 어린이박물관인 삼성어린이박물관으로부터 시작하여 최근 건립이 급증하는 지방자치단체가 설립하는 유형으로 피아제, 듀이 등의 교육학적 이론을 바탕으로 어린이의 육체적, 지적, 정서적 성장에 도움을 주는 체험공간으로서의 어린이박물관이다. 또 다른 종류는 국립중앙박물관 어린이박물관과 같이 모태 박물관의 소장품과 상설전시, 특별전시 등에 기반하여 박물관이 가지는 고유한 문화적 가치를 어린이의 수준과 요구에 맞게 조직하여 체험형 전시로 제공하는 곳이다. 일단 고고학적 체험을 제공하는 어린이/유아 학습공간으로서의 어린이박물관으로 국립중앙박물관의 전시와 교육을 중심으로 고고학과 어린이의 다양한 접점을 살펴보자.

현재 국립중앙박물관과 소속 지방국립박물관에서는 기본적으로 국립문화기관으로서 대한민국을 이루고 있는 문화적 정체성의 정화라고 할 수 있는 다양한 전통문화유산을 소장, 전시, 교육하고 있다. 이 중 구석기시대에서 통일신라시대까지는 흔히 선사고대관 혹은 삼한실, 신라관, 웅진백제실, 사비실 등의 다양한 이름으로 한국의 고고유물을 전시하고 있으며 어린이박물관 혹은 어린이체험실도 해당 박물관의 중요한 고고유물을 중요한 기반 콘텐츠로 두고 있다. 이렇게 전국 국립박물관에서 고고학 콘텐츠를 어린이 프로그램의 중심에 두는 다른 이유는 서화, 조각 등 미술품보다 박물관 소장 유물의 수량이 절대적으로 많고 박물관이 위치한 지역에서 조사, 출토된 것들

사진 3. 국립경주박물관 어린이박물관 박혁거세의 탄생

이 많아 지역 커뮤니티의 정체성과 자긍심을 알리는 프로그램을 구성하기 유리하기 때문이기도 하다.(사진3)

국립중앙박물관 어린이박물관의 경우 초기조성계획 단계부터 핵심 주제를 "고대 사람들의 생활 이해"에 두었으며 상징적인 첫 전시물을 송국리주거지의 복원움집으로 조성하는 등 고고학적 시각에서 선사와 고대문화에 대한 이해를 중심과제로 상정하였다. 개관 당시 전시는 주거, 농경, 음악, 전쟁의 4개 영역으로 나누어 한반도 고대주민의 생활을 살펴 볼 수 있게 꾸며놓았다. 주거 영역은 삶이 영위되는 핵심공간인 선사와 고대 가옥 안에서 사람들이 살아가는 모습을 상상해 볼 수 있는 공간이다. 농경 영역은 옛 사람들이 어떻게 농사를 짓고, 곡식을 저장하고, 음식을 조리하였는지를 여러 가지 유물과 다양한 매체를 이용한 체험물을 통해서 보여준다.(사진4) 또한 옛 사람들의 삶에서 피해갈 수 없었던 전쟁을 주제로 한 전쟁영역은 선사~삼국시대의 주요 무기를 복제유물을 관람하면서 이해하고 성벽을 재현한 공간과 갑옷을 입고 사진을 찍어볼 수 있는 체험 코너를 마련하여 과거의 전쟁을 알 수 있게 꾸며놓았다.(사진5) 더불어 인간 감정의 희노애락을 가장 생생하게 느낄 수 있는 매체로 음악을 선정하였다. 이 코

사진 4. 고대 농기구 체험

한국 대중고고학 개론

너에는 향가, 민요 등을 불러 볼 수 있는 노래방과 고구려 고분벽화 속 사람들이 춤추는 모습을 재현한 영상물을 준비하였다. 이러한 4개의 영역은 63개의 아이템으로 구성되어 어린이들을 위한 복합 체험공간을 구성한다. 다만 어린이박물관 조성 초기에는 기존 전시유물을 그대로 모방한 복제품이 전시 콘텐츠의 상당부분을 차지하였다면 최근에는 전시유물의 특징을 디지털이미지등으로 2차 가공하여 어린이들에게 더욱 친근하고 안전하게 접근하도록 전시콘텐츠를 변화시키고 있다.

상설전시관의 내용을 어린이들이 눈으로 보고, 귀로 듣고, 손으로 만져가면서 한국의 역사·문화·예술을 온몸으로 체험하며 배운다. 이곳의 전시물들은 상설전시장에 전시된 유물과 동일한 형태와 크기로 복제된 전시품을 어린이들이 직접 만져보고 즐길 수 있다. 그러나 어린이의 체험과 조작에 초점을 맞춘 복제품과 재현품 위주의 체험물에 대하여는 그 효용에 한계가 있으므로 최근 급증하는 발굴매장문화재 등의 활용이 필요하다는 의견이 있다. 즉 어린이박물관의 가장 중요한 키워드인 "핸즈 온(Hands on)"을 한국적인 맥락에서 적절하게 활용하는 것이 필요한 상황이 되었다. 어린이박물관의 전시품은 보통 4~5년마다 교체를 거치게 되는데 최근에는 신라 적석목곽분을 활용하여 신라문화를 체험과 놀이, 자연스러운 학습으로 알아보는 "황금의 나라, 신라"영역을 새롭게 상설전시실에 배치하였고 가장 오래된 체험존인 송

사진 5. 삼국시대 갑옷체험

사진 6. 신라영역 디지털체험

사진 7. 반짝박물관 주요체험물

국리 움집의 콘텐츠를 일신하였다.(사진6) 아울러 2017년에는 구글 Art & Culture와 함께 "구글과 함께하는 반짝박물관"을 여름방학 기간 오픈하여 VR 등 최신 체험기구를 어린이 문화체험에 적용하는 시도를 하였고(사진7) 야외공간에는 고고유적을 상징화한 건축체험작품 "어린이박물관 뜰"을 열어 구석기시대 바위그늘에서의 석기 제작을 시도하였다.(사진8)

이러한 전시가 주로 부모님과 선생님 등의 보호자의 안내로 어린이들이 자연스럽게 체험하는 것이라면 더 정교한 체험은 어린이박물관과 그 부속교육시설에서 이루어지는 교육프로그램에서 구현된다. 어린이박물관의 고고 교육프로그램은 두 가지 범주로 나누어 볼 수 있다. 하나는 정통적인 연구방식을 최대한 준용하여 어린이들에게 고고학의 핵심개념을 익히는 프로그램이다. 어린이박물관에서 4년 동안 진행된 "우리는 고고학자 가족"이나 모의 유구에서 유물을 노출하여 전시장 진열까지 이어지는 일련의 고고학 연구과정을 중학생을 대상으로 진행한 "박물관 전문직 체험교실 – 발굴에서 전시까지" 등이 대표적이다.(사진9)

다른 하나는 고고체험을 통해 어린이의 정서적 지적 호기심을 충족하면서 동시에 대한민국 국민으로 알아야하는 문화적 정체성에 대한 자연스러운 접근을 시도하는 프로그램들이다. 이는 전자보다 상대적으로 어린 아이들에게도 효과있는 것으로 간단하게는 "금관 만들어 써보기"에서부터 청동기시대 부족장에 되어 자연스럽게 협력심을 길러주는 "족장회의"같은 것까지 매우 다양한 종류의 교육프로그램이 개발되어 실시되어 왔다.(사진10) 비록 이러한 체험 프로그램은 학문적인 엄정함과 거리가 있지만 어린이와 가족들에게 자연스럽게 한국의 선사고대 문화에 대한

사진 8. 어린이박물관 야외체험시설 뜰

사진 9. 신석기 만능인의 하루 교

호기심과 일체감을 주어 고고학의 대중적 확산에 장기적인 기반을 구축하는 효과가 있어 그 효과를 과소평가할 수 없다고 본다.

이러한 발전속에서 최근에 어린이박물관에서의 고고체험은 새로운 도약을 위하여 몇가지 과제를 가지고 있다. 첫 번째 4차산업혁명시대로 대표되는 변화에 대한 적절한 대응이다. 아직은 박물관 안에서의 고고학적 체험에 대

사진 10. 족장회의

한 디지털과 아날로그의 적절한 황금비율과 협력방식을 찾기 위한 모색단계에 그치고 있는데 이 과제를 풀기 위해서는 ICT업체보다 오히려 고고학자들에 의한 제안이 더 필요한 것으로 보인다 두 번째로는 박물관과 고고학현장의 협력체계 구축이다. 단순한 놀이체험공간과 복제재현품으로 체험하는 것을 넘어 어린이와 가족들에게 경쟁적인 문화기관에서 줄 수 없는 강렬한 감동을 실물유물과 실제 발굴현장이 줄 수 있다고 본다. 특히 고고학 기반 교육프로그램을 만들 수 있는 인력이 절대 부족한 지역의 공립박물관과 문화재조사전문기관간의 문화예술교육프로그램 공동 개발사례가 많이 만들어져야 하며 박물관종사자

사진 11. 어린이박물관 체험 관람

와 관심있는 부모와 각급학교 선생님을 위한 대중고고학서의 발간과 보급도 중요한 과제이다. 또한 적절한 고고학적 체험의 기록과 매개가 개발되어야 한다. 지금 주류를 차지하는 종이활동지의 한계를 넘어서는 스마트기기의 적극적인 활용이 필요하다.

박물관의 관람객은 최근 주

체적 참여의 중요성을 강조하여 고객(Customer)로 불리우기도 하는데, 어린이 박물관을 찾는 어린이는 활발한 육체적 정신적 활동을 수행하면서 박물관에서의 즐거움을 찾는 플레이어(Player)라고 부를 수 있겠다.(사진11) 한국의 문화적 정체성을 상징하는 국립중앙박물관의 대표 전시품의 다수가 주먹도끼와 빗살무늬토기, 청동단검들, 다채로운 상형토기, 신라금관과 같은 고고유물이다. 이 유산들이 가지고 있었던 고고학적 맥락위에서 아이들이 마음껏 뛰어놀 수 있도록 하는 것이 어린이박물관의 중요한 임무라고 하겠다.

참고표 : 국립중앙박물관 어린이박물관 주요 고고학체험 교육

연도	운영기간	분류	교육명	교육내용	비고
2005~2008	학기 중 화, 목	학교연계	족장회의	청동기인과 신라인의 만남, 신라금관과 곱은옥목걸이 체험을 통해 장신구의 상징성과 상호 문화에 대해 알아보는 프로그램	
2005~2008	방학 중 화, 목	방학교육	족장회의(방학)	청동기인과 신라인의 만남, 신라금관과 곱은옥목걸이 체험을 통해 장신구의 상징성과 상호 문화에 대해 알아보는 프로그램	
2005~2008	토요일	주말/가족	삼국시대 오케스트라	삼국시대의 악기를 만들어 보고, 향가(서동요)를 배워보는 프로그램	
2005~2008	일요일	주말/가족	우리는 고고학자 가족1~3	생활 속의 고고학 사례를 학습하고 발굴부터 복원까지의 과정을 온 가족이 함께 체험하는 프로그램	
2005~2006	수요일	주중교육	선사시대 농사짓기	선사시대 농경문화를 이해하고, 토기를 만들어보는 프로그램	
2005~2006	매월 1,3주 금	유아교육	선사문양 모빌 만들기	선사시대 암각화에 그려진 여러가지 무늬를 살펴보고 모빌만들기를 체험하는 프로그램	
2008	4-6월, 9-11월	주중교육	뜨끈뜨끈 우리구들	전통가옥과 난방 방식을 통해 고대 주거문화를 알아보는 프로그램	
2007	방학중	방학교육	고대로의 여행을 떠나요 1	암각화를 통한 선사시대 사람들의 생활상을 엿보고 석고에 직접 그림을 새겨 보는 프로그램	
2008~2010	방학중	방학교육	고대로의 여행을 떠나요 2	고구려의 고분벽화를 통해 고대인의 삶을 이해하는 프로그램	
2012	1-4월	가족교육	Hello, 박물관 2- 백제의 향기	백제 금동대향로에 담긴 의미를 이해하고 향초를 만들어 보는 체험 프로그램	
2013	1-2월	주말/가족	옛 사람들의 아름다움을 찾아서-모자편-	고구려 벽화 속에 등장하는 삼국시대 모자인 조우관에 대해 알아보고, 모자를 만들어 보는 프로그램	
2015	학기중 화	유아단체	옛 사람들의 생활 속 숨은 과학	청동기시대 제사장의 역할과 청동의기의 쓰임에 대해 알고, 청동거울과 여러 물체의 특성을 알아보는 교육	
2015~2016	4-6월, 9-11월	학교연계	신석기 만능인의 하루	신석기시대 유물의 특징과 쓰임, 생활 등에 대해 전시탐험을 통해 알아보고, 보드게임 체험을 하는 프로그램	
2016~2018	학기중 2~4주	주말/가족	눈부신 황금의 나라, 신라	신라의 역사와 문화에 대해 알아보고 신라금관 만들기를 하는 체험 프로그램	
2016~2017	문화주간/수	문화주간/ 가족	청동기시대 떡 만들기	청동기시대 사람들의 식생활 문화를 알아보고 옛 조리도구를 이용한 떡만들기 과정 체험	
2017	8월	가족교육	어린이박물관 뜰에서 배우는 옛사람들의 지혜	선사시대 사람들의 도구를 직접 만들어보며, 옛사람들의 생활의 지혜를 알아보는 체험프로그램	

한국 대중고고학 개론

한국의 고고유산 교육, 그 시작과 발전*

김영연(동아시아고고학연구소)

1. 문화재 활용사업의 개념 및 범주

1. 고고유산과 문화재 교육의 개념

유네스코(UNESCO)는 일찌기 문화재(cultural property)를 '고고학·선사학·역사학·문학·예술 또는 과학적으로 중요한 것으로서 종교적 또는 세속적 근거에서 각국이 특별히 지정한 재산'으로 개념지었다(유네스코 1970).[1] 우리나라에

---

* 이 글은 한국대중고고학회 제1회 학술회의(2018. 5 국립중앙박물관 개최)에서 같은 제목으로 발표한 내용을 다듬어 보완하였다.

1 1970. 11. 14 유네스코 제16차 총회 '문화재의 불법반출입 및 소유권 양도의 금지와 예방수단에 관한 협약(Convention on the Means of Prohibiting and Preventing the Illicit Import, Export and Transfer of Ownership of Cultural Property)' 제1조

서 문화재 또는 문화유산에 대한 전문적·법적·개념적 정의는 1990년대에 구체화되는데, 1997년 문화유산의 해를 맞아 '우리 겨레의 삶의 예지와 숨결이 깃들여 있는 소중한 보배이자 인류 문화의 자산(문화유산헌장 1997)'으로 다시금 정의하면서 실천조항에서 교육과 계승의 중요성을 강조하였다. 1962년 문화재보호법 제정 당시 유형문화재, 무형문화재, 기념물, 민속자료 등으로 분류한 문화재는 1999년 개정을 통해 '인위적·자연적으로 형성된 국가적·민족적·세계적 유산으로서 역사적·예술적·학술적·경관적 가치가 큰 것'으로 상위개념을 설정했다.

고고유산(考古遺産)은 고고문화유산(考古文化遺産), 고고유적(考古遺蹟), 사적(史蹟) 등과 동일시되는 용어이나, 아직 우리 학계에서 학술적으로 정의되는 개념어나 사전적 용어가 아니며 일반적으로 대중에 흔히 통용되고 있지는 않다. 현행 문화재 분류체계상으로는 일부의 유형문화재나 고고자료 등이 확인되는 유적에 해당하는 문화유산을 고고유산이라 할 수 있고, 현행 문화재보호법 상으로는 특히 기념물[2]의 범주에 해당한다(문화재보호법 2017).

이 글에서는 문화유산의 시대와 유형, 조사 및 연구방법과 분석의 과정, 물리적인 보존 및 정비를 통한 잔존 형태, 일반인의 인식과 이해 수준 등 여러 측면에서 고고학적인 연구와 해석의 맥락에 강력하게 연관되는 문화재를 대상으로 하여 근대 이후 문화유산을 교육적으로 활용해 온 역사를 살펴보았다. 물리적으로 원위치에 보존 또는 이전하여 형태를 복원한 고고유산 뿐만 아니라 이를 보존, 전시, 교육하는 박물관과 그 유물, 복원 또는 보존처리된 시설 등을 폭넓게 고고유산으로 보아, 이를 대상으로 하여 사회 각처와 각층에서

---

2   문화재보호법 제2조 제1항의 3. 기념물의 가목 : 절터, 옛무덤, 조개무덤, 성터, 궁터, 가마터, 유물포함층 등의 사적지(史蹟地)와 특별히 기념이 될 만한 시설물로서 역사적·학술적 가치가 큰 것(문화재보호법 2017)

다양한 목적과 방식으로 이루어지는 모든 교육활용 프로그램을 고고유산 교육으로 보았음을 밝혀둔다.

문화재보호법으로 지정된 고고유산은 고고유적(Archaeological site), 유적박물관 (museum)이나 야외유적(open museum) 등으로 불리울 수 있다. 유적박물관이나 유적관은 법적인 분류상 등록/비등록 박물관으로 구분된다. 출토유물 중심을 보존한 전시관이나 보존·정비된 유적공원은 사적 종합정비에 의한 결과이다. 관련법에 의하여 발굴조사를 마친 매장문화재의 일부가 보존되거나 공원에 존치되는 경우는 학술조사와 개발에 의한 구제발굴이냐에 따라 문화유산의 활용여건에 많은 차이를 보인다.

일반적으로 대중을 상대로 하는 문화유산 교육은 크게 '문화재에 대한 교육'과 '문화재를 통한 교육'으로 구분할 수 있다(문화재청 2006). '문화재에 대한 교육'은 문화재 자체에 대한 역사적 사실과 정보, 문화유산 본연의 가치와 본질을 지적으로 이해하기 위한 교수학습적 목적에 가까운 교육을 말하며 흔히 학교 제도교육의 일환으로 처음 시작된다. 우리나라 교육과정상 초등 3~4학년 단계부터 고등교육 과정까지 살고 있는 지역으로부터 한반도와 전 세계에 이르는 역사와 문화유산에 대한 지적인 교육을 필요로 하는 다양한 교과목이 개설되어 있다. '문화재를 통한 교육'은 문화유산을 소재로 한 생활·문화·역사이벤트를 체험하거나, 문화유산에 연계된 관광이나 여행프로그램을 통해 보편적인 문화유산의 가치와 보존의지 등을 인식하는 다양한 교육적 경험을 폭넓게 이를 수 있으며, 이 효과를 최대한 이끌어내는 사례로서 문화유산을 주제로 한 크고 작은 지역축제가 있다.

물론 학교교육 과정에서도 방과후 프로그램, 현장학습과 수학여행을 통해 교과 연계학습을 벗어난 문화유산 체험이 다수 일어나고, 의무교육 과정을 마친 많은 성인이나 사회인들이 '문화재를 통하여' 삶의 질을 향상시키기 위하

그림 1. 문화유산 교육 순환구조

여 전문적인 '문화재에 대한' 교육프로그램을 찾기도 한다. 역사적 장소를 활용한 수업(Teaching with historic Place) 혹은 박물관의 사회인 교육(Using Museum Resources in the socials studies Curriculum) 등에서는 흔히 지역사회와 지역공동체 안의 문화유산이나 시설이 곧 교육을 위한 공간과 교실로 활용된다(문화재청 2000).

문화유산, 유적지와 유물, 박물관의 자료들은 오랜 세월에 걸친 역사적 경험과 문화, 생활의 유형을 보여준다는 점에서 보존된 현상 자체로 높은 교육적 의의를 가지고 있다. 따라서 이러한 문화재를 활용한 교육은 학교 학생들뿐만 아니라 지역사회의 주민, 나아가 다른 지역의 방문객, 다른 문화권의 관광객까지 확장되므로, 결국 '문화재에 대한' 교육인지 '문화재를 통한' 교육인지의 구분은 불필요하다. 고고유산에 대한 이해를 통해 그 가치를 인식하면서 개인적인 차원에서의 문화향유권이 신장되고 궁극적으로는 문화유산을 보호하는 사회적인 인식기반을 강화한다는 측면에서 문화재의 활용을 통한 보존의 선순환 구조에 기여한다.

2. 한국 고고유산 교육의 역사

근대 이후 우리나라 최초의 고고유산 교육은 고적 답사를 중심으로 한 수학여행을 시작으로 볼 수 있다. 수학여행은 1900년대 초부터 각급 학교에서 시행되었으며, 광복 후에는 일반화되어 각급의 교육기관에서 필수적인 교육활동으로써 명승고적 및 역사적·문화적인 의미가 있는 곳을 목적지로 정하여 자연이나 역사·문화적 유적지의 탐방과 관찰, 직접적인 경험을 통한 현장 견학 등을 실시하였다.

일제 식민통치부터 해방 이후와 1950년대까지 우리나라 고고유산 교육은 대부분 궁궐과 사찰, 고적의 관람을 중심으로 이루어졌다. 1909년 11월 창경궁에 조성된 제실박물관(한일강제합병으로 이듬해 이왕가박물관으로 개명)은 광복 이후 덕수궁미술관이 되기까지 고난을 겪는 와중에도 많은 문화재를 지키고 대중에 공개하는 역할을 해냈다. 1915년 조선총독부박물관은 유물의 보존 및 전시와 더불어 당시 고적조사사업을 주도하였다. 사실상 기록되지 않는 발굴조사, 문화재 관련 법률의 자의적 시행, 약탈적 도굴과 반출이 해방 전까지 계속되었다(국립중앙박물관 2009). 1926년 은사기념과학관, 조선총독부박물관 경주 분관, 1928년 평양부립박물관, 1931년 개성부립박물관, 1939년 부여분관 등은 해방 이후까지 한반도의 고고유적을 조사하였으며 필요에 따라 대중에 전시하였다.

전시되는 유물은 주로 왕가의 보물, 궁궐 내 건축물과 탑비, 일제하의 고적조사와 발굴에서 출토된 다양한 고고유물을 중심으로 하였다. 부여분관의 내선일체 사상에 근간한 백제유물의 전시, 평양부립박물관에 중점 전시한 낙랑유물 전시 등은 당시의 조선인은 물론이거니와 현대의 한국인들에게도 일제 강점기의 현실을 아프게 인식하는 부정적 역사인식 경험으로 이 또한 우리 근대사 교육의 특색이 된다(국성하 2008). 결국 우리나라 근대박물관과 문화유산의 고고학적 조사, 교육적 활용의 초기 역사는 일제가 식민정책의 의도로 조선의 고적조사를 주도했으며, 이는 한반도 전체를 실험무대로 한 일본 전문가의 고고학 훈련이라는 학술적 의미와 함께 일제의 식민정책을 역사적으로 정당화하려는 명분을 찾있던 것으로 보아야 한다(이병호 2009).

광복 직후 국립박물관 분관으로서 개성박물관에 취임한 진홍섭 관장은 개성의 학교들로 찾아가 개성의 유적들과 전시된 유물을 환등기로 보여주는 사회교육을 시작하였으며(김울림 2009), 1954년 국립박물관 경주분관에서는 경주어린이박물관학교에서 시작된 우리나라 최초의 어린이박물관 프로그램을 시작하였다. 그 외 1977년 국립중앙박물관의 박물관대학 특설강좌 이후 지속된 유적 답사와 대표적인 유물을 소개하는 교육활동은 이토록 일찍이 시작된 것이다. 1990년대가 지나서야 증가하기 시작한 유직 자체를 보존한 전시관이나 공원, 야외유적 박물관 등지가 학교의 현장학습 및 평생학습에 적합한 시설이나 기관으로 대두되고, 사회 각계의 교육적 수요와 대상에 따라 세분화된 프로그램이 시행되는 추세가 오기 전까지 사회교육 현장에서 국공립박물관이

표 1. 시대별 우리나라 문화유산 보존 및 교육프로그램 활용여건 개관

시 대	정책 및 제도 방향	고고유산 교육활용도
일제 강점기	문화유산 개체의 보존 중심 방어적이며 차단적 보존정비 관광에 대한 고려 부분적	관람객의 인위적 훼손차단 계몽적 수단으로서의 교육
해방 ~ 6·70년대	방어적 보존과 적극적 복원의 혼합 호국선현, 국방유적의 보수정화 대규모 문화권역 개발사업 시작	국가주도 정비(사적 성역화) 홍보적 성격의 전시관 도입 계몽적 집합교육성 유지
80년대 ~ 90년대	궁궐복원정비 등 정비유적 확대 관광수요 폭발적 증대에 따른 활용적 관점에서의 문화유산정비 문화재종합정비계획 수립제도화	지자체주도 정비 활성화 점단위 면단위 보존(경관고려) 박물관 중심 문화교육 증가 지속가능한 보존과 활용
2000년 이후	문화재관련법 세분화(보존/활용) 활용을 통한 문화재보존 정책개발 전문적인 문화유산교육,산업 육성	지자체+민간주도 활용사업증가 학교연계 현장교육 수요 증가 정부주도-국민참여형 보존활용

오롯이 담당해온 고고유산 교육의 역사가 길다(이태호 1997).

　1960년대에 이르면 한국 정부에 의한 본격적인 문화유적 정비가 시작되었다. 아산 현충사 정화사업(1966~74)를 시작으로 안동 도산서원(1970), 금산 칠백의총(1971), 고양 행주산성(1970), 강릉 오죽헌(1976), 수원성곽(1979) 등 호국선현 유적과 거점의 성역화, 관방유적 중심 보수정비사업이 실시되었으며 이 시기에 진행된 경주관광종합개발(1972~1982)은 문화유산의 관광자원화, 대규모의 고도지역 네트워크 구축계획이 도입되었다. 1976년에는 창원공단 건설과정에서 발견된 성산패총에서 출토된 유물전시관이 조성되었고, 1977년에 국립중앙박물관이 박물관대학 강좌를 처음으로 개설한다. 이후 1980년대까지 백제고도 익산, 공주, 부여와 경북의 경주 구시가지, 가야, 안동지구, 팔공산지구 등의 고도정비와 관련한 대규모 사지 발굴조사와 복원정비가 진행되었다. 1982년에 수립된 창경궁 정비계획과 발굴조사를 시작으로 서울의 궁궐지 복원정비도 개시된다(강현 2010)

　1970~80년대 지속된 엄청난 규모의 국토종합개발에 따른 토지개발과 매장문화재조사가 충분한 시간과 보존 자료를 확보하지는 못한 것으로 보인다. 1990년대 초까지 고고 문화유산이 유적박물관의 형태로 정비복원된 사례[3]는 많지 않았으며, 아직 문화유산의 보존이나 문화재 교육에 대한 사회적 인식이 높지 않았고, 급속한 경제성장 수준에 맞는 대중의 문화향유권의 신장이나 이용자 요구도 현저히 낮았다. 근대 수학여행의 집합교육, 명승유원지 관광과 같은 문화유산 관람이 유지되었으며, 일반대중에게 고고유적은 토지개발의 장애물로 여겨지는 인식도 여전하였다.

3　창원 성산패총전시관(1979), 부여 능산리고분전시관(1987), 암사동선사주거지(1988) 영암 장천리 선사주거지(1991) 광주 조선백자도요지(1991), 서울 몽촌역사관(1992), 전남 순천고인돌공원(1993) 등

이런 현황에서 우리나라 고고유산 교육의 역사를 새롭게 개척한 최초의 사례를 '사적 268호 연천 전곡리유적(1978. 10. 2 지정)'에서 찾을 수 있다. 사적으로 지정된 이후 1980년대를 통틀어 전곡리유적은 계속되는 훼손의 위기 속에 직면해 있었다. 문화재보호법의 제도와 절차를 이해하지 못한 무단공사와 지역주민들의 끊임없는 경작행위, 전곡리유적의 보존가치에 대한 몰이해 때문이라 할 수 있었다. 유적이 세계적인 주목을 받고 국사교과서에 수록되면서 기대 속에 찾아왔다가 실망하는 이들이 늘어나는 한편으로, 이러한 '사고'가 반복된다는 점에서 유적의 보존대책과 효율적인 문화재 홍보가 절실한 시기였다. 이에 발굴이 진행되던 1992년부터 틈틈이 시간을 들여 유적발굴단 사무실로 쓰던 컨테이너에 조그만 전시관을 구성하였고, 이를 기념하는 문화행사를 열게 된 것이 오늘의 전곡리구석기축제의 효시이다(배기동 2009).

1993년 제1회를 시작으로 해마다 개최되는 연천군 대표축제와 문화유산 교육프로그램은 오늘날 유적의 정비와 유적박물관의 건립, 지역의 정체성 제고, 관광과 경제성장의 중추로 성장하는 구심이 되었다. 전곡리유적의 문화유산 교육프로그램을 통한 지역사회와의 연계가 지속되는 동안 우리나라의 다른 고고유적에서도 많은 교육적 활동이 전개되고 있다. 고고문화유산은 극히 한정적인 유형의 자원이지만 대중과의 지적인 만남, 지역 커뮤니티의 정체성, 보존관리 주체의 공익적 활용도, 다른 문화적 요소간의 연결성 면에서 무형의 확장성이 더욱 높다. 고고유산은 우리 역사의 여명기부터 역사시대로 접어드는 오랜 기간 동안 일어났던 문명의 발전과정을 이해하는데 필수적인 자료로 대중은 이러한 유적과 박물관을 통해 보편적인 인류 문화와 발전과정을 이해하게 된다. 또한 기록과 연표로서 습득하는 역사지식의 학습과 달리 고고 문화유산은 그 자체의 관람만으로 정서적이며 지적으로 고양되는 교육효과가 높다.

1990년대 말부터는 문화재의 보존과 유지에 중심을 두었던 문화유산 정책이 문화재를 활용하여 경제적 효용과 지역 자원으로 새로운 가치를 창출하고자 하는 전환이 나타나기 시작한다. 문화재를 역사교육의 장, 휴식공간, 관광 자원으로의 다각화, 공익적 개발취지에 의해 문화재의 복원·정비사업 등이 이루어진 도약기가 시작된 것으로 볼 수 있다. 또한 1990년대 후반부터 교육 현장 일선에서 과거의 교육과정에서 찾기 어려웠던 다양한 활동들을 추구하면서 학교공간을 벗어난 현장학습을 찾기 시작하였다. 특히 제7차 교육과정은 2000년 초에서 2015년까지 개정되어온 취지가 창의적 재량활동과 특별활동을 통합한 교과외 활동을 강조하다 최근의 중학교 자유학기제와 한국사 추가, 문이과 통합과목 등까지 적용되면서 고고유산과 문화재 관련분야 컨텐츠의 교육 수요가 계속 증가하고 있다.

1990년대 후반 1997년부터 시행된 제7차 교육과정은 창의적이고 자기주도적인 학습능력을 기르는데 중점을 두고 특히 단위 학교와 학생의 교육과정 선택범위를 확대하하였다(교육인적자원부 2000). 이와 함께 교수학습적 차원에서 체험교육(체험, 체험학습, 경험학습 ; hands-on/experiential education/experiential learning/learning by doing or experience)이 전성기를 맞이하는데, 기존의 제도교육 또는 교실에서 벗어나 실제 행위와 참여를 통하여 교육적 경험을 배가시키므로 이는 전혀 놀라운 일이 아니다. 개념적으로 경험학습은 경험으로부터 배우는 것, 행위를 통해 배우는 것을 의미하며, 경험적 교육(experiential education)은 학습자에게 경험을 제공하고, 그 경험으로부터 새로운 기술, 태도, 사고방식 등을 개발하도록 유도한다(Sexton·Ungerer 1975).

또한 경험학습은 'learning by doing' 혹은 체험학습, 실천학습 등으로 불리지만 경험학습은 좀 더 포괄적인 의미를 가지고 있다(김지자·정지웅 2001). 이러한 경험학습이론 및 모형은 기존 제도교육계는 물론 최근 성인대상의 평생학습 교육이론에서 다양하게 정의되고 있지만, 이 글에서 사용한 '체험교육'은 고고학유적 또는 유물이라는 '대상과의 직접적이며 전체적인 체험' 개념을 도입하여 유적과 선사문화를 이해하도록 의도한 교육 프로그램을 의미한다. 자연스럽게 현장교육의 하나로 대두되어 현재는 도입단계를 넘어 사회 각계의 학습 수요와 대상에 따라 세분화되는 추세에 있다. 이에 교육기관은 물론이거니와 박물관을 중심으로 한 문화예술기관, 관광산업계, 기업 또는 민간단체 등의 여러 분야에서 다양한 주제의 체험교육 프로그램을 개발하고 있다. 체험교육 프로그램들은 대개 교육적·전문적·문화예술적·여가적 특성의 체

표 2. 현재 고고유산교육이 활발한 고고유적 박물관 및 공원

No.	명 칭(*박물관/전시관)	축제여부	운영	개관	시대
1	암사동선사주거지*	○	강동구	1988	신석기
2	몽촌토성*		서 울	1992	백제
3	순천고인돌공원*		전남 순천	1993	청동기
4	복천박물관*		부 산	1996	가야
5	청주백제유물전시관*		충남 청주	2001	백제
6	동삼동패총*		부 산	2002	신석기
7	고령대가야유적*	○	경북 고령	2005	가야
8	공주석장리유적*	○	충남 공주	2006	구석기
9	울산암각화박물관*		울 산	2008	신석기~
10	고창고인돌공원*		전북 고창	2008	청동기
11	검단선사박물관		인 천	2008	선사~
12	수원화성박물관*		경기 수원	2009	조선
13	용인문화유적전시관		경기 용인	2009	선사~
14	울산대곡박물관		울 산	2010	선사~
15	전곡선사박물관*	○	경기도	2011	구석기
16	양산유물전시관*		경남 양산	2013	삼국
17	화순고인돌공원*		전남 화순	2017	청동기

험요소를 구현하고 있으며, 이 특성들이 고른 균형을 보여줄 때 보다 이상적으로 체험에 의한 교육적 성취를 높일 수 있을 것이다.

이러한 점에서 문화와 역사의 직접적인 체험을 주요내용으로 하는 교육프로그램들이 각광받고 있으며, 유적지와 유적박물관 등의 문화기관에서 제공하는 교육프로그램이 다양한 체험요소를 갖춘 대표적인 사례로 제시될 수 있다. 특히 박물관은 문화·인간·자연을 직·간접적으로 체험하고 참여할 수 있는 다양한 기회를 제공하며, 앞서 언급했듯이 일찌기 우리나라의 국공립 박물관에서 대중화된 문화강좌와 연수, 문화유산 답사프로그램 등은 물론 다양한 고고유산 교육과 답사프로그램을 선도적으로 제시해왔다. 전시교육 및 소장품 교육 개발의 전문성이나 시설, 자원의 지속성 면에서 안정적인 국공립 박물관의 체험교육은 단체의 교과과정 연계에 적합하며, 단체와 가족을 대상으로 실내진행이 가능하도록 정교하게 구성된 문화유산 체험교육을 운영하면서 널리 확대되고 있다(국립중앙박물관 2007).

그러나 문화유산 교육은 전시유물의 질과 수량, 고도의 시각적 디자인, 교과 과정에 맞춘 지식습득형 교재나 눈높이에 맞춘 체험재로 평가될 성질의 것이 아니다. 특히 2000년 이후 지속적으로 증가한 소규모의 유적공원과 이 글에서 구체적으로 언급하지 않은 지역의 수많은 고고문화유산에서 일어나는 많은 교육들이 알려지지 않고 있다. 앞으로 문화유산 전문가들은 별도로 구성한 교육적 프로그램이나 활동이 없이도 지역주민과 단순한 관광 목적의 방문객들이 즐겨찾는 진정성(Authenticity)을 공고하게 확보할 수 있는 문화유산을 새롭게 조사하고 파악하여야 한다.

우리나라에 있어서 문화유산 교육적인 활용의 현장에서는 지역의 관광축제에 대한 언급이 꼭 필요하다. 2000년 초는 지방자치제도의 시작으로 지역축제가 크게 부흥하는 시기로 문화관광의 시대가 새롭게 도래하였음을 의미한다. 문화관광을 정의할 때 '공연예술을 비롯한 각종 예술감상, 축제 및 기타 문화행사 참가, 명소 및 기념물 방문, 자연, 민속, 예술, 언어 등의 학습여행, 순례여행 등 문화적 동기에 의한 다양한 형태의 이동'이며, 넓게는 개인의 문화수준을 향상시키고 새로운 지식, 경험, 만남을 고양하여 인간의 욕구를 충족시켜 주는 행위라는 점에서 문화유산 교육의 취지를 쉽게 발견할 수 있다. 우리나라의 경우, 90년대까지 이룩한 고도의 경제성장, 사회기반시설 선진화, 국민여가 확대 등이 가져온 대중관광(Massive Tourism), 문화관광(Cultural Tourism)의 시대를 맞이하였고 이어 시행된 지방자치제는 전국의 지역축제, 문화축제[4]를 폭발적으로 증가시켰다.

1996년에 처음 시작된 문화관광축제 평가 및 지원제도는 국비예산 자체는 적었지만 정부인증 축제의 높은 위상과 홍보각인 효과로 전국적으로 약 693개 이상의 축제를 새로 개발하거나 지역 고유의 관광자원과 테마를 복원정비하도록 촉진하면서 지역관광 콘텐츠 생산에 큰 영향을 미쳤다. 2005년도 당시 축제평가조사 기준으로 고고문화유산을 주제로 하며 그에 합치하는 대표적 프로그램을 진행하는 17개의 문화유산 축제 중에서, 현재까지 동일한 문화유산 콘텐츠를 바탕으로 지속성장 중인 축제는 10개 미만으로 축소되었다.

이러한 문화유산 축제 감소현상을 부정적으로만 볼 것은 아니어서 대중고고학의 관점에서 볼 때, 서울(강동선사문화축제, 한성백제문화제), 경기(수원화성문화제, 연천구석기문화제), 충남(서산해미읍성역사체험축제), 전북(고창모양성제), 전남

---

4 지역축제의 개념은 좁은 의미로 그 지역과의 역사적 상관성 속에서 생성되고 전승된 전통적인 문화유산을 축제화한 것이며, 넓은 의미로는 전통축제 뿐 아니라 문화제, 예술제, 전국민속예술경연대회를 비롯한 각 지역의 문화행사 전반이 포괄된다. 최근의 지역축제는 축제 종류에 따라 전통역사, 문화예술, 지역특산물, 생태자연, 주민화합의 5가지 유형으로 구분하고 있다(2016년 문화관광축제 종합평가보고서, 문화체육관광부).

(강진청자문화제, 화순고인돌축제), 경북(대가야체험축제) 등은 지역 정체성과 관광자원의 대표성, 안정적 축제 예산과 추진조직을 확보한 것으로 보이는데, 축제의 테마가 되는 문화유산 콘텐츠의 보다 확실히 하고 다양성을 더하고 있음을 알 수 있다.

한편으로 문화유산 교육이 도달해야 하는 지점은 사회의 소외계층, 문화유산 접근과 향유에 취약한 이들에 대한 적극적인 시도가 필요하다. 2005년 국립중앙박물관이 처음으로 시각장애인 교육프로그램은 '출발! 우리보물 손끝탐사대프로그램'을 운영한 이래 현재까지도 많은 프로그램이 운영된 점은 의미있다(국립중앙박물관 홈페이지 2018). 또한 본격적인 문화유산 교육은 아직 학교현장을 중심으로 이루어지는데 최근의 사회적인 변화는 또다른 준비를 필요로 한다. 우리사회가 주5일 수업과 주5일근무제를 도입[5]하면서 불러온 변화는 매우 컸다. 이어 주52시간 근무제가 정착될 경우, 최근 부상하는 평생학습 시대는 이제야 시작되는 학교교육과 성인교육의 공존시대를 더욱 확실히 할 것이다. 인력개발, 여가선용, 시민의식계몽 등과 함께 재교육과 평생교육, 민간 및 공공사회교육의 역할이 강조되고 있다(고정민 2001). 구체적으로 다가오는 평생학습시대로의 전환을 추구하는 과제 속에서 문화유산 교육의 현장에서는 무엇을 준비해야 할 것인가를 고민해야 할 시점이다. 고고학에 대한 대중의 호기심과 열렬한 흥미는 언제나 있어왔다. 어떤 의미에서 역사는 19세기에 이루어진 고고학 초기의 고분발굴과 이집트 미라가 세상에 공개된 이래, 사회에 오락적인 요소를 제공해 왔다. 오늘날은 좀더 학술적이고 교육적

---

[5]   2003년 8월 기존 근로기준법을 개정하여 2004년 7월 1,000인 이상 사업장을 대상으로 단계적 시행에 들어가 현재 20인 이상 사업장까지 시행 중에 있다. 20인 미만 사업장은 2011년을 기한으로 대통령령이 정하는 날부터 시행될 예정에 있다(2003. 9. 15 법률 제6974호).

인 형태로 정리되어 있을지 모르지만 고고학의 존재를 사회가 이해하고 공동의 번영을 위해서는 관련 종사자들의 새로운 고민도 필요한 때이다(콜린 렌프루 외 2006).

3. 맺음말

이제 교육기관은 물론이거니와 정부와 지방자치단체, 문화예술기관, 관광산업계, 기업 또는 민간단체 등이 주체와 관점에 따라 수요자 또는 공급자로서 고고유산을 활용한 교육이 적극적으로 시행되고 있음은 자명하다. 더불어 공공의 영역에 속하는 사적지나 유적공원, 박물관에서 일어나는 교육적이며 대중적인 활용이 활발해지면 고고유산의 사회적 가치가 제고되고, 지역 커뮤니티가 필요로 하는 종합문화기반시설로 확장되지만, 이를 실현하기까지는 오랜 시간이 걸리고 관련된 이들과 사회 전체의 헌신과 노력이 필요하다는 사실을 〈사적 268호 연천 전곡리유적〉이 보여준다.

일반적으로 공공문화시설기반에 대한 투자는 사회적·경제적·정치적인 여건 등에 많은 영향을 받으므로 고고유적의 정비나 박물관, 전시관 등의 설립이나 운영환경은 지역과 시기에 따라 큰 편차를 보인다. 각 기관이나 시설의 규모나 운영 성과에 따라 다르지만 지역의 문화시설 거점으로 안착하기 위해서는 유적으로부터 비롯되는 지역사회의 문화재 보존의식 및 문화산업 활용 측면의 전망을 명확히 인식하여, 유적과 유적이 가지는 강력한 컨텐츠 기능자체에 포커스를 맞춘 전략수립과 개발이 절실하다. 이는 유적박물관의 체험교육이나 현장학습의 개발은 물론, 지역축제 연계 문화체험 개발에 있어서도 마찬가지이다.

해당 유적과 선사문화의 내용을 이해할 수 있도록 기획·개발함으로써 교재

중심의 학교 학습 방식과 차별화된 선사문화 체험교육장으로서의 기능을 수행할 수 있도록 포지셔닝하여 유적박물관의 건립취지와 목적을 명확히 할 필요가 있다. 역사와 문화 관련분야 체험학습을 주로 하는 유적박물관의 교육은 교재로서의 구체적인 실물이 유적 자체에 내재하므로 다양한 계층을 대상으로 다양한 관점의 교육방법론을 적용할 수 있다. 이와 함께 문화유산을 활용한 교육의 범위가 매우 좁은 점은 앞으로 극복해야할 것인데, 영역적으로 '자국'과 '지역'에 한정된 사회(역사)교과와 '유물'의 겉모습 재현 또는 제작기법 자체만을 적용한 미술교과에 전적으로 치우친 교육프로그램만이 넘쳐난다. 문화유산이 가진 인류 전체의 역사와 문화, 가치를 종합적으로 활용하지 못하는 점에 대해 인식의 전환이 필요하다.

2012년 수립된 문화재 보존관리활용 5개년 기본계획에 의거 문화재활용사업의 확대정책이 지속되고 있으며, 문화유산 교육이 이루어야 할 목표와 전망의 기대가 높아지고 있지만 많은 전문기관과 단체가 이 시대적 전환에 적극 대응하고 있다. 최근의 문화유산 교육은 역사교과 연계와 현장학습의 영역을 벗어나 관광과 정서적 체험을 아우르며 지역사회와의 연결, 수요자에게는 평생학습의 하위영역으로서 확장되고 있다. 공급의 측면에서는 문화재 관련 유관기관과 단체, 전문가에 의해서 제공되는 공적인 동시에 개별적인 상호활동을 폭넓게 지칭하는 것으로 볼 수 있으므로 해마다 대중이 함께 나눌 수 있는 문화유산 교육의 현장과 기회는 더욱 확대될 것이다. 문화유산 교육과 체험의 효과는 양적 성장과 그것이 이루어지는 물리적 공간과 시설, 프로그램 제목으로 규정되기보다는, 교육 내용에 대한 쌍방의 공감, 소통의 방식과 유지를 통한 경험의 재생과 확산을 통해서 규정되어야만 문화유산 교육의 본질, 대중이 함께 이해하고 전승해야할 가치를 온전히 보존할 수 있다.

[참고문헌]

Sexton · Ungerer 1975, Rationales for experiential education, ERIC. 1–3.

강　현 2010, 『사적정비의 현황과 방안의 모색』, 국립문화재연구소&문화재청, 13–21.

고정민 2001, 『평생교육의 문제점과 방향제시』, pp.55~56).

국립중앙박물관 2007, 「박물관교육-어린이박물관 운영사례」, 『교육학술총서 제1집』, 국립중앙박물관, 72.

국성하 2008, 「교육공간으로서의 박물관」, 『박물관교육연구』 제2호, 한국박물관교육학회, 36–47.

교육인적자원부 2000, 『제7차 교육과정의 개요』 17.

콜린 렌프루, 폴반 2006, 『현대고고학의 이해』, 서울:사회평론. 578.

김지자 · 정지웅 2001, 「경험학습의 개념 및 이론과 발전방향」, 『평생교육학연구』 Vol. 7.

김영연 2018, 「한국 고고유산 교육의 시작과 발전」, 『고고학과 대중 – 제1회 대중고고학회 학술대회』, 한국대중고고학회.

김인덕 2009, 「근대적 박물관의 설립과 전개」, 『한국박물관100년사』, 국립중앙박물관 · (사)한국박물관협회, 22–30.

문화재청 2000, 『문화재교육의 이론 방법 및 실제』.

_____ 2006, 『초 · 중학교 문화재 교육 활성화 방안 연구』.

배기동 2009, 「전곡리구석기축제의 흐름과 선사문화 체험교육의 의미」, 『제17회 연천전곡리구석기축제 기념 국제워크숍』, 연천군 · 동아시아고고학연구소, 2–3.

이태호, 1997, 「현단계 박물관의 교육적 기능에 대한 진단과 전망」, 『교육철학 18집』, 한국교육학회 교육철학연구회, 35–36.

조사기관의 문화재 활용사업 현황과 과제[*]

강평원 (한강문화재연구원)

1. 문화재 활용사업의 개념 및 범주 [1]

1) 문화재 활용사업의 개념

문화재는 문화재보호법(제2조 제1항)에 따르면, 인위적 자연적으로 형성된

---

[*] 본고는 ① 2016년, 제40회 한국고고학전국대회, 자유패널1분과 '한국고고학의 새로운 흐름 Public Archaeology - 현황과 제안', ② 2017년, 제41회 한국고고학전국대회 자유패널2분과 '한국고고학의 새로운 흐름 Public Archaeology - 실험고고학과 고고유산교육'에서 필자가 발표한 내용을 수정·보완하였음.

[1] 이 부분은 아래 자료를 근거로 수정·보완 하였음.
문화재청, 2006, 『문화재 활용을 위한 정책기반 조성연구』.
문화재청, 2007, 『문화재 활용 가이드』.
문화재청, 2009, 『문화재의 공익적, 경제적 가치분석 연구』.
문화재청, 2015, 『문화재활용사업 대가기준 개발 연구』.

국가적·민족적·세계적 유산으로서 역사적·예술적·학술적·경관적 가치가 큰 것을 말한다. 다시 말하면, '문화재(Cultural Heritage)'란 '한 민족이 이룩한 유형·무형의 모든 인위적·자연적 전승물로서 역사적·예술적·학술적·경관적으로 보존할 가치가 있는 문화유산'을 말한다. 문화재는 기본적으로 공익적 가치를 띤다. 문화재는 그 무엇과도 바꿀 수 없는 유·무형 내지 물질적·정신적 가치와 의미를 간직하고 있기 때문이다. 따라서 문화재의 공익적 가치를 확산하기 위해서는 문화재의 발굴과 보존, 그리고 활용을 위한 정책적·제도적 기반이 마련되어야 한다.

이와 관련하여 최근 문화재의 보존을 넘어 활용에 대한 논의가 활발하다. 원래 '문화재 활용'이라는 개념은 1997년 문화재보호법을 개정하면서 처음으로 등장하였다. 종래까지 문화재의 '보존, 관리 위주의 정책에서 '활용'을 새로이 첨가하면서 본격화하기 시작한 것이다. 그러나 문화재 활용은 이미 문화재의 보존과 관리의 과정에서 관광, 전시 등의 형태로 꾸준히 전개되어 온 개념이다. 다만 원형 보전 내지 보호라는 범위 아래서 특정한 대상물을 한정하여 제한적으로 활용되었다. 물론 문화재의 원형을 보존하고 이를 훼손됨이 없이 관리하는 것이 문화재정책의 가장 중요한 목표이다. 하지만 문화재는 원형의 보존에만 그칠 수는 없다.

원래 '활용(application)'의 사전적인 의미는 '본래 그것이 지닌 능력이나 기능을 잘 살려 사용하는 행위'라고 정의하고 있다. 이 정의에 따르면 활용은 기본적으로 대상물의 능력이나 기능을 훼손하지 않는 것을 전제한다. 이 점에서 문화재 활용은 문화재를 훼손하지 않고 이용하는 지속가능한 특성(sustainability)을 띠고 있다.

따라서 문화재 활용이란 문화재를 단순히 이용하는 것이 아니라 그것이 지닌 가치나 기능 또는 능력(무형문화재의 경우)을 잘 살려 지속가능하게 이용하는 행위를 의미한다. 다시 말하면 문화재활용은 문화재가 지닌 역사적·예술적·학술적·경관적 가치나 기능 또는 능력을 살려 효율적으로 사용하는 행위이다. 다만 '문화재 활용'이란 보존·관리를 소홀히 하거나 활용만을 위한 개념이 아니다. 오히려 문화재의 발굴·복원·보존·관리·활용의 순환구조를 재인식하고, 그 가운데 활용 가능한 대상과 상태에 따라 다양한 부가가치를 창출하는데 목적이 있다. 문화재 활용이란 '민족문화의 재발견인 동시에 새로운 문화 가치의 창조과정'이다.

문화재 활용사업은 '문화재 문턱은 낮게', '프로그램 품격은 높게', '국민 행복은 크게'라는 전략으로 닫히고 잠자고 있는 문화재를 가치와 의미를 발견하고 문화콘텐츠로 새롭게 창조하여 국민과 함께하는 살아 있는 역사교육장 및 프로그램형 문화재 관광 상품을 만드는 사업이다.

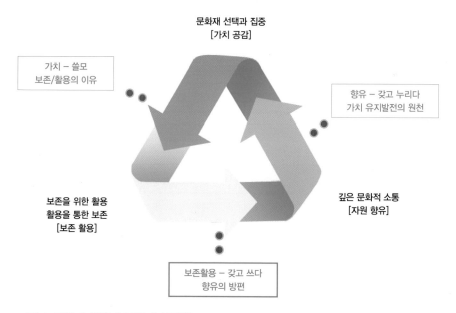

그림 1. 문화재 활용과 보존의 상관성

추진배경 및 목적은 세계 각국이 문화재가 수익성이 높은 건전한 투자상품으로 평가하여 보존중심에서 문화재 가치를 확산하는 활용정책으로 관리체계가 변화되고 있는 추세이나 우리나라의 현행 문화재보호 정책은 문화재가 가지고 있는 현실적 가치만을 강조하고 있어, 문화재의 잠재적인 가치에 대한 평가 및 활용에 대해서는 다소 한계가 있다. 특히 국민들의 여가 문화의 확산과 삶의 질이 향상되는 등 생활문화가 바뀌면서 문화재를 향유하려는 수요가 점점 늘어나고 있으나, 이를 수용하기에는 역부족한 실정이다.

이에 따라 국민들의 문화재 향유 방식을 관람중심에서 오감(五感)자극 체험중심으로 전환하여, 문화재가 지역발전의 장애물이라는 고정관념이나 편견 등 지역사회의 피해의식을 탈바꿈하기 위한 정책적 일환으로 문화재활용사업을 추진하고 있다.

표 1. 문화재 보존관리 · 활용 5개년 기본계획(2012~2016)—문화재청

정책목표	국민의 문화향유권 신장, 보존관리 강화 및 활성화
주요 추진과제	문화재 가치 활용 및 산업화
주요 정책과제	문화재 활용 다각화
세부과제(실천계획)	문화재 활용 활성화, 문화재 생생 활용

2) 문화재 활용사업의 범주

문화재 활용사업의 범주는 활용유형, 서비스 목표, 향유형태에 따라 분류할 수 있다(문화재청 2010). 활용유형에 따른 분류는 유교문화재형, 전통마을형,

유적지형, 자연·명승형, 근대문화재형, 무형문화재형, 역사인물지형, 공공시설형으로 나뉜다. 서비스 목표에 따른 분류는 오락형(엔터테인먼트-오락, 몰입), 교육형(에듀테인먼트-교육, 정보), 감성형(이모테인먼트-답사, 감성)으로 나뉜다. 향유형태에 따른 분류는 체류형, 참여형, 답사형, 관광형으로 나뉜다.

이 가운데 조사기관이 진행하는 문화재 활용사업은 유적지형을 활용하여 교육을 통한 정보 전달을 목표로 한 참여형 프로그램으로 볼 수 있다.

표 2. 문화재 활용사업 분류표1-문화재청, 2010, 『문화재 유형별 활용 길라잡이』에서 발췌

활용유형에 따른 분류	서비스목표에 따른 분류	향유형태에 따른 분류
유교문화재형 전통마을형	오락형 (엔터테인먼트 – 오락, 몰입)	체류형 (Stay)
유적지형	교육형 (에듀테인먼트 – 교육, 정보)	참여형 (Program)
자연·명승형 근대문화재형 무형문화재형 역사인물지형 공공시설형	감성형 (이모테인먼트 – 답사, 감성)	답사형 (Experience) 관광형 (투어)

문화재청의 대표적인 활용사업인 '생생문화재사업'과 '향교·서원 사업'을 중심으로 세부사업과 핵심 콘텐츠의 특성을 고려하여 문화재 활용사업을 유형별로 분류하면, 공연형, 체험형, 관람형, 교육형, 복합형의 총 6개의 유형으로 나눌 수 있다(문화재청 2015). 이 가운데 조사기관이 진행하는 문화재 활용사업은 체험형과 교육형이 주를 이룬다.

표 3. 문화재 활용사업 분류표2-문화재청, 2015, 『문화재활용사업 대가기준 개발 연구』 에서 발췌

구분	정의
공연형	문화재를 매개로 하거나 그 자체로 문화재인 춤, 연주, 창·가극 등을 통해 사용자가 문화재를 향유하는 사업
체험형	문화재를 직접 제작, 이용함으로써 사용자가 문화재를 향유하는 사업
관람형	문화재를 전시한 박물관, 전시관, 고택을 둘러봄으로써 문화재를 향유하는 사업
답사형	문화재가 편재한 일정한 지역을 도보나 차량으로 이동하면서 둘러봄으로써 문화재를 향유하는 사업
교육형	문화재에 대한 지식 및 정보 등을 다양한 시청각 자료를 활용하여 제공함으로써 문화재를 향유하는 사업
복합형	상기 5개 유형의 문화재 활용사업이 둘 이상 복합(서로 다른 유형의 사업이 2개 이상 존재) 또는 융합적(서로 다른 유형의 사업을 결합하여 하나의 단일 사업으로 제공)으로 구성된 문화재 활용사업

2. 문화재 활용사업 현황

조사기관에서 운영하는 문화재 활용사업은 운영재원을 문화재청 및 지방자치단체체 등에서 지원하는 관지원형 사업과 일반인들로부터 참가비를 받아 자체의 예산으로 운영하는 자체운영 사업으로 나눌 수 있다. 관지원형 사업의 예로는 생생문화재사업, 지역문화유산 교육사업, 고고학체험교실 등이 있으며, 자체운영 사업으로는 문화강좌, 지역 문화재 답사, 한국사 교육 등이 있다.

위 사업을 운영하는 조사기관의 현황과 프로그램 내용은 아래와 같다.

1) 조사기관 현황(2016년 기준)

(1) 유형별 현황 : 비영리법인/대학(박물관, 연구소)/국·공립(박물관, 연구소)

유형	비영리법인	대학	국·공립	계
기관수	98	43	26	167
비고	한매협 83	박물관 38, 연구소 5	박물관 18, 연구소 8	

(2) 비영리 법인 현황 : 문화재 활용사업 시행 기관

유형	서울·경기·강원	충청권	경상권	전라,제주	계
기관수	29	14	39	16	98
문화재 활용	4	7	13	7	31

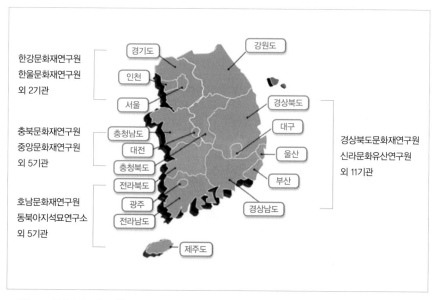

그림 2. 지역별 문화재 활용사업 운영 조사기관

○ 조직 및 업무 검토(12개 기관 선정)[2]

연번	기관명(지역, 개원), 조직도	부서별 인원 및 업무
1	한강문화재연구원(경기, 2006년)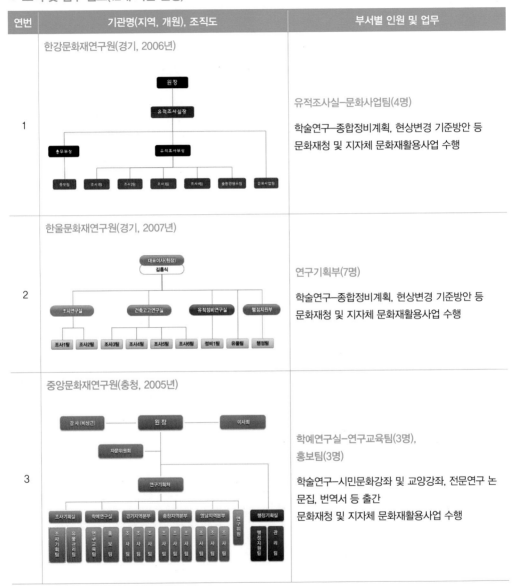	유적조사실-문화사업팀(4명) 학술연구-종합정비계획, 현상변경 기준방안 등 문화재청 및 지자체 문화재활용사업 수행
2	한울문화재연구원(경기, 2007년)	연구기획부(7명) 학술연구-종합정비계획, 현상변경 기준방안 등 문화재청 및 지자체 문화재활용사업 수행
3	중앙문화재연구원(충청, 2005년)	학예연구실-연구교육팀(3명), 홍보팀(3명) 학술연구-시민문화강좌 및 교양강좌, 전문연구 논문집, 번역서 등 출간 문화재청 및 지자체 문화재활용사업 수행

---

2 문화재활용사업을 진행하는 조사기관 중 홈페이지를 통해 조직구성 및 사업을 소개하는 기관을 선정하였음.

충청북도문화재연구원(충청, 2005년)

4

역사문화연구실—보존·활용팀(4명)

학술연구—종합정비계획, 현상변경 기준방안 등
문화재청 및 지자체 문화재활용사업 수행

문화재청에서 발주하는 다양한 분야의 학술연구 용
역 수행(디지털 콘텐츠 제작, 무형문화재 기록화 사
업 등)

충청남도역사문화원(충청, 1999년)

5

역사박물관—박물관운영팀(10명),
충남학연구팀(4명)

학술연구—박물관운영,향토문화전자대전, 근대사연
구 등
문화재청 및 지자체 문화재활용사업 수행

충청남도 문화재 관련업무 수행

경상북도문화재연구원(경상, 1998년)

6

교육활용팀(4명)

학술조사 용역—콘텐츠 제작, 문화재 현황 조사 등
道위탁사업 추진—정보화시스템 유지관리보수, 사회
교육 등

道위탁사업을 적극적으로 수행하고 있음(문화재를
활용한 교육, 프로그램 개발 등), 자체 외부용역
발주

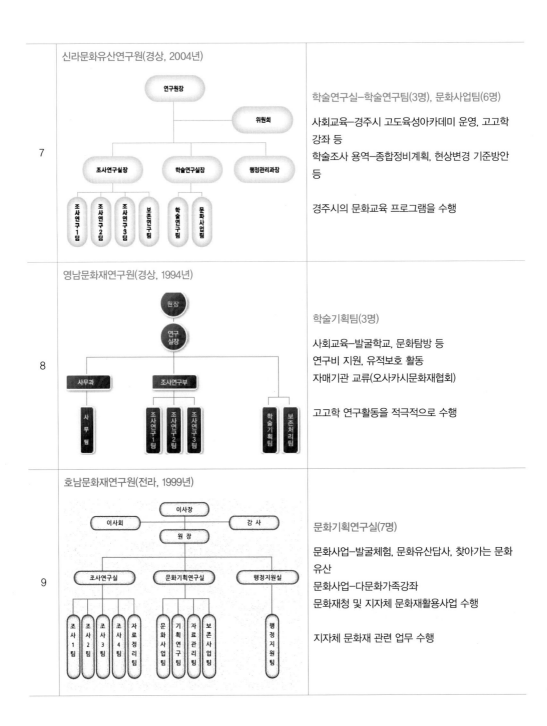

7	신라문화유산연구원(경상, 2004년)	학술연구실–학술연구팀(3명), 문화사업팀(6명)
		사회교육–경주시 고도육성아카데미 운영, 고고학 강좌 등
		학술조사 용역–종합정비계획, 현상변경 기준방안 등
		경주시의 문화교육 프로그램을 수행
8	영남문화재연구원(경상, 1994년)	학술기획팀(3명)
		사회교육–발굴학교, 문화탐방 등
		연구비 지원, 유적보호 활동
		자매기관 교류(오사카시문화재협회)
		고고학 연구활동을 적극적으로 수행
9	호남문화재연구원(전라, 1999년)	문화기획연구실(7명)
		문화사업–발굴체험, 문화유산답사, 찾아가는 문화유산
		문화사업–다문화가족강좌
		문화재청 및 지자체 문화재활용사업 수행
		지자체 문화재 관련 업무 수행

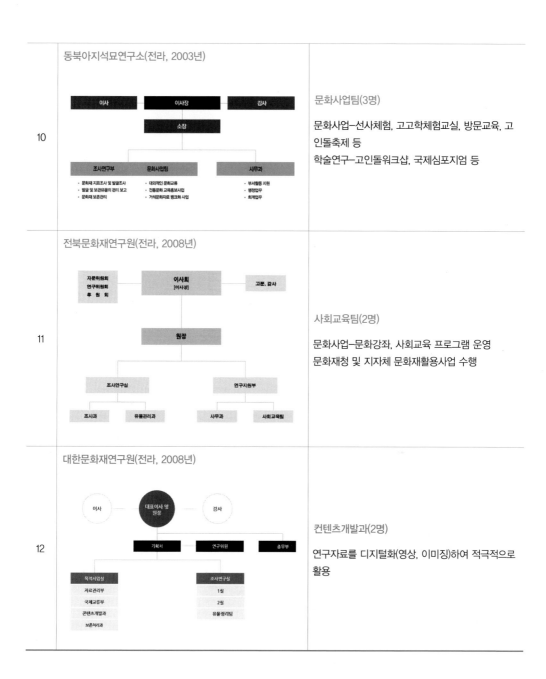

10	동북아지석묘연구소(전라, 2003년)	문화사업팀(3명) 문화사업–선사체험, 고고학체험교실, 방문교육, 고인돌축제 등 학술연구–고인돌워크샵, 국제심포지엄 등
11	전북문화재연구원(전라, 2008년)	사회교육팀(2명) 문화사업–문화강좌, 사회교육 프로그램 운영 문화재청 및 지자체 문화재활용사업 수행
12	대한문화재연구원(전라, 2008년)	컨텐츠개발과(2명) 연구자료를 디지털화(영상, 이미징)하여 적극적으로 활용

2) 프로그램 내용[3]

1) 고고학 체험교실 : 2011년 ~ 2016년

- ■ 추진 배경
  - ○ 문화유산 발굴·복원 현장을 활용한 창의 체험교실 운영으로 청소년들에게 문화유산의 가치와 보존의 필요성을 널리 알리고 문화적 자긍심을 고취하고자 함
  - ○ 문화재 발굴·복원 현장의 물리적·외형적 가치 보존에서 나아가 교육적 활용을 통해 문화유산의 가치를 재창출 하고자 함

- ■ 사업 내용
  - ○ 교육대상 : 초·중·고 및 동등 교육기관(지역아동센터, 장애인학교 등)의 학생
  - ○ 교육내용(운영방향)
  - − 토기제작 및 굽기, 선사시대 주거지 설치 및 체험, 모의발굴 체험, 유구 그려보기, 유물접합 체험, 유구실측 체험 등 고고학 체험교육.

- ■ 활용사업 사례
  - ○ 사업명 : 고고학 체험교실
  - ○ 사업주관 : (재)한강문화재연구원
  - ○ 추진실적

---

3   타 기관의 프로그램을 소개하는데 어려움이 있어, 한강문화재연구원의 사례만을 정리하였음. 자세한 내용은 한강문화재연구원 홈페이지(http://www.hich.or.kr/) 또는 한강문화재연구원 문화유산배움터 블로그(https://blog.naver.com/achasan2011) 참고.

단계	내 용	준비사항 및 유의점
1단계	·아차산의 역사 ·온달장군과 평강공주 이야기	동영상자료, 역사문화 해설, 이동간 안전
	고고학체험 1단계 (공통) ·고고학, 발굴이란? ·발굴조사체험 / ·출토유물이 전하는 역사	체험장 사전준비완료, 워크북, 체험복 착용, 안전용품, 위생용품
2단계	(유형1) 고고학체험 2단계 :유물 실측	실측도구, 스토리텔링 도구
	(유형2) 고고학체험 2단계 :·스토리텔링	스토리텔링 도구
3단계	(유형1) 고고학체험 3단계 ·유물 복원·접합	복원·접합 도구
	(유형2) 고고학체험 3단계 :·연극	연극소품

고고학체험 1단계

고고학체험 1단계

고고학체험 2단계

고고학체험 2단계

고고학체험 3단계

고고학체험 3단계

2) '우리 동네 유적' 사회교육 프로그램 : 2015년 ~ 2016년

- **추진배경**
  - ㅇ 매장문화재의 가치 및 중요성에 대한 대국민 홍보와 공감대 형성을 위하여 매장문화재 관련 활용 프로그램을 개발·운영하고자 함

- **사업내용**
  - ㅇ 지역주민을 대상으로 하는 다양한 체험 및 참여형 매장문화재 활용 프로그램
  - ㅇ 매장문화재 해설사 및 각종 활용 프로그램 자원봉사자 양성
  - ㅇ 기타 매장문화재 활용 프로그램

- **활용사업 사례**
  - ㅇ 사업명 : 광진구 문화재 스토리텔러 양성 교육
  - ㅇ 사업주관 : (재)한강문화재연구원
  - ㅇ 추진실적

차시	주 제	주요 내용
1	문화재와 문화재활용	문화유적의 보존과 활용에 대한 이해를 높인다.
2	광진구 문화유적소개	광진구 내 문화유적과 발굴 유적들에 대해 소개하고 문화재에 대한 이해를 높인다.
3	광진구 문화유적답사	광진구 내 분포하고 있는 문화유적을 돌아보고 시기별, 주제별 분류 및 논의
4	아차산문화유산해설답사	아차산일대 문화생태탐방로를 활용한 역사문화투어 답사
5	발굴현장답사	한강문화재연구원에서 발굴하였던 서울 도심 주요 지역 및 발굴현장 답사
6	문화유적답사기 제작 및 발표	답사한 자료를 기초로 스토리텔링을 해보고 그에 맞는 답사자료집 제작

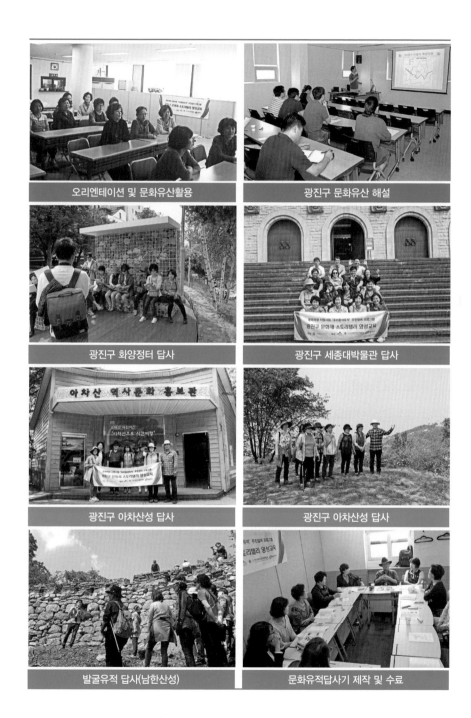

오리엔테이션 및 문화유산활용 | 광진구 문화유산 해설

광진구 화양정터 답사 | 광진구 세종대박물관 답사

광진구 아차산성 답사 | 광진구 아차산성 답사

발굴유적 답사(남한산성) | 문화유적답사기 제작 및 수료

3) 생생문화재 사업 : 2008년 ~ 2016년

- ■ 개념
  - o '문화재 문턱은 낮게', '프로그램 품격은 높게', '국민 행복은 크게'라는 전략으로 닫히고 잠자고 있는 문화재의 가치와 의미를 발견하고, 문화 콘텐츠로 새롭게 창조하여 국민과 함께하는 살아 있는 역사교육장 및 프로그램형 문화재관광 상품으로 활용하고자 함

- ■ 추진배경
  - o 세계 각국이 문화재가 수익성이 높은 건전한 투자상품으로 평가하여 보존중심에서 문화재 가치를 확산하는 활용정책으로 관리체계 변화
  - o 문화재보호 정책은 문화재가 갖고 있는 현실적 가치라는 측면을 강조하고 문화재의 잠재적 가치에 대한 평가나 활용은 간과
  - o 여가문화의 확산과 삶의 질 향상으로 생활문화가 바뀌면서 문화재를 향유하려는 수요가 늘어나고 있지만 이를 수용하기에는 역부족
  - o 관람중심에서 오감(五感)자극 체험 중심으로 국민들의 문화재 향유방식 전환
  - o 문화재가 지역발전의 장애물이라는 고정관념·편견 등 지역사회의 피해의식 전환을 위한 정책 필요
  - o 시민단체 등의 참여기반을 확대하고, 생산적 협력관계 견본 개발이 중요한 정책영역으로 부각

- ■ 추진목적
  - o '문화재 활용이 문화재 보존의 근본 방도'라는 정책기조 실현

- 문화재의 고유한 가치와 의미를 새롭게 발견하여 재창조

ㅇ 수요자 중심의 특성화로 지속가능한 문화재 향유권 신장

- 대표적인 역사교육·향토문화의 거점과 문화재 가치 확산

ㅇ 문화녹색산업 대표자원으로 유효적절하게 활용하여 국부창출

- 문화재의 융·복합적 활용을 통한 사회·문화·경제적 부가가치 창출

■ 추진방향

ㅇ 매년 매력적이고 창의적인 사업을 발굴하기 위해 지방자치단체 공모방
   식으로 추진

ㅇ 지역별 특화된 문화재 활용 프로그램의 상설화로 지속적인 향유가 가능
   한 고품격 문화관광 상품화로 육성

ㅇ 교육정책의 '창의적 체험 활동'과 연계하여 상호보완적 관계 형성

ㅇ 경쟁력 있고 발전 도모를 위해 사업유형을 단계적으로 시범육성형-집
   중육성형-지속발전형으로 구분하여 차등 지원

ㅇ 국민과 소통하고 문화재활용·운영의 내실화를 위한 활용기법 보급· 전
   문가 조언 등을 통해 활용 품질의 질적 향상 유도 및 관계자 역량 강화

■ 정성적 성과

ㅇ 문화재를 국가정체성 확립 및 국가브랜드 제고를 위한 전략적인 콘텐츠
   로 활용 가능성을 제시하고 국가적 관심을 유도

- 창의적인 문화콘텐츠 생성 및 활용 프로그램의 고유성 창출로 문화재
   활용의 사회적 기반 형성

ㅇ 참관객 수준별 맞춤형 프로그램 및 문화상품화로 문화재 이해 증진

- 관(官) 주도의 단순한 문화재 관람에서 국민참여형 교육·여행·체험·

관광 프로그램 연계로 흥미유발

ㅇ 생생문화재 사업간 프로그램 교류로 사업효과 상승 촉진

- 산성, 무형문화재 등 사업의 대상이나 성격이 유사한 생생문화재사업 주관단체간 자발적 공동체 협업 및 품앗이 문화 생성

ㅇ 문화재를 모든 사람이 향유하는 공공재(公共財)로서 한계효용 증대

- 전문가 중심 향유 문화재를 국민의 자주적·대중적 향유 문화재로 전환 하여 문화재의 인문·사회적 서비스 역할 증대

ㅇ 문화재보호 사회적 자본 형성의 디딤돌 마련

- 문화재에 대한 적대감 해소와 문화재 애호정신 함양 등 문화재보호 무형적 자산 확충으로 사회적 비용 절감

ㅇ 문화재 수리주기 연기 및 수리비용 절감

- 문화재를 유효적절하게 활용을 위해 사전 안전점검 및 기초 환경 미화 작업 등을 실시함에 따라 문화재 수명 연장 및 문화재 돌봄의 부가적효과 파생

■ 정량적 성과

ㅇ 프로그램 진행횟수 및 문화재 향유 참관객 매년 20%~30% 증가

☞ 2014년 : 2,097회(사업당 30회), 23만여명(사업당 3천4백여명)

ㅇ 경제적 파급효과

- '14년도 생생문화재 사업의 경제적 파급효과는 약 92억원

- 지역의 문화예술공연, 인쇄복제업, 도소매업, 식음료업, 숙박업, 차량 임대업 등의 분야에 경제적 파급효과와 고용창출 증가

- '08년부터 '14년까지 7년간 생생문화재 사업에 투입된 총 금액은 12,462백만원, 창출된 총 파급효과는 30,617백만원(연평균 증가율 72.6%)

○ 문화재형 일터 및 일자리 창출(고용 파급효과)

- 문화기획자, 프로그램 진행자, 자원봉사자의 일터 및 일감 시장으로 성

　　장(2014년 : 진행자 1천6백여명, 자원봉사자 2천7백여명)

■ 활용 사례

○ 사업명 : 아차산과 함께하는 생생문화재

○ 사업주최·주관 : 광진구청 / (재)한강문화재연구원

○ 추진실적

행사명 (프로그램명)	장 소	참여 인원	주요내용
아차산 역사문화투어	아차산성 일대	4,178	아차산 일대 문화생태탐방로를 활용한 역사문화 투어
아차산 역사문화교실	아차산역사문화홍보관	18,523	아차산역사문화홍보관 시설물을 활용한 유적지 해설 및 역사교육 진행
생생한강, 나는 시민고고학자	한강문화재연구원 부천 본원 학습실	22	아차산성과 인근지역 발굴유적지의 고고학적 탐 구를 통해 고고학에 필요한 실제 업무와 소양 등 을 이해
생생한강, 온달·평강과 함께 하는 고구려생활	아차산 생태공원 내 발굴 체험장	340	온달장군과 평강공주 이야기를 바탕으로 역사· 고고학·예체능을 융합한 체험학습
생생한강, 한양도성투어	아차산성 및 인근 문 화재	206	한양도성 내의 발굴유적지와 근대문화재 답사를 통한 한양의 변화된 모습 교육

온달·평강과 함께하는 고구려생활

아차산 역사문화투어/교실

나는 시민고고학자

한양도성투어

한국 대중고고학 개론

3. 조사기관의 과제

지금까지 문화재 활용의 개념 및 범주와 조사기관의 문화재 활용사업 현황에 대해 살펴보았다. 과거 폐쇄적으로 행해지던 고고학(발굴조사)이 점차 일반대중에게 다가서기 위해 노력하고 있음을 알 수 있다. 하지만 아직까지 그 성과는 미약하며 앞으로 이를 더욱 발전시키기 위한 과제를 제안하도록 하겠다.

■ 프로그램 내용 관련
- 조사기관이 타 문화재활용사업 기관(이하 활용기관)과 비교하여 경쟁력을 갖기 위해서는 고고학을 주제로 한 프로그램을 만들어야 한다. 전문적인 내용 없이, 단순 지식 전달을 행하는 프로그램으로는 교수법이 월등한 활용기관과 경쟁을 할 수 없다.
- 先 교육, 後 체험을 분명히 한다. 조사기관에서 전문적인 내용을 활용한 프로그램을 운영한다면 참여자에게 지식을 정확히 전달하고 습득하게 해야 하며, 이를 응용하여 체험활동에 적극적으로 참여할 수 있도록 유도해야 한다.
- 문화재청에 '문화유산교육팀'이 신설되었다. 그간 '활용정책과'에서 주도적으로 진행한 문화재활용사업 중 교육을 중심으로 한 프로그램을 특성화 하겠다는 목표가 있다. 조사기관이 운영하는 프로그램은 대부분 교육이 중심이 되기 때문에 이러한 추세를 정확히 이해하고 대응할 필요가 있다.

■ 예산 관련
- 문화재활용 사업은 문화재의 특성상 '관(官)'주도로 진행되고 있다. 과거

에는 책정되는 예산에 인건비를 계상할 수 없게 되어 있어, 조사기관 입장에서는 사회공헌의 측면에서 간헐적으로 프로그램을 운영해야 했다.

– 2015년 '문화재활용사업 대가기준'이 마련된 후, 점진적으로 인건비가 책정되어 추진되는 사업이 늘어나는 실정이다. 물론 조사기관의 주업인 매장문화재조사와 비교하자면 아직은 사업의 규모가 작으나, 조사기관의 설립 목적과 장기적 운영의 관점에서 보다면 적극적으로 사업을 수행하는 방향을 검토할 필요가 있다.

■ 사업 연계 및 네트워크 형성

– 조사기관에서 근무하는 활용사업 실무자들은 이러한 이야기를 한다. "대도시에는 교육 수요자는 많은데 마땅한 장소가 없고, 지방에는 장소와 시설은 있는데 사람이 없다."

– 본원의 프로그램 참여자들은 1박 2일의 캠프를 선호하는 경향이 있으나, 장소의 문제로 이를 진행하지 못하는 실정이다. 한편 지방에서는 참여자들이 한정되어 있어 프로그램을 운영하는데 애로사항이 있다고 한다.

– 각 기관의 실무자들이 네트워크를 형성하고, 프로그램을 연계하여 운영한다면 참여자들의 만족도를 높일 수 있는 좋은 방안이 될 것이다. 더 나아가 고고학을 주제로 한 페스티발을 개최하는 것도 검토되어야 한다.

체험교육형의 대중고고학

한국 대중고고학 개론
Introduction of Korean Public Archaeology

유적축제와 고고유산 체험교육

이한용 (전곡선사박물관장)

1. 서언

1980년대 이후 국토개발의 과정에서 급격히 늘어난 고고학 발굴 특히 구제 발굴의 증가는 우리나라의 고고학 분야 지형 형성에 중요한 변곡점이 되었다. 구제발굴이 그 성격상 대부분 유적의 파괴를 전제로 한 개발사업에서 시행되는 것이기 때문에 수많은 고고학발굴이 있었음에도 보존되는 유적은 상대적으로 매우 적었던 것이 현실이다. 설사 보존이 되었다고 하더라도 고고유적의 특성상 발굴 이전의 상태 즉 발굴을 위한 제토 이전의 상태로 복토하여 보존하는 것이 대부분이었기 때문에 일반인들의 관점에서 고고학발굴의 성과를 직접 보거나 체험하는 것은 매우 어려웠던 것 또한 사실이다. 다시 말해 보존조치가 제대로 이행되어 복토되어 잘 보존되고 있는 유적이라고 해도 현장을 방문했을 시 보존되고 있는 유적들을 직접 현장에서 확인할 기회는 매우 제한적이라는 것이다. 특히 선사유적의 경우에는 유적의 한가운데 와있으면서 유적은 어디있느냐는 질문을 하게 되는 경우가 대부분이다. 이런 상황은 결국 유적의 보존에 대한 당위성을 상실하게 되는 결과를 가져오게 되어 전국 대부분의 고고유적들 특히 발굴조사를 통해 확인된 유적들의 경우에 유적을 보존하여야 하는 사회적인 공감대가 형성되지 못하고 개발의 걸림돌이 되는 애물단지로 취급받는 경우가 비일비재하다. 이런 현실적인 여건을 감안할 때 최근에 유적의 보존뿐만 아니라 활용에 대한 관심이 높아지고 있는 것은 매우 고무적인 상황이라고 할 수 있을 것이다. 이와 같은 사회적 환경의 변화는 유적의 발굴이라는 매우 특수한 연구방법론에 의지하여야 하는 고고학 전문가들에게는 또 다른 숙제를 안겨주고 있다고 하겠다.

발굴조사가 끝난 이후 조사를 통해 얻어낸 학술적인 성과들에 대한 연구조사의 진행뿐만 아니라 발굴 이후에 남겨진 유적 자체를 어떻게 보존하고 활용하여야 하는가에 대한 고민도 고고학 종사자들에게 던져진 과제가 된 것이다. 고고학은 발굴할 수 있는 혹은 발굴조사된 고고유적이 있어야만 가능한 학문이다. 개발사업의 과정에서 구제발굴을 통해 유적이 하나 둘 씩 사라져만 간다면 결국 수십 년, 수백 년이 지난 후에 남겨진 유적의 숫자는 매우 제한적일 것이며 결국은 고고학의 학문 존립 자체도 위태로워지는 것이다. 좀 과장된 비유 같지만, 산이 없어지면 등산은 못하게 되는 것과 다름이 아닐 것이다. 결국은 유적이 보존될만한 가치가 있다는 것을 느끼는 사람들이 많아지고 이런 사회적 공감대가 형성될 때 유적이 보존될 확률이 높아질 것이다. 고고유적의 보존에 이런 사회적 공감대가 꼭 필요한 이유는 고고유적은 일정규모 이상의 토지를 점유하고 있다는 특성에서 그 보존에는 반드시 사회적 비용이 수반되기 때문이다. 따라서 유적의 보존을 위한 사회적 비용의 지출에 많은 사람이 동의 할 때 그 유적은 보존될 수 있는 것이다. 일단 보존된 유적이라고 하더라도 적절히 활용되지 못한다면 보존에 대한 동력은 약해질 것이 자명하다. 이 글에서는 유적의 보존과 활용 수단으로서 유적축제에 대해 간략히 서술해 보고자 한다.

2. 왜 유적축제인가 ?

축제에 대한 정의는 셀 수 없이 많기 때문에 이 글을 읽는 지금 떠오르는 축제에 대한 이미지가 바로 축제라고 할 수 도 있을 것이다. 크게는 리우의 카니발과 같은 엄청난 규모의 축제에서부터 추석맞이 마을잔치와 같은 지역단위의 소규모 축제까지 다양한 형태와 규모의 축제가 인류의 역사와 함께 오늘까지도 계속되고 있다고 할 수 있다. 축제는 기본적으로 사람들이 모여서 즐기는 행위다. 함께 모여서 즐기면서 공동체의 번영과 지속을 기원했던 인간 본연이 행위가 축제라고 할 수 있다. 그래서 산업화된 현대사회에서도 축제는 계속되고 있는 것이며 인류가 존재하는 한 축제는 지속될 것이다. 축제의 여러 가지 속성 중에 고고유산 체험교육과 연관지어 생각해 볼 수 있는 대목은 단기간에 많은 사람들이 한곳에 모인다는 장소성에 관련된 것이라고 생각한다. 일정한 범위를 점유하고 있는 고고유적은 단기간에 많은 사람들이 모일 수 있는 좋은 여건을 갖추고 있다고 할 수 있다. 유적축제와 고고유산체험 교육이 하나의 주제로서 가능한 이유이다.

여러 가지 가치판단이 있을 수 있지만, 유적의 보존과 활용을 위해서는 일반 시민들이 우선 유적에 대해 일정 수준 이상의 정보를 갖는 게 매우 중요하다. 정보를 제공하기 위한 여러 가지 방법 중에 유적 축제는 가장 적극적인 홍보수단의 하나일 것이며 또한 단기적으로 의도한 효과를 도출할 수 있는 수단으로 평가할 수 있을 것이다. 하지만 유적을 홍보하기 위한 수단으로서의 축제의 활용 혹은 축제의 개발은 축제라고 하는 집단행위의 속성상 참여자들에게 자칫 유적 본연의 가치를 망각한 채 단순히 먹고 놀고 즐기는 일반적인 축제와 별반 없는 (물론 이런 행위가 의미 없다고 할 수는 없겠지만) 일회성 행사로 인식될 가능성이 상존한다. 따라서 고고유적의 보존과 활용을 위한 홍보 수단으로서 축제를 활용하기 위해서는 해당 유적에 대한 충분한 이해를 바탕으로 관련 전문가의 의견과 축제 주최자의 의도가 적절히 조화를 이루어 진행되는 것이 이상적일 것이다. 하지만 축제 특히 일회성 축제는 만만치 않은 사회적 비용이 필요하고 이의 집행은 대부분 관 주도로 이루어지기 때문에 일반적인 축제와 차별성을 확립하거나 유지하기는 쉽지 않아 보인다.

현재 국내에는 고고유산을 테마로 하는 축제가 20여 개 이상 운영되고 있으며 그 중 연천구석기 축제는 고고유산의 체험교육을 본격적으로 시도한 최초의 축제로 평가받고 있다. 한편 공주 석장리 구석기축제, 강동 선사문화 축제, 강화 고인돌문화 축제, 대구 진천동 선사문화체험 축제 등이 고고유산 체험교육을 특성화한 축제로 분류할 수 있을 것이다. 이외에도 한성백제문화제, 가야문화축제, 고령대가야체험축제, 충남백제문화제, 아차산고구려축제, 익산서동축제, 녹청자축제, 광주왕실도자기축제 등이 고고유산을 활용한 적어도 축제의 명칭에는 문화유산을 전면으로 내세우고 있는 축제라고 할 수 있다. 하지만 소위 문화제를 표방하는 문화유산 활용 축제의 대부분은 그 규모가 커서 상대적으로 축제에서 고고유산 체험교육이 차지하는 비중은 매우 적다고 할 수 있다.

3. 연천전곡리구석기축제의 사례

2018년에 26회째 계속되고 있는 있는 연천 전곡리구석기축제는 유적축제와 고고유산체험 교육이라는 주제와 관련해서 고고유적의 보존과 활용에 축제가 어떤 기여를 할 수 있는지에 대한 좋은 사례라고 생각되어 연천전곡리구석기축제의 탄생과정과 성과에 대해 간략히 소개하고자 한다.

전곡리 구석기유적은 1978년 동두천에서 주둔하던 미군병사 그렉보웬에 의해 처음 발견되어 김원용교수와 정영화교수 등에 의해 국내 및 국제 학계에 보고되었다. 동아시아 최초로 아슐리안형 주먹도끼가 출토된 곳으로 유명한 전곡리 구석기 유적은 1979년부터 현재까지 약 20여 차례의 발굴조사가 실시되었으며 그간의 연구성과는 소위 세계구석기문화 이원론의 학설을 다시 생각하게 하는 결정적인 계기가 될 정도로 세계구석기연구사에 있어 매우 중요한 유적으로 평가받고 있다.

아슐리안형 주먹도끼는 타원형으로 전면을 가공하여 다듬은 전형적인 구석기 주먹도끼 공작을 지칭하는 학술용어로, 프랑스의 아슐(st. Acheul) 지방의 유적에서 유래되었다. 아슐리안형 주먹도끼를 제작하는 공정상의 특징은 박리과정을 충분히 예측하면서 작업한다는 점이다. 최초의 원석에서부터 최종 단계의 완성품을 염두에 두고 박리 작업을 진행한다는 점에서 고인류의 깊은 이해와 예측 능력등을 알 수 있다. 인류의 사고 진화 연구에 중요한 자료가 아슐리안형 주먹도끼인 것이다.

이러한 아슐리안형 주먹도끼들은 인도를 기준으로 서쪽 다시말해 서양에만 존재한다고 알려졌었는데 우리나라의 전곡리에서 서구의 아슐리안과 비교될 만한 아슐리안형 주먹도끼들이 발견됨으로 인해 동아시아에서도 아슐리안형 석기들이 존재한다는 것이 알려지게 되었다. 하지만 한편으로는 이러한 석기

공작이 진정으로 아프리카나 유럽의 것들과 같은 종류로 볼 수 있는가에 대한 논쟁이 지속적으로 있었다. 그래서 90년대 초에는 세계구석기계통론이 인류진화학설과 합쳐져서 논쟁이 더욱 확산되었다. 전곡리에서 발견된 아슐리안형 주먹도끼가 세계구석기 연구에 중요한 자료를 제공하게 되었던 것이다.

하지만 이러한 전곡리 유적의 명성과 중요성에 걸맞지 않게 유적에 대한 본격적인 관심이 생긴것은 불과 최근의 일이다. 1979년부터 1983년 까지 집중적으로 발굴조사가 실시되면서 세간의 관심을 끌었지만 휴전선 인근에 위치한 지리적인 여건등 여러가지 이유로 인하여 1983년까지의 발굴조사 이후에는 거의 10여년간 완전히 잊혀지다시피 방치되었던 시절도 있었던 것이다. 하지만 유적의 최초 발굴조사를 담당하였고 미국에서 체계적으로 구석기를 공부하고 돌아온 배기동 교수가 한양대학교 문화인류학과에 부임한 이후 1992년부터 약 10여년간의 동면을 깨고 전곡리유적에 대한 새로운 발굴조사가 시작되었으며 이와 동시에 일반대중들에게 전곡리유적의 중요성을 일깨우고자 하는 선구적인 노력이 시작되었다.

유적의 최초 발굴당시 박정희 대통령의 격려금으로 세웠었던 발굴현장사무실을 개조하여 1993년 전곡구석기유적관이라는 간판을 내걸고 작은 전시관을 개관하였으며 이 전시관의 개관을 기념하여 일반인들에게 구석기와 전곡선사유적을 소개하기 위하여 석기를 제작하고 돼지도살을 통해 이를 사용해 보는 고고학체험학습을 주제로 한 구석기축제를 시작하게 되었던 것이다. 이후 다양한 고고학체험학습을 주제로 하여 일반인들의 전폭적인 관심을 끌게된 전곡구석기축제는 해를 더하면서 내실있는 구석기축제로 발전하게 되었고 오늘날의 전곡선사유적으로 자리잡을 수 있었다. 이렇듯 전곡구석기축제는 전곡선사유적이 현재와 같은 모습으로 보존될 수 있는데 매우 중요한 역할을 하였다고 할 수 있는데 그 내면에는 많은 사람들에게 고고학에 대한 흥미와 구석기유적에 대한 이해를 불러일으킨 다양한 고고학체험학습이 있었다고 할 수 있다. 사실 전곡리유적을 무대로 한 구석기축제가 요즈음 박물관 전시와 교육프로그램의 화두인 체험학습, 체험전시 그리고 대중고고학 운동의 효시라고 해도 과언은 아닐 것이다.

한편 전곡선사유적의 보존과 활용을 위한 학계의 부단한 노력과 많은 이들의 관심이 모아져서 2000년대에 들어서면서 전곡선사박물관의 건립을 위한 첫걸음이 내딛어 졌는데 실로 유적 발견 20여년 만의 일이었다.

유적에 대한 발굴조사 성과가 쌓여감과 동시에 연천구석기축제의 성공적인 개최가 지속되면서 전곡선사박물관의 건립이 필요하다는 점이 폭넓은 공감대를 얻게 되어 박물관 설립에 대한 타당성 검토등의 관련 사업이 시작되었으며 마침내 2009년 3월 23일 전곡선사박물관 기공식이 있었으며 2011년 4월25일 전곡선사박물관이 개관하게 되었다. 전곡선사박물관의 건립까지는 유적발견 이후 30여년을 넘는 긴 시간이 소요되었던 것이다. 전곡선사박물관의 사례가 주는 교훈은 결국 대중의 관심을 받는 유적이 잘 보존되고 활용될 수 있다는 점이다. 또한 대중의 관심과 사랑을 받기 위해 고고학자들이 어떤 노력을 해야 하는 지에 대해서도 생각해 보게 해준다.

연천 전곡리구석기 축제는 유적에서 펼쳐지는 축제와 축제에서 행해지는 고고유산 체험교육이 유적의 보존과 활용에 어떤 역할을 할 수 있는지를 잘 보여주고 있는 사례라고 할 수 있을 것이다.

4. 유적축제와 고고유산 체험교육에 대한 몇가지 제언

위에서도 지적했지만 우리나라에서는 일 년에 수천 건에 달하는 고고학 발굴이 진행되고 있으며 고고학 발굴을 직접적인 직업의 수단으로 삼는 종사자 역시 수천 명에 달한다. 하지만 서구 및 일본 등의 사례를 비춰볼 때 고고유산의 발굴은 마치 제한된 지하자원을 채굴하는 것과 같이 한정된 자원이라고 할 수 있다. 고고학은 발굴할 유적 혹은 발굴한 유적이 남아 있어야만 그 존재 의미가 있는 학문이라는 데는 큰 반론이 없을 것이라고 생각한다. 이런 관점에서 오늘날 강조되고 있는 체험교육의 일환으로서 고고유적에서 벌어지는 축제는 많은 시사점을 던져주고 있다고 하겠다. 우선 고고학을 주제로 하는 축제의 수가 아직까지도 매우 적다는 점을 지적할 수 있을 것이다. 이와 같은 현실은 반대로 앞으로 유적을 활용하는 축제분야에 고고학 전문가가 참여할 기회가 많아질 수 있다는 점도 동시에 시사하고 있다고 하겠다. 기존의 축제 전문가, 이벤트 전문가들 뿐만 아니라 고고학 전문가들이 고고유산을 주제로 하는 축제의 개발과 운영에 직접 참여하는 기회가 늘어나야 할 것이다. 이를 위해서는 기존의 일반적인 축제와는 차별화되는 전략의 수립이 필요할 것이다. 이 전략 수립의 과정은 아마도 대중고고학이라고 새롭게 시도되는 고고학운동의 한 방향이 우리 사회에 어떻게 자리잡을 수 있을까? 하는 질문에 어느 정도는 해답을 제시해 줄 수도 있을 것이라고 기대된다.

고고유산 체험축제 중 역사가 가장 오래된 연천전곡리구석기 축제 역시 조금 관심 있는 수준의 눈높이에서 보면 유적의 본질적인 가치가 제대로 반영되지 않은 정체성이 모호한 일반적인 지역축제로 비치는 형편이다. 유적의 본질적인 가치를 기반으로 유적의 현장성 보존이라는 확고한 원칙하에 고고학 전문가가 기획과 운영에 참여하는 다양한 형태의 축제가 발굴된 여러 고고유적에서 운영되고 이를 통해 일반 대중의 유적에 대한 일반상식이 높아질 때 문화유적의 보존과 활용이라는 이 시대의 당면과제에 대한 하나의 해결책이 제시될 수 있을 것으로 기대된다.

결론적으로 향후 고고유적 체험교육이 주제가 되는 유적 축제를 개발·보급·운영하는데 고고학 전문가의 참여가 필수적이며 이런 과정을 통해 유적의 원형보존이라는 절대가치를 지키고 궁극적으로 유적의 보존과 활용이라는 이 시대가 고고학계에 던지는 숙제에 대한 해답을 제시해 줄 수 있을 것으로 기대하며 이는 오늘의 고고학자들이 감당해야 할 사회적 책무라고 생각한다.

[참고문헌]

기로용·한상우 2011, 지방정부 문화관광축제 방문객 특성의 만족도 및 소비지출 영향분석 : 연천전
      곡리 구석기축제를 중심으로, 지방정부연구 15권 1호, 한국지방정부학회.

김기룡·신동욱 2014, 고고유산 보존을 위한 체험교육의 활용 방안 – 선사시대 유적축제를 중심으
      로–, 박물관교육연구 제12권.한국박물관교육학회.

김병섭 2013, 문화재활용 정책네트워크 비교분석 – 연천군의 연천전곡리구석기축제와 화순군의 화
      순고인돌축제를 중심으로, 도시정책연구 4권,1호, 도시정책학회.

김형우 2010, 문화재활용축제의 효과에 대한 지역공무원의 인식에 관한 연구, 배재대학교 관광축제
      호텔대학원 석사학위논문.

김효진 2004, 축제가 지역주민의 애향심에 미치는 영향에 관한 연구 : 연천군 구석기 축제를 중심
      으로, 경희대학교 석사논문.

남윤희 2005, 체험프로그램이 축제만족에 미치는 영향 : 연천구석기 축제를 중심으로,경희대학교
      대학원 석사논문.

박상현 2007, 역사체험축제의 중요도–실행도 분석에 관한 연구 : 연천 구석기축제를 중심으로,한국
      콘텐츠학회 논문지 7권,10호, 한국콘텐츠학회.

박의서 2004, 강화고인돌 문화축제의 사회문화적 영향 평가, 복지행정연구 20권, 안양대학교 복지
      행정연구소.

배기동 2006, 유적보존과 활용 수단으로서 유적문화축제 : 전곡구석기문화축제의 예, 박물관학보
      11권, 한국박물관학회.

_____ 2017, 전곡구석기유적과 축제, 학연문화사.

서순복 2010, 문화자본으로서 고인돌유적지의 가치평가와 지역문화정책적 함의에 관한 연구, 한국
      행정논집 제22권 제2호, 한국정부학회.

서현숙 2009, 축제가 지역주민의 삶의 질에 미치는 영향 연구 : 연천전곡리 구석기축제를 대상으
      로, 경희대학교 대학원 석사논문.

윤성진·김경수 2017, 축제평가와 축제프로그램의 테마 연관도 분석 : 서울시 자치구 대표축제를 중심으로, 한국콘텐츠학회논문지 제17권 제3호, 한국콘텐츠학회.

이석주 2007, 문화관광축제의 가치가 방문객의 만족도 및 재방문에 미치는 영향 : 제14회 연천 전곡리 구석기축제를 중심으로, 경희대학교 관광대학원 석사논문.

이승권 2009, 선사문화축제 콘텐츠와 거석 : 프랑스와 한국의 선사문화축제를 중심으로, 한국프랑스학논집 제66집, 한국프랑스학회.

이장섭 2009, 문화마케팅 분석을 통해 본 전곡구석기축제, 아시아문화연구 16권, 가천대학교 아시아문화연구소.

이혁진·최화열 2009, 한성백제문화제의 관광 특성에 관한 탐색적 고찰, 한국사진지리학회지 19권 1호, 한국사진지리학회.

정원기 2011, 문화유산을 활용한 지역축제 활성화 연구, 목포대학교 석사학위논문.

조혜원 2008, 축제 유형화 및 활성화 전략, 이화여자대학교 디자인대학원 석사논문.

한국 대중고고학 개론
Introduction of Korean Public Archaeology

사회교육 프로그램으로서의 문화유산 답사와 대중 고고학 :

충남대학교 박물관 대학의 사례 연구

유용욱(충남대학교 고고학과) · 이효중(충남대학교 박물관)

1. 서언

오늘날 우리들은 과거 아주 먼 옛날부터 현재에 이르기까지의 삶의 모습과, 이걸 이끌어 온 수많은 선택 과정들을 고고학 유적과 유물 및 역사 기록을 통해 추정할 수 있다. 현대인들은 과거인들의 생활 모습을 통해 그에 따른 결과를 교훈으로 삼아 미래를 설계하기도 한다. 역사적 기록은 때로는 시대별로 고유한 사관에 의해 왜곡이나 수정되기도 하고, 과거의 역사적 평가가 오늘날에 와서는 전혀 다르게 평가받기도 한다. 현대에 우리는 역사의 한 부분으로서 후대에 기록되고 조사될 또 다른 고고학적 기록을 남기고 있다. 이는 마찬가지로 후손들의 삶의 밑거름이 될 것이다. 따라서 하루하루 살아가는 모습에 최선을 다하며 우리 역사를 채워가는 것 또한, 보다 나은 세계를 지향하는 인간의 성찰적 면모에 있어서 상당히 중요한 문제이다.

하지만 이런 역사적 인식과 이를 위해 필요한 성찰적 태도는 정규 교육만으로 채워지지는 않는 것 같다. 현재 정규 교육과정, 심지어는 고등교육까지 마친 성인들 중 고고학적 지식과 역사에 대한 인식을 건전한 수준으로 갖춘 교양인은 수적으로 많이 부족한 것이 사실이다. 그 대신 역사 전문가들 중 마치 연예인과 같은 가벼운 소통 방식을 가진 전문 강사들이 대중 매체를 통해서 추종되고 우상화 되면서 소위 '셀럽(celeb)'이 될 정도로 경박한 풍토가 조성되고 있다. 또한 자민족 중심의 팽창주의적 역사관이 저열한 애국심에 의존하면서 역사적 사실을 왜곡하는 파퓰리즘(populism)이 정계를 중심으로 부상한 적도 있다. 교육의 대상인 학생들은 이러한 왜곡된 사실들을 시험에 나온다는 이유만으로 암기하고 문제 풀이에만 적용하는데 그치는 교육을 받고 있다. 이는 과거의 역사교육이 오직 시험을 위한 단순 암기교육에 그쳤기 때문이다. 그리고 이는 시험 합격을 통한 상급 학교 진학, 상급 학교 졸업을 통한 사회적 출세라는 연쇄반응의 시초 단계라는 단순 논리의 결과이다. 따라서 이런 사회 분위기에서 역사는 어렵고 알지 못해도 상관없는 것이라 치부되어 왔고, 사회적 출세만을 위한 문제 풀이용 암기 과목 수준으로 머무는 상황이 발생했다.

그렇기 때문에 평생 교육, 특히 생업에서 비교적 자유롭고 삶의 식견을 갖추면서 보다 더 가치 있는 콘텐츠를 추구하는 시니어들의 취향을 만족시키는 사회 교육의 역할은 더욱 증대되고 있다. 더욱이 고령화 시대를 현실로 받아들이는 작금에 사회적 은퇴를 인생의 종결보다는 새로운 인생의 시작으로 생각하는 성숙한 사회 분위기가 무르익고 있다. 이런 분위기에서 지금까지 주입식, 암기식 교육으로만 이해하던 역사 및 고고학 콘텐츠를 보다 열린 마음으로 접할 수 있는 여건이 자연스럽게 조성된다. 따라서 소중한 우리 문화유산을 바탕으로 우리 역사에 대해 좀 더 쉽고 친숙하게 접근할 수 있으며, 역사 속 우리 조상들의 삶과 자신의 삶을 뒤돌아 볼 수 있는 답사 형태의 교육이 대중에게 더욱 효율적인 수단으로 등장하고 있다.

문화유산은 우리 조상들이 살아온 삶의 시간을 담고 있는 소중한 자원이자 지식의 보유물이다. 지금까지 대중들은 역사를 공부함에 있어 문화유산 답사를 나름 중요하게 생각해 왔다. 그러나 문화유산 답사는 일반 대중들에게 문화유산이란 단지 소중하기 때문에 지키고 보존해야 한다는 수준의 자명한 진리만 깨우쳐 주는 것으로 만족해 왔다. 따라서 기존의 형식적인 답사에서 벗어나 사람들에게 스스로 문제를 설정하고 해결해야 하며, 그 가운데서 역사적 지식을 담아 갈 수 있는 그런 답사를 설계하고 적용하고자 한다. 단순히 과거에 일어났던 사실을 많이 알고 있는 것이 중요한 것이 아니라, 대중들 개인의 고고학적·역사적 관점이 중요하기 때문이다. 아무리 과거에 일어났던 사실을 많이 알고 있다 하더라도 스스로의 관점 혹은 역사의식이 없으면 그것은 자신의 역사가 아니며 타인의 역사이고 그저 타인에 의해 만들어 지는 역사의 변두리에 머무를 수밖에 없다.

답사를 활용한 역사학습은 전혀 새로운 것은 아니다. 실제 문화유산 현장을 찾아가 역사적 사실을 마주하며 토론하는 과정을 중시하는 답사활동은 아주 오래된 학습 방법 중의 하나이며 그 효과도 크다. 하지만 대중들이 접하는 답사는 관광 이벤트성 행사가 대부분이기에 진정한 의미의 답사라고 부르기에는 무리가 있다. 본 글의 주목적은 대중들에게 고고학적인 지식을 스스로 생각하고 이해시키기 위함이다. 그리고 이러한 사실을 바탕으로 본 글에서 의도하는 바는 다음과 같다.

  1) 고고학이라는 학문적인 인식이 대중에게 어떻게 알려져 있는지를 살펴보고 문

화유산 답사를 토대로 고고학이 친숙해 짐으로써 관심과 흥미가 높아지게 된다.

2) 문화유산 답사를 토대로 고고학적 사고력을 신장시키고 나아가 역사의식 혹
   은 관점을 갖게 한다.

이러한 목적의 사례 고찰로서 충남대학교 박물관이 2017년 수행한 박물관
대학 프로그램의 답사 설문조사 결과를 통해 상기한 두 목적과 부합하는 답을
얻고자 하였다. 물론 한정된 장소와 연령대가 뚜렷하고 양적으로 한정되어 있
는 박물관대학 수강생들만을 대상으로 했기에 보편적인 결과로 받아들이기는
어렵다. 하지만 본 글에서 제시하는 결과를 토대로 앞으로 문화 유적 답사가
고고학의 대중화에 어떤 효과를 보이는 지에 대하여 의미 있는 시사점을 제공
해 줄 것으로 기대된다.

2. 박물관의 사회 교육과 문화유산 답사 프로그램

2.1 사회교육의 목적과 특징

학교를 중심으로 발전해 온 교육은 제도권에서 수행되는 행정력 등의 한계
로 인하여 20세기 중반 부터 그 목표와 양상이 변화되기 시작하였다. 즉 현대
교육의 방향과 목표를 학교 교육이 아닌 사회 교육을 통하여 찾으려는 경향이
세계적인 추세가 되었다(김은진 1997). 사회교육(Social Education)이란 일반적으
로 '제도교육 이외의 모든 유사 교육활동과 문화 활동'을 총칭하며 근대 이후
행정용으로 사용된 이후 정착된 용어이다(황종건 1995).

사회교육에서 영향력이 큰 유네스코(UNESCO;국제교육문화기구)는 사회교육
의 개념을 성인교육(Adult Education)으로 보았다. 유네스코는 성인교육에 대한

개념 정의를 1976년 제19차 총회에서 채택한 '성인 교육 발전을 위한 건의'에서 '모든 성인으로 하여금 그들의 능력을 개발하고, 지식을 향상시키며, 직업적 또는 기술적 자질을 개선함으로써 개인의 원만한 발전과 조화로운 경제사회문화적 발전을 가져오는 데 있어 그들의 태도나 행동에 변화를 가져오는 모든 조직적인 교육활동을 의미한다'라고 정의하였다(정지웅·김진화 1986).

이러한 사회교육은 19세기 후반 독일의 철학자인 나토르프(Paul Natorp)가 「교육입국론」에서 '인간의 이성이 의지와 욕구를 통제하듯이 사회는 교육에 의해 경제와 정치가 통제되어야 한다'라고 주장한 바에 큰 의미를 두고 있다. 즉 당시 통일과 더불어 새로운 유럽의 국가로 탄생한 독일은 이성적 사고에 기반하여 전 국민이 건전한 교육을 통해 이상적 공동사회를 건설해야 한다는 당위적 명제이다. 20세기 들어서 미국의 듀이(John Dewey)는 '교육은 생활이며 생활하는 곳은 어디나 교육의 장이 될 수 있다'고 하였다. 그의 뒤를 이어 린데만(E. C. Lindeman)은 학습자의 필요와 관심, 삶의 현장 경험, 자아개념, 개인차 등의 개념을 보다 구체적이고 체계화하여 성인교육의 학습적 체계를 마련하기도 하였다.

대한민국은 1980년도 5공화국 출범과 더불어 제8차 개헌을 통해 공포된 헌법 제 29조 제 5항에서 '국가는 평생교육을 진흥해야 한다'라고 규정하였다. 1982년에 제정된 사회교육법 제 1조에서는 "모든 국민에게 평생을 통한 사회교육의 기회를 부여하여 국민의 자질을 향상케 함으로서 국가사회의 발전에 기여함을 목적으로 한다."고 규정하였다. 즉 기존 학교 교육의 모순에 대한 근본적인 개혁적 대항마로서 평생교육이란 용어가 본격적으로 제시되었던 것이다(황종건 1992). 이를 통해 국내 여러 관련 학자들은 사회교육을 청소년성인 등의 대상으로 국한하고, 재학생들은 학교 정규 교육과정을 제외한 학교 내의 다양한 특별 활동 등을 사회교육활동에 포함시키는 경향을 갖게 되었다. 여기서 알 수 있듯이 대한민국에서 사회교육이라고 하면 학교 바깥의 교육을 포함하는데, 2000년대 들어서 급증한 소위 사교육의 경우는 여기에 포함되지 않는다. 즉 교육부 및 관료 체제로 정착 된 정규 학업 과정 이외의 여가 및 기타 학교에서 다루지 않는 비정규 과정(extracurriculum)을 다양한 방법으로 교육하는 것이라 볼 수 있다. 물론 이러한 사회교육은 취학 대상 연령층을 포함하기도 하지만 보편적으로 볼 때 정규 교육을 필하고 자신의 자유 의지에 따라서 비정규 과정을 선택적으로 받아들이는 것을 전제로 한다. 그렇기 때문에 교육부나 교육청과 같은 제도의 관리나 감독에서 어느 정도 자유롭기 때문에 자율성과 동시에 비교육적으로 일탈할 수도 있는 위험성을 내포하고 있기도 하다.

이상에서 살펴 본 사회교육에 대한 정의를 다시 정리하면 '정규 성인 영역을 주로 하고, 그 외 청소년과 성인을 대상으로 해서 조직적으로 전개되는 평생 교육 성격의 자발적 자기개발 활동'이라 할 수 있다. 이러한 사회교육 기관은 여러 종류가 있지만 본 글에서는 대중고고학과 가장 밀접한 관련이 있는 박물관을 중심으로 살펴본다. 박물관 사회교육 제도의 기원은 박물관(Museum)의 어원인 '문학 및 예술의 여신(Muse)에게 바쳐진 장소인 동시에 학문을 배우고 연구하는 장소'에서 추론하여 볼 수 있다(이난영 1972). 박물관 사회교육은 18세기 프랑스의 루브르박물관이 시민에게 개방되면서부터 두드러지기 시작하였다. 영국에서는 1845년 박물관령(Museum Act of 1845)을 공포하여 '박물관은 수집, 보존, 연구, 전시의 단순한 목적에서 탈피하여 사회교육의 역할을 해야 하는 시민의 교육장소'라고 명기하는 등으로 박물관 교육기능을 점차 강화해 왔다. 1946년에 국제박물관협의회(ICOM; International Council of Museums; UNESCO 산하 비정부단체)가 창설되었다. 박물관 정의[1] 중에 사회 교

---

1   박물관은 연구와 교육 향수의 목적을 위해서 인간과 인간환경의 물질적인 증거를 수
    집 보존 연구 전달 전시하며 사회와 사회의 발전에 봉사하고 대중에게 공개되는 비

육 기능을 명시함으로써 박물관사회교육은 그 개념을 확고히 하게 되었으며 1989년 ICOM회의 박물관 정의에서 그 교육기능이 강화되었다.

이런 추세에 따라 모스트니(Grete Mostny)는 박물관이 지역 사회에서 전시를 통하여 문화 및 사회적 문제를 대중이 깨우치도록 유도해야 한다고 주장하였다. 그리고 일본의 倉田公裕는 '박물관은 박물관 활동을 하는 주체이며, 사회의 교육기능을 수행하기 위하여 수집 보존, 조사 연구 활동, 전시를 중심으로 한 교육보급 활동의 세 가지 기능을 가지고 있다는 전제로 교육기능을 상위 개념으로 부여하고, 이 기능을 수행하는 것이 박물관의 사회에 대한 역할'이라고 하였다. 박물관이 시대의 다양한 요구에 맞춘 문화 교육 기지로서의 역할을 수행하는데 많은 논의가 있지만, 오늘날 박물관은 '사회교육 기관으로서 반드시 그 기본 역할이 있으며, 사회교육의 다양한 학습요구에 맞춰 다양한 기회를 제공해야 할 평생교육의 장'이란 사실은 분명하다.

2.2 사회교육으로서의 문화유산 답사

박물관에서 사회교육이 추구하는 바를 달성하기 위해 그동안 다양한 수업 방식과 활동이 이루어져 왔다. 그 중 문화유산을 대상으로 한 답사 활동은 아주 오랜 옛날부터 존재하던 것이다. 이는 역사현장을 직접 방문하고 견학함으로써 보다 심도 있고 체계적인 학습을 가능하게 하는 활동이다. 그러나 답사 활동을 실행하기 위해서는 많은 준비와 노력이 요구되기에 그리 쉽게 할 수 있는 활동은 아니다. 따라서 사회교육 프로그램의 실정에 맞는 답사활동을 고안하여 소기의 목적하는 바를 달성하기 위해서는 먼저 문화유산 답사가 가지고 있는 교육적 의미를 살펴 볼 필요가 있다.

영리적이고 항구적인 기관이다.'박물관, 미술관의 정의, ICOM(Conseil International des Musees), Paris, UNESCO, 1956

문화유산하면 떠오르는 이미지는 무엇일까? 기본적인 공교육을 받은 평범한 사람들이라면 아마도 유적지, 무형문화유산과 유형문화유산, 국보 1호 남대문, 소중히 간직하고 보존해야 할 문화유산 이 정도가 아닐까 싶다. 이러한 생각들은 문화유산을 단순히 문화유산으로만 보기 때문에 그 문화유산이 가지고 있는 맥락적, 총체적 상황을 정확하게 파악하지 못하게 하는 요인들이 된다. 즉 가장 대표적이고 현시적인 측면만을 강조하다보면 본질주의적인 시각만 강조되서 정작 중요한 것이 무엇인지는 등한시하는 환원주의의 오류가 발생한다. 다시 말해 문화유산이 가지고 있는 의미 보다는 문화유산의 겉모습 및 환금적 가치만을, 문화유산 창조의 배경과 변천 보다는 국보 몇 호, 보물 몇 호, 사적 번호 몇 번과 같은 문화유산 자체의 액면 지식만을 강조한 공교육의 폐단과도 맞물려 있다.

문화유산은 조상들이 이룩해 놓은 창조적인 가치인 동시에 오늘날에도 눈으로 보고, 귀로 들을 수 있는 역사적 산물이다. 문화유산을 넓은 의미로 보면 눈에 보이는 물질적인 표현뿐만 아니라 구전, 음악, 인종학적인 유산, 민속, 법, 습관, 생활양식 등 인종적 또는 국민적인 체질의 본질을 표현하는 모든 것을 포괄한다. 문화유산 교육은 일반적으로 문화유산을 소재로 하여 그

---

2 우리나라 문화유산 보호법 제2조 1항에는 문화유산를 크게 유형 문화유산, 무형 문화유산, 기념물, 민속자료의 네 개 유형으로 분류하고 있다. 첫째, 유형 문화유산은 건조물, 서적, 고문서, 회화, 조각 등 유형의 문화적 소산으로...(이하 생략) 둘째, 무형 문화유산은 연극, 음악, 놀이, 의식, 공예기술 등 무형의 문화적 소산으로...(이하 생략) 셋째, 기념물은 절터, 옛무덤, 조개 무덤, 성터, 궁터, 가마터, 유물포함층 등의 사적지(史蹟地)와 특별히 기념이 될 만한 시설물로서 역사적·학술적 가치가... (이하 생략) 넷째, 민속자료는 의식주, 생업, 신앙, 연중행사 등에 관한 풍속이나 관습과 이에 사용되는 의복, 기구, 가옥 등으로서... (이하 생략) 본 연구는 문화유산을 소재로 한 답사활동에 초점을 맞추고 있다. 따라서 본 연구에서 문화유산이라는 개념은 주로 기념물적인 개념에 국한된 소극적 의미로 사용되었다.

문화유산이 가지고 있는 가치와 의미를 총괄적으로 이해하는 것을 뜻한다. 즉, 문화유산 자체의 소극적 이해보다는 문화유산을 매개체로 해서 학생 스스로의 체험과 활동을 통해 기본적인 지식과 기능을 습득하고, 문화유산이 담고 있는 총체적 의미를 이해하는 보다 적극적인 이해를 이끌어 내는 작용으로 말할 수 있다. 그러나 지금까지 사회교육에서 문화유산교육은 단순히 지식을 알고, 관련된 시대를 이해하는 것을 중요하게 여겨 왔다. 따라서 문화유산교육은 편년적인 흐름만이 강조되어 딱딱하고 흥미 없는 방식으로만 진행된 감이 없지 않으며 결국 문화유산에 대한 학생들의 자발적인 참여 의지를 자극할 수 없었다.

최근 사회교육 프로그램들은 이런 문화유산 학습의 문제점을 인지하고 이를 타파하기 위한 시도를 하고 있다. 대표적인 학습 방법은 답사를 통한 교육이다. 답사활동은 역사 교육에서 오랜 시간동안 행해져 온 활동으로 고고학의 대중화를 끌어내기에 좋은 활동이라 생각된다. 답사활동은 단순히 교육을 실내에서 실외로 옮기는 행위가 아니다. 이런 문화유산 답사 활동의 장점을 몇 가지 열거하면 다음과 같다.

첫째, 문화유산을 직접 보고 견학하는 활동을 함으로써, 역사에 대한 관심과 흥미, 역사적 상상력을 사실적인 수준으로 향상시킬 수 있다.

둘째, 문화유산을 통한 스스로의 문제 제기, 자료 수집, 추론, 해석하는 가운데 역사적 사고력을 신장시킬 수 있으며, 더 나아가 스스로의 역사 의식 함양에 도움을 줄 수 있다.

셋째, 실증적 자료를 사용함으로써, 문자와 사진으로만 채워지는 평면적 교과서를 떠나 입체적인 역사 경험을 주어 심도 있는 역사 이해를 돕는다.

넷째, 아름답고 소중한 우리 문화유산에 대한 인식을 재고하여, 올바른 역사 가치관과 태도를 갖추도록 하는데 도움을 준다.

그러나 이러한 장점에도 불구하고 일반인들이 박물관을 한 번 다녀왔다고 해서, 또는 지역의 유적지를 방문했다고 해서 당장 눈에 보이는 커다란 이익을 얻는 것은 아니다. 하루아침에 역사의식이 생기는 것도 아니고 시민의식이 성숙해지는 것도 아니다. 따라서 답사 지도 방안을 잘 구안하여 실행해야 할 것이다. 답사의 방법적 원리를 고려하여 여러 연구자들의 각종 답사 지도 절차를 간단히 살펴보면 다음과 같다.

〈표 1〉 여러 연구자들의 답사 및 체험학습 지도 절차

권이종(1996)	① 실행계획단계		② 사전지도단계	③ 현장활동단계	④ 사후활동단계
강성혜(1997)	① 현장프로그램만들기		② 현장지도학습		③ 사후정리
김용신(2000)	① 문제제기	② 사전활동	③ 현장활동	④ 사후활동	⑤ 적용 및 평가
전건용(2001)	① 장소선정 및 자료개발 준비	② 사전 교수학습	③ 현장답사		④ 평가
김홍성(2004)	① 준비계획		② 사전지도	③ 현장활동	④ 사후활동
김 솔(2007)	① 사전학습		② 체험학습		③ 사후학습

연구자마다 약간의 차이는 있으나 대체로 '사전활동➡학습활동➡사후활동'이라는 3단계의 큰 골격을 보이고 있다. 각 단계에서의 지도 및 활동 내용 또한 대동소이하다. 일반적으로 답사활동을 포함한 현장체험 학습의 단계를 '사전활동➡학습활동➡사후활동'이라고 볼 때 각 단계의 내용을 제시하면 대략 다음과 같다. 사전활동은 활동을 전체적으로 준비하는 단계로써 학습의 주제가 제시되고, 활동장소의 선정이 이루어진다. 또한 상황에 따라 소집단이 구성되며, 문화유산에 대한 사전 조사 활동이 이루어진다. 학습활동 단계에서는 학습 그룹별 혹은 개인별 탐구활동이 이루어진다. 이 과정에는 주제발표, 조사관찰, 사진, 동영상 촬영, 사전 과제 해결 등 다양한 활동이 이루어질 수 있

다. 상황에 따라 현장 안내 가이드의 도움을 적절하게 받을 수도 있을 것이다. 마지막 사후활동 단계에서는 활동을 마무리하는 과정으로써 관찰 조사한 내용을 정리한다. 주요 활동으로는 정리한 내용을 바탕으로 체험학습 보고서 혹은 답사기록문 등을 작성할 수 있으며, 정리된 결과물을 발표하거나 인터넷에 탑재하는 활동을 할 수도 있다. 그 밖에 기존 보고서의 평가, 자신만의 소감문 작성 등 답사 활동의 전반적인 평가과정이 포함된다.

3. 충남대학교 박물관의 답사 교육 고찰

3.1 충남대학교 박물관대학 답사의 구성

이상의 내용을 종합하여 충남대학교 박물관 대학의 문화유산 답사활동 기본 지도 틀을 다음과 같이 고안할 수 있다. 지도 틀의 단계는 ① 답사 전 활동 ② 답사 도중 활동 ③ 답사 후 활동으로 구성된다. 각 활동 단계에 따른 과정 및 내용을 살펴보면, 답사 전 활동에서는 답사활동의 효과적 추진을 위한 준비단계로 장소 선정 및 자료 개발, 사전 탐구 과제 제시 등의 활동이 진행된다. 충남대학교 박물관에서는 2017년도의 박물관 대학 행사를 진행하면서 총 5번의 국내 문화유적 답사를 실시하였다. 답사지 선정은 비교를 위해 고고학 유적과 역사 유적, 박물관 등을 섞어서 배치하였다. 답사를 진행하기 전에는 관련 주제에 관한 답사 전 활동을 진행하여 답사지를 작성하였고, 답사지에 따른 답사계획을 충실히 짜려고 노력하였다. 또 설문지와 질의응답을 통해 답사 참가자들이 생각하고 느끼는 바를 자유롭게 이야기하도록 하였다.

실제 답사 장소를 방문할 때에는 각종 안전사고 예방 및 기초 견학 질서에 유의하여 진행하였다. 몇몇 문화유산의 경우 해설사가 있는 경우도 있는데 미리 체크해 답사 활동을 진행하였다. 답사 활동은 크게 해설사의 설명과 충남

〈표 2〉 1차 답사 답사 지도안의 사례(창원 성산패총)

답사지	창원 성산패총	대상	성인	시기	2017.3.29.
분 류	선사유적	관련시대	원삼국		
답사주제	고고학자들이 과거생활 복원하는 방법에 대해 알아보자				
답사목표	고고학자의 역할의 이해				

① 답사 전 활동

단계	활동 내용	자료 및 유의점
도입	◦ 답사 주제 선정	• 답사지 작성 • 답사 준비물 확인
전개	◦ 답사 주제에 따른 문화유산 선정	
정리	◦ 답사 시 주의해야 할 점 알아보기	

② 답사 중 활동

단계	활동내용	자료 및 유의점
도입	◦ 인원 점검 및 출발(버스 약3시간) ◦ 유인물 배포	• 간단한 안전교육 실시 • 버스기사에게 운전 유의사항 전달
전개	◦ 문화유적 해설사의 해설 듣기 　- 패총의 형성과정 　- 패총의 발견 및 복원과정 　- 패총에서 출토되는 유물 및 유기물 ◦ 개인별 질의응답 ◦ 자유 관람	• 정해진 시간을 준수하도록 교육 • 사진 및 동영상 촬영 시 유의사항 안내
정리	◦ 인솔자의 보충지도 　- 고고학자들이 과거를 복원하는 방법	• 답사 주제를 정확히 인식하도록 지도

③ 답사 후 활동

단계	활동내용	자료 및 유의점
도입	◦ 답사 사진 및 동영상 감상 ◦ 느낀 점 말해보기	• 촬영 동영상, 사진
전개	◦ 패총을 점유하던 사람들의 생활 모습 상상해서 설문지 작성 ◦ 답사 만족도 설문지 작성	• 생활모습 작성 시 형식에 구애받지 않도록 한다.
정리	◦ 설문 결과 정리	

대학교 박물관 직원의 부연 설명, 그리고 수강생들의 질문으로 구성된다. 특히 문화유산 해설사는 해당 문화유산을 충실히 공부한 상태이기 때문에 일반인들을 상대로 보다 대중적인 설명을 진행하는데 큰 비중을 차지하고 있다. 해당 지역 내에서의 답사가 끝나면 관련 내용을 다시 정리 설명해 주고, 그에 따른 질의응답 시간을 가지고 참가 인원이 개별적으로 설문지를 작성하면서 답사를 마무리한다. 실제 답사가 종료된 이후는 답사 중간에 촬영한 사진과 동영상을 정리해야 한다. 이러한 1차 자료들은 차후 해당 답사지의 충실한 기록이자 동시에 수강생들의 반응 및 당시 상황을 복기하는데 효과적으로 사용할 수 있기 때문에 특별히 꼼꼼히 점검할 필요가 있다. 이상의 과정을 근거로 해서 2017년 동안 충남대학교 박물관이 수행한 박물관대학 답사 중 경남 창원 지역 답사의 여정을 정리하면 〈표 2〉와 같다.

3.2 답사 결과 평가 및 사례 검토

문화유산 답사는 사전수업과 답사활동 그리고 사후수업으로 구분할 수 있다. 사후수업이 끝나면 설문 조사와 질의응답을 작성하게 된다. 이 설문조사 자료는 답사 참가자들의 답사에 대한 느낌 및 문화유산에 대한 생각의 변화를 알아볼 수 있는 중요한 자료이다. 이 자료를 토대로 얻어 내고자 하는 바는 다음과 같다.

첫째, 고고학적 사고력을 구성하고 있는 연대기 파악력과 탐구력, 고고학에 대한 인식이 어떻게 바뀌었는지를 살펴본다.

둘째, 고고학에 대한 관심과 흥미에 있어 의미있는 수준의 변화가 있었는지를 점검한다.

이러한 설문지에 대하여 보다 더 해상도 높은 정보를 얻기 위하여 답사 중간에 참가자들의 일부를 대상으로 한 인터뷰 내용도 추가하였다. 이러한 피드백 정보 취득 과정에서 가장 큰 문제 중 하나는 답사 참가자들이 가진 고고학적 지식의 현격한 수준 차이였다. 일부 수강생들은 고고학에 대해 관심이 없거나, 고고학 자체를 쓸모없는 것이라 생각하는 수강생들도 더러 있었다. 또한 이와 반대로 수강생들 중에는 고고학 콘텐츠에 대하여 전혀 다른 방식의 접근과 지식 획득을 경험하였다는 의견도 있었다. 이렇게 수준이 전혀 다른 입장들을 하나로 묶어서 통합적인 의견을 도출하기는 쉽지 않다. 따라서 어떤 방식이던지 박물관의 교육 목표에 부합하는 차후 대책으로서의 계획을 마련하기 위해서 답사 참가자들 개개인과 가급적 많은 대화를 나눠서 일정 수준의 지식을 유지하고, 고고학적 지식의 파급 효과를 높이고자 하였다. 이러한 결과 답사 횟수가 증가함에 따라 문화유산에 대한 인식이 바뀌고 답사 자체에 대한 만족도도 또한 높아졌다.

3.3 고고학에 대한 관심의 재고

고고학이라는 용어가 대중들에게 그리 납득이 쉬운 용어는 아니라 생각된다. 엄밀히 따지면 고고학보다는 역사학이나 민속학 혹은 문화재학이라는 말이 보다 쉽고 친숙하기 때문이다. 그래서 고고학 답사라고 하면 별로 와닿지 않고 생소한 유적지 방문으로 생각하기 쉽다. 처음 고고학 유적들로 답사를 구성할 때, 관심을 보이는 참가자들도 있었지만 이러한 관심은 생소함에 대한 호기심이자 모험심일 뿐 실제 답사 자체를 부담스러워 하는 참가자들도 있었다. 아래의 설문 답변이 바로 이에 대한 근거가 될 수 있을 것이다.

(사례1)
"박물관 대학 답사를 경치 좋은 관광지로 갔으면 좋겠습니다."(김○○/64세/여)

(사례2)

"박물관 대학 답사를 통해 지역 시장이나 특산물을 구입하고 싶습니다."(김○○/72세/여)

위의 두 사례는 다소 이례적인 것이지만 그렇다고 연령이나 성별, 또는 참가자의 사회적 위치를 생각할 때 별로 근거 없는 주장이라고 볼 수는 없다. 왜냐하면 답사는 어떤 의미에서 유람이나 소풍, 혹은 도시인들이 접하기 힘든 소규모 여행과 레크리에이션의 기능도 충분히 포함해야하기 때문이다. 그래서 고고학 유적답사를 시작할 때 모든 박물관대학 수강생들이 동의하고 긍정적으로 받아들였던 것은 아니다. 또한 이외의 다른 이유로 인하여 참여율이 낮아진 것도 부인할 수 없다. 이것은 어쨌든 전술한대로, 학교 교육에서 이루어진 역사나 문화에 대한 공공연한 인식이 선입견으로 굳어진 요인 때문이다. 그 밖에 고고학이 아직까지는 대중에게 친숙하지 못한 분야이며 경제적으로 수익을 보장하는 각종 개발 사업을 제한하는 성가신 분야라고 생각하는 경향도 큰 부분을 차지한다.

(사례3)

"문화유산 발굴이 단순히 공사를 실시하기 위한 행위가 아닌 학술 연구임을 알게 되었습니다."(권○○/63/여)

(사례4)

"평소에 지나다니면서 인식하고 있었던 고고학 현장들이 단순한 공사를 위한 사전작업이 아니라 학술적인 연구이며 과거 사람들이 남긴 것을 찾는 작업이라는 것에 대한 인식이 생겼습니다. 또한 고고학이라는 학문이 영화에서나 보던

보물 찾는 학문이 아니라는 것을 깨달았습니다."(윤○○/57/남)

(사례5)

"고고학이 무엇인지 정확하게 알지 못하지만 답사를 통해 고고학이라는 학문에 대해 다시 생각해 보는 계기가 되었습니다. 감사합니다."(이○○/63/여)

위의 세 가지 사례는 앞에서 언급한 고고학에 대한 거부감, 부감감이 답사를 통해서 해소된 면모를 아주 잘 드러내 준다. 고고학에 대한 이러한 인식 변화는 답사 활동이 '고고학의 대중화'라는 목표에 부합할 수 있음을 시사해 준다. 특히 고고학에 대해 관심이 없는 일반인들에게 문화유산 답사 활동은 기대 이상으로 짧은 시간 동안에 최소한의 노력만으로도 상당한 효과가 있다고 생각된다. 고고학의 대중화는, 일반인들이 고고학이라는 학문에 해대 거리감을 없애고, 부담감을 지우고 또한 개발에 역행하는 시대착오적인 학문이라는 선입견을 해소할 때 시작된다. 그러기 위해서는 추상적이고 사변적인 수업보다는 실제 참여가 이루어지고 오감의 느낌을 자아낼 수 있는 구체적이면서 실제적인 활동이 필요하다. 바로 적절한 방식으로 설계되고 시행되고 평가되는 답사가 이러한 활동의 가장 효율적인 적용례라고 볼 수 있다. 위에서 제시한 의견들을 종합해 볼 때 문화유산 답사 활동은 고고학에 대한 관심 및 흥미 재고에 즉각적인 효력을 불러일으키는 것을 쉽게 알 수 있다.

4. 답사 활동을 통한 대중의 고고학적 사고력 개발

고고학적 의식의 함양을 이루기 위해서는 고고학적 사고력을 어떻게 신장시킬 것인가라는 문제부터 시작해야 한다. 물론 고고학적 사고력의 엄격한 개념 정의 및 특성, 세부 영역의 논의는 보다 자세하게 이루어져야 하겠다. 하지만 참여자들의 고고학적 사고력이 반드시 신장되어야 한다는 것에는 이의가 없을 것이다. 고고학적 사고력의 종류에는 여러 가지가 있지만 대표적으로 1)연대기(年代紀) 파악력, 2)유물을 통한 과거 행동에 대한 탐구력, 3)과거 사회 및 인간사에 대한 근거 있는 상상력, 4)이러한 것들이 타당하고 적절하게 이루어질 수 있는 판단력을 들 수 있다. 이 중 가장 중요한 것이 네 번째의 판단력으로서, 답사를 통하여 얻을 수 있는 가장 중요한 교육 목표이기도 하다. 특히 고고학적 판단력에 있어서는 다른 사람의 관점이나 의견을 근거없이 틀렸다고 말하지 않도록 해야 한다. 이를 위해서는 자신의 관점에 대한 근거없는 자신감을 배제하도록 하고, 타인과 대화와 토론을 통해서 보다 적절한 지식에 접근하도록 하는 지적 체험이 필요하다. 단지 혼자만 문화유산을 접하게 되면 이러한 체험은 이루어질 수 없다. 복수의 관점이 동시기에 같은 장소에서 논의될 수 있는 여건은 답사를 통해서만 이루어질 수 있다.

이러한 관점들을 또한 시간이 지나면서 얼마든지 바뀔 수 있다는 점을 상기할 필요가 있다. 앞에서 언급한 네 가지 고고학적 사고력이 어떻게 나타나는지 보다 구체적으로 살펴보고자 한다.

4.1 연대기 파악력

연대기 파악력은 시간에 따른 변화를 중시하며, 인간의 여러 삶의 모습을 연대기 속에서 이해하고자 하는 능력이다. 처음 유적지를 방문했을 때 구체적인 연대에 따른 유적을 혼동하는 경우가 있었고, 구석기시대와 신석기시대의 연대를 막연하게 먼 옛날로 인식하는 사례도 있었다. 그러나 자료집을 참고하고 사전 교육 및 현장교육을 통해 고고학적 연대관이 향상되는 것을 쉽게 관찰할 수 있다.

(사례1)

"선사시대라고 하면 공룡을 잡던 시대로 생각하였는데 이번 답사를 통해 문자
가 없는 시대라는 것을 알게 되었다. 수양개박물관을 관람하면서 한반도에서
보이는 구석기 유물에 대해 알게 되었으며, 서양의 구석기와 한반도의 구석기
만의 특징을 보았다. 기존에 정확히 알지 못했던 시대에 대해 알 수 있게 되어
의미 있는 답사였다."(이○○/63/여)

위 사례는 마지막 답사였던 단양 수양개 유적 답사를 끝내고 받았던 설문지
의 하나이다. 일반인들에게 선사시대의 인식이 부족하다는 것을 잘 보여주면
서 동시에 한 번의 답사를 통해 단순한 오류가 일순간에 수정되는 것을 잘 보
여주고 있다. 특히 구석기시대의 경우 유물이나 유적을 통해 그 시대를 인식
하기보다는 대중 매체에서 보이는 상상적 이미지를 실제로 인식하는 경향이
강하다. 따라서 답사를 통한 교육 및 이러한 교육을 통하여 기존의 선입견을
수정하는 것은 상당히 긍정적인 효과를 불러일으킨다.

4.2 유물을 통한 과거 행동에 대한 탐구력

유물을 통한 탐구력은 과거 사건이나 행위에 대한 해석과 설명을 통해 보
다 적절한 방식으로 과거에 대한 지식을 스스로 자각하는 능력이다. 매 답사
마다 주어지는 주제에 대해 다시 한 번 생각하고 토론하여 사건의 행위나 과
정, 의미 등을 나름대로 복원할 수 있는 능력을 불러 일으키며, 즉각에서 관찰
과 토론을 통해 이것을 검증할 수 있다. 이러한 능력은 문화유산 해설사의 해
설을 통한 교육이나 혹은 인솔자의 피드백을 통해 더욱 세련되게 다듬어진다.
특히 고고학에 대해 부정적인 이미지를 갖거나 아니면 인터넷 자료에만 근거
한 사전지식만을 보유하던 참여자들은 답사를 통해 다양한 실물 자료와 전문

가들의 지식을 활용하는 모습으로 발전해 갔다. 즉 부수적이고 수동적인 방식의 지식 탐구는 이제 자기주도적이자 능동적인 방식으로 바뀌어 갔다. 이런 과정에 대한 강력한 증거로서 답사 횟수가 증가할수록 참여자들의 설문지 및 그 서술 내용 수준이 양적, 질적으로 향상되었다.

(사례2)

"성산패총은 처음에 선사시대 사람들의 무덤으로 인지하고 있었다. 패총이 선사시대뿐만 아니라 오랜 기간 유지되어왔다는 것을 알았으며, 과거 사람들의 생활모습을 엿볼 수 있어서 유익한 답사였다. 기존에 잘못 알고 있었던 사실을 바로잡아 주어서 감사하다."(오○○/83/남)

4.3 과거 사회 및 인간사에 대한 근거 있는 상상력

과거 사회, 특히 개개인의 인간사에 대해서 알 수 있는 방법은 별로 없다. 다만 고고학자나 역사가에 의해 복원된 역사를 통해 간접적으로 체험하고 경험할 뿐이다. 때로는 고고학적 사실들 사이의 간격으로 인해 과거 인간 생활의 온전하고 연속적인 이해가 불가능하기도 하고, 때로는 실제와 전혀 다른 과거가 만들어지기도 한다. 따라서 근거 있는 고고학적 상상력은 이러한 한계를 극복해 주는 지적능력이라고 볼 수 있다. 특히 상상력은 고고학적 전문 지식에만 매몰되어 있는 본격 고고학자들 보다는 평범한 일반인이 재현이나 감정이입 등의 활동을 통해 전문가들에게 오히려 새로운 시각을 가져다주기도 한다. 하지만 이러한 상상력은 정확한 사실에 근거해야 한다는 점을 명심해야 한다. 물론 일부 일반인들은 이러한 상상의 범위를 무제한으로 넓히고 싶어하는 경향이 있기도 하다. 그런 사람들에게 필요한 것이 바로 답사이다. 왜냐하면 상상력을 제어하는데 가장 좋은 것은 실증적 자료의 확인이고, 그것은 바로 눈으로 보고 손으로 만지고 등과 같이 오감을 직접 활용하는 경험적 지식의 습득이기 때문이다.

4.4 고고학적 판단력

고고학적 판단력은 위에서 언급한 세 가지의 지식 범주를 형성하는 가장 중추적인 분야이다. 이는 자료를 해석하고 추론하는 과정을 거쳐 균형 잡힌 결론을 도출할 때까지의 모든 과정을 포함한다. 고고학적 판단력은 전적으로 스스로 관찰하고 결정한 다음에 신중한 검토를 거치는 것이 필요하다. 여기서 중요한 것은 물질 증거를 토대로 다양하게 현상을 분석하여 나름의 고고학적 판단을 내려 인간 생활을 복원하는 것에 있다. 이 정도 수준에 도달하면 거의 준전문 고고학자라 볼 수 있다. 그렇기 때문에 이 정도의 고고학적 판단력은 사실 일반인들이 쉽게 얻을 수 없다.

대부분의 대중은 '좋다'와 '나쁘다'라는 가치개입적인 판단에 익숙하다. 이걸 배제하고 개개인의 감정이 드러나지 않은 순수한 사실 여부만으로 판단할 수 있는 객관성을 갖기 위해서는 판단력이 필수이다. 문화유산 답사는 비록 전문가적 수준에 필적하지는 않지만 참여자들 스스로 형성하고 발전시킬 수 있는 사고력을 발전시킬 수 있는 기회를 제공한다. 그리고 이러한 방식으로 만들어진 다양한 판단들은 차후 고고학적 지식의 향상을 궁극적으로 가져올 수 밖에 없다. 아마추어 고고학자가 양적으로 증가하는 것이 결코 고고학의 학문적 발전에 장애가 된다고 볼 수는 없을 것이다. 이러한 판단들의 양적 축적이 대중화될 때 보다 더 전문적인 고고학자들의 판단도 이를 기반으로 더욱 충실해 질 것이다. 대중과 전문 지식의 간격이 좁아질 때 바야흐로 진정한 고고학적 지식의 질적 상승도 함께 이루어질 것이다.

5. 결어

고고학의 목적은 단순히 과거의 단편적 사실을 알고자 함은 아니다. 고고학은 우리 인간이 살아온 발자취를 살펴봄으로써 과거 인간의 삶의 모습을 이해하고, 그 속에 내재된 인간의 보편타당한 상식을 바라볼 수 있게 해야 한다. 그리하여 타인의 시각이 아닌 자신만의 시각으로 과거인을 바라볼 수 있고, 이를 바탕으로 해서 역지사지로 오늘날 자신의 삶을 살펴보면서 미래를 대비할 수 있게 해야 한다. 이러한 능력 또는 시각을 주체적인 역사 관점, 고고학적 의식이라 칭한다면 과연 어떻게 대중이 고고학적 의식을 갖추게 할 수 있다라는 문제의식이 선결되어야 한다. 이 글은 그것을 염두에 두고 작성되었다.

고고학적 의식은 사고력의 신장을 바탕으로 이루어진다. 그리고 이러한 사고력의 신장을 이루는 방법 중 하나로 문화유산 답사활동을 생각할 수 있다. 문화유산 답사활동은 사회교육의 가장 적절한 구현 방식 중 하나라고 생각할 수 있으며, 정규교육 과정에서 쉽게 다룰 수 없는 부분을 전적으로 포괄할 수 있는 장점을 갖추고 있다. 이 글에서는 충남대학교의 박물관대학 답사 프로그램을 하나의 사례로 삼아서 상기한 사회교육, 고고학적 사고력, 그리고 고고학의 대중화에 대해 보다 심도 깊게 그 가능성을 논해 보았다. 그 결과를 요약하면 다음과 같다.

먼저 문화유산 답사 활동의 틀을 답사 이전, 답사 도중, 답사 이후의 활동 및 설문조사라는 세 단계로 명료하게 설정할 수 있다. 그리고 이러한 세 단계는 답사의 궁극적인 목표와 주제를 향해 실제 활동을 설계하는 단위로 자리잡을 수 있을 것이다. 답사의 형식적인 구성 요소와 더불어서 이러한 방식으로 이루어지는 답사 교육의 효과도 드러낼 수 있었다. 먼저 고고학에 대한 관심의 변화이다. 처음 답사활동을 계획하고 시작할 때만 해도 답사 참여자들은 관심이 없거나, 관심이 있어도 단순히 참여한다는 측면이 강하였다. 그러나 답사활동을 진행될 될수록 그러한 관점이 조금씩 바뀌어 갔다. 문화유산에 관심 갖는 참여자들이 조금씩 늘어 가는가 하면, 그동안 이에 대한 인식이 모자라 처음 고고학을 접하였다는 사례도 있었다. 그러는 가운데 참여자들은 고고학과 친숙하게 되었다.

다음으로 답사활동을 통해 다양한 사고과정과 활동을 경험함으로써 스스로의 고고학적 관점을 가지는 참가자들이 많아졌다. 물론 거창한 고고학적 담론이 아니라 일반인의 눈으로 바라보고 이해하는, 고고학의 대중화에 대한 생각을 볼 수 있었다. 참여자들은 옛 사람들의 생활모습과 오늘 날 자신의 모습을 비교하기도 하였고, 순천 왜성의 답사를 통해서는 더욱 심오한 주제인 전쟁과 평화에 대한 자신의 생각을 말하기도 하였다. 이런 단상은 순천 왜성이라는 물적 매개가 없이는 결코 이루어질 수 없는 지적 경험일 것이다. 그 외에 선사시대에 대해 나름의 평가를 붙이기도 하였다. 일련의 과정을 통해 참가자들은 고고학적으로 사고하고 판단하는 경험을 이미 하고 있었다. 따라서 문화유산 답사를 통한 고고학의 대중화 과정은 문화유산에 대한 관심과 흥미를 높이며, 전문 고고학자 못지않게 생각하고 판단하는 과정을 직접 겪을 수 있었다.

사실 지금까지 제시한 충남대학교 박물관대학의 사례는 긍정적인 측면이 강조된 감이 없지는 않다. 그리고 설문대상도 박물관대학 수강생의 대부분을 차지하는 고연령 시니어 세대가 대부분이다. 그렇기 때문에 이 글에서 제시되는 관점은 제한적인 수준에 머무를 뿐 쉽게 일반화 될 수 없을 것이다. 따라서 이 글 이후에 차후 논의될 필요가 있는 논지들을 몇 개 제시하면 다음과 같다.

첫째, 최근 고고학의 대중화 및 생활 속의 인문학이 부각되면서 박물관 및 사회교육 활동도 과거 생활사 중심으로 방향이 수정되거나 아니면 정치사 중심의 역사에서 보다 더 다양화를 거칠 필요가 있다. 따라서 꼭 전통 문화유산이나 유물, 유적지뿐만 아니라 일상적이고 평범한 사물이나 사실들을 박물관 답사를 통해 체험하도록 하는 것이 좋다. 흔히 얘기하는 '말 걸기'라던가 '거리 두기'와 같은 표현은 바로 일상성에 특수성을 부여하는 그런 좋은 사례일 것이다.

둘째, 문화유산 답사 활동의 환경 여건 조성 및 인식 전환이 요구된다. 사회교육 프로그램의 재구성은 물론, 평생교육학습기관과의 긴밀한 연계도 상당한 효과가 있을 것이다. 또한 사회교육 관련 인사들의 협조와 긍정적 사고방식도 필요하다. 현재 고고학의 대중화 및 이를 통한 대중 역사교육의 사회화는 박물관을 중심으로만 이루어지고 있다. 앞으로 이러한 박물관 중심의 대중화가 지속적으로 진행될 것이라는 보장은 없을 것이다. 여기에는 정책과 더불어 박물관의 사회적인 인지가 큰 변수로 작용하기 때문이다. 사실 한국에서 박물관이 일반 대중의 삶에서 차지하는 비중은 선진국의 그것과 비교해서 터무니없이 미흡한 수준이다. 그렇기 때문에 대중고고학의 시도가 박물관을 통해서 이루어지는 것이 필요하다면 이것은 결국 박물관의 대중화가 먼저 이루어져야 한다는 것을 전제로 한다. 그렇기 때문에 공공 박물관은 물론 사설 박물관도 보다 더 향상된 수준으로 대중적인 접근을 도모하는 것이 절실한 입장이기도 하다.

[참고문헌]

강성혜 1997, 『박물관학교만들기』, 문음사, 45–56.

권이종 1996, 「현장체험학습의 실태 및 개선방안에 관한 연구」, 한국교원대학교 석사학위논문.

김용신 2000, 『사회과 현장학습론』, 문음사, 131–136.

김윤경 1991, 「사회교육기관으로서의 미술관 교육에 관한 사례연구」, 서울대학교 석사학위논문.

김은경 2003, 「역사교육에 있어서 박물관의 활용방안」, 한국외국어대학교 교육대학원 석사학위논문.

김은진 1997, 「미술관의 사회교육적 기능연구」, 고려대학교 석사학위논문, 10–11.

김인회 1998, 「박물관교육의 필요성과 동향」, 『교육개발』114호, 한국교육개발원.

김한종 1997, 「역사학습에서 상상적 이해의 방안」, 『역사교육의 이론과 방법』, 삼지원.

김홍남 2001, 「大學博物館의 機能과 役割」, 한국대학박물관협회 제44회 춘계학술발표회 발표문.

문정석 1998, 「박물관 운영실태와 박물관정책의 비판적 고찰」, 경북대학교 석사학위논문.

안광선 1998, 「교육기관으로서의 박물관」, 『박물관학보』, 박물관학회, 220–221.

양호환 외 1997, 『역사교육의 이론과 방법』, 삼지원.

이난영 1972, 『박물관학입문』, 서울: 삼화출판사, 64–65.

장호수 2002, 『문화유산학 개론』, 배산 자료원.

정선영 외 2001, 『역사교육의 이해』, 삼지원.

정지웅 외 1986, 『사회교육학개론』, 서울대학교 출판사, 28–19.

황성옥 1995, 「문화촉매공간으로서의 뮤지엄의 역할과 기능에 관한 연구」, 중앙대학교 사회개발대
　　　　학원, 17–18.

황종건 1992, 「사회교육체제의 재정립」, 『한국교육의 새로운 선택』(서울 21세기 정책위원회), 145–146.

_____ 1994, 『사회교육의 이념과 실제』, 정민사, 33–34.

UNESCO. 1976, 『The Recommendation on the Developement of Adult Education』, Nairobi:
　　　　UNESCO. 1–2.

떼석기제작 실험과 대중적 활용

안 성 민 (충청문화재연구원)

1. 머리말

우리 역사교과서에서 처음에 다루는 것은 구석기시대이다. 구석기시대는 역사 기록이 없는 선사시대로 이 시기를 설명할 수 있는 것은 층위와 유물이 전부이며, 그나마 남아있는 유물은 돌로 만들어진 석기가 대부분이다.[1]

석기는 일반대중에게 구석기시대를 설명하는 데에는 매우 중요한 수단이 되며, 실제로 교육현장에서는 석기 모조품을 사용하여 체험학습 등의 강의를

---

1   동굴유적과 습지에서 간혹 유기물로 만들어진 유물이 발견되기는 하지만 그 수가 미미하다.

진행하고 있다. 석기를 설명할 때 만드는 과정을 보여주고 함께 제작하여 보는 것은 석기를 이해하는데 효과적인 방법이다. 이글에서는 우리나라의 대표적인 구석기 유적인 전곡리유적에서 발견된 규암석기 제작 과정과 방법에 대해 알아보고, 제작된 석기, 석기제작 기술을 사용하여 대중과 함께 프로그램을 진행하는 과정을 예시를 들어가며 설명하고자 한다.

2. 뗀석기 제작

2.1 재료의 준비

2.1.1 몸돌

규암을 사용한다. 규암 자갈돌의 색깔은 물이 묻었을 때 표면이 갈색 혹은 노란색이고 간혹 푸른색 줄무늬가 있는 경우도 있다. 규암은 암질이 균일하여 제작자가 의도한 대로 격지를 떼어낼 수 있고 쉽게 부서지지 않아 형태를 유지하는데 적당하다.

몸돌은 전곡선사박물관 근처의 한탄강이나 임진강가에서 채집한다. 몸돌은 다음과 같은 요령으로 선별한다.

① 표면의 상태
  - 매끄러운 걸 선택한다. 표면에 작은 홈이 촘촘히 있는 석재는 깨뜨렸을 때 속에 불순물이 섞여 있는 경우가 많다.
  - 결이 있는 몸돌은 피해야 한다. 몸돌에 결이 있으면, 망치로 타격했을 때 제작자가 의도한 대로 격지가 떨어지지 않고 결을 따라 깨지게 된다.
  - 불에 닿은 돌은 피한다. 야영객들이 피운 모닥불을 피우는 과정에서 불

에 그을린 돌은 그을린 면이 결대로 부서진다. 따라서 표면에 검은 그을림이 남아있거나 붉은 색 얼룩이 보이는 것은 몸돌로 부적절하다.

② 크기

- 직경 20~30㎝의 것을 구한다. 몸돌의 크기가 직경 20㎝보다 작으면 격지를 떼어낸 후 주먹도끼의 형태를 제대로 만들 수 없고, 30㎝보다 크면 너무 무거워서 몸돌을 다루기 어렵다.
- 두께는 3~5㎝가 좋다. 몸돌의 두께가 너무 얇으면 망치로 가격을 했을 때 몸돌이 부러지거나, 격지가 작게 떨어지고, 너무 두꺼우면 돌을 깨뜨리기가 어렵다.

③ 형태

- 평면형태는 원형 또는 타원형이 적당하지만, 방형이나 부정형도 큰 상관은 없다. 주의해야 할 것은 길쭉한 모양의 몸돌은 피해야 한다. 얼핏 생각하면 주먹도끼와 비슷한 형태의 몸돌을 선택해서 모서리부분만 격

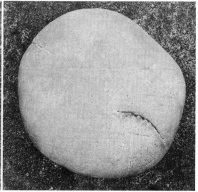

그림 1. 규암 몸돌 젖은 상태(左), 마른 상태(右)

지를 떼어내면 쉽게 주먹도끼의 형태를 만들 수 있을 것 같지만, 길쭉한 형태의 몸돌은 중간에서 부러지기 십상이다.

– 단면형태는 두께가 일정하고 모서리 부분이 타원의 형태인 장타원형이다. 모서리 단면이 직각에 가까운 몸돌은 격지를 떼어내기 어렵다.

2.1.2 망치

그림 2. 다양한 크기의 돌망치

망치는 두 가지 용도로 사용된다. 하나는 몸돌에서 격지를 떼어낼 때, 다른 하나는 격지를 떼기 전에 타격면을 정리할 때이다.

크기는 직경 3㎝에서 15㎝까지 다양한 크기의 망치를 여러 개 준비한다. 떼어내고자 하는 격지의 크기는 타격의 강도보다는 망치의 크기(무게)에 따라 달라진다. 따라서 처음에는 큰(무거운) 망치를 사용하다가 주먹도끼가 완성되어 가면서 작은(가벼운) 망치를 사용하게 된다.

망치를 선택할 때 가장 중요한 것은 망치의 형태이다. 형태는 구형에 가까울수록 좋다. 가급적 결이 없는 돌을 선택하는 것이 좋다. 결이 보이는 것은 충격을 받았을 때 쪼개질 가능성이 높다. 망치는 적당한 무게와 강도를 가진 것을 구하기 까다롭기 때문에 석기를 만든 후에는 반드시 다시 가져오도록 한다.

2.2 격지 떼기

주먹도끼를 만들기 전에 격지떼기부터 연습한다. 몸돌에서 격지를 떼어내는 방법은 여러 가지가 있으나, 여기에서는 돌망치로 몸돌을 가격하여 격지를 떼는 돌망치 떼기와 몸돌을 모루에 부딪혀서 격지를 떼어내는 모루 떼기만을 살펴보기로 한다.

2.2.1 망치 떼기

격지를 떼기 위해서는 무릎 높이 정도의 의자에 착석한다. 이 때 왼 무릎이 펴져야 한다. 바닥에는 광목천을 깔아서 떼어낸 격지와 부스러기를 모을 수 있도록 한다. 망치떼기에서는 몸돌, 주망치, 보조망치가 필요하다.

몸돌의 타격점은 허벅지의 안쪽에 두도록 하고, 타격은 오른팔을 어깨까지 들어 올려

그림 3. 망치 떼기 자세

있는 힘껏 몸돌을 타격한다. 이때 몸돌을 망치로 타격하는 각도는 70도가 적당하다.

타격은 망치를 아래까지 길게 내려친다는 느낌으로 한다. 첫 격지를 떼어낸 후 떨어진 격지를 되맞추어 보는 과정이 반드시 필요하다. 이는 떨어진 격지에 제작자의 의도가 어떻게 반영되었는지 확인할 수 있기 때문이다. 되맞추기를 해 본 뒤 보조망치를 사용하여 타면을 정리한다. 타면의 정리는 몸돌의 얇은 부분을 미리 부수는 과정인데, 이를 통해 타점이 바스러지는 것을 방지하고, 다음 타점의 위치를 가늠하는데 도움을 준다.

2.2.2 모루 떼기

그림 4. 모루 떼기 자세

몸돌의 크기가 크거나 단단하여 돌망치를 사용하지 못하는 경우 몸돌을 모루에 부딪쳐서 격지를 떼어내는 모루떼기를 이용한다.

모루는 강가의 대형 자갈돌을 찾아 사용한다. 모루는 단단한 암질의 암석을 선택한다. 모루가 무른 경우 격지가 떨어지지 않고 모루의 타점만 으스러지게 된다.

모루가 정해지면 몸돌을 가져와 두 손으로 몸돌을 잡고 모루에 힘껏 내리쳐 격지를 떼어낸다. 모루떼기와 망치떼기의 차이점은 몸돌이 움직이느냐, 망치가 움직이느냐의 차이만 있을 뿐 격지가 떨어지는 원리는 동일하다. 따라서 망치떼기에서 익혔던 격지 떨어지는 각도와 타점을 모루떼기에도 그대로 적용하며, 타면정리도 망치떼기와 동일하게 해주어야 한다. 모루떼기로 생산되는 격지는 망치떼기로 생산된 격지보다 상대적으로 크다.

2.3 주먹도끼 제작

2.3.1 몸돌 이용

처음 격지 떼기: 기본적으로 첫격지는 돌의 가장 약한 부분을 타격하여 떼어낸다. 돌의 가장 약한 부분은 몸돌에서도 비교적 얇은 부분으로, 단면의 모

습이 얇은 'ㄷ' 모양이 적당하다.

 망치는 준비한 망치 가운데 가장 손에 잘 맞는 것을 사용한다. 첫격지의 모양으로 망치와 몸돌의 궁합(?)을 알 수 있는데, 몸돌의 강도에 비해 망치가 가벼우면 첫 격지가 작게 떨어지고, 망치가 무거우면 지나치게 크게 떨어진다.

 가장 이상적인 첫 격지의 크기는 어린 아이 손바닥만한 것이다. 첫 격지를 떼어낸 후 주로 쓸 망치를 정한다. 첫격지의 크기가 작으면 두 번째로 격지를 뗄 때는 좀 더 무거운 망치를 사용한다. 만약 자신이 준비한 망치 중 가장 크고 무거운 망치로 몸돌을 타격했는데도 격지가 안 떨어지거나 너무 작게 떨어진다면 과감하게 그 몸돌은 포기하거나 모루떼기를 한다. 적당한 무게가 아닌 망치로 무리하게 타격하면 망치가 깨지기 십상이다.

 두 번째 격지 떼기: 두 번째 격지는 몸돌을 뒤집어서 첫격지가 떨어진 면에 타점을 정한다.

그림 5. 첫째 격지 떨어진 자리를 타격하여 두 번째 격지를 떼어낸다.

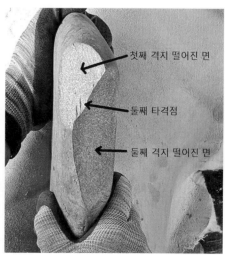

그림 6. 두 번째 격지 떼어낸 모습

첫째 격지 떨어진 면

둘째 타격점

둘째 격지 떨어진 면

그림 7. 타면 연마 전(左), 후(右)

그림 8. 격지 떨어진 면이 만나서 생긴 능선

격지를 떼기 전에 보조망치를 이용하여 타면을 연마해 준다. 타면을 연마하는 이유는 몸돌에 망치가 닿는 지점을 문질러 줌으로써 망치의 힘이 몸돌에 정확하게 전달되어 제작자가 의도한 대로 격지가 떨어지는 데 도움이 된다.

세 번째 격지는 다시 몸돌을 뒤집어서 떼어낸다. 이를 반복하여 격지를 떼어 가면 몸돌의 가장자리에 안팎날이 만들어 진다. 몸돌의 가장자리로 안팎날이 만들어지면 1차 격지떼기가 끝난다.

2차 격지떼기는 본격적으로 주먹도끼의 형태를 만들어가는 과정이다. 2차 격지 떼기에 앞서 몸돌의 형태를 고려하여 주먹도끼의 첨두부를 정한다. 첨두부를 정한 후에는 작은 격지를 떼어내어 주먹도끼의 형태를 만들어 간다.

주먹도끼의 형태를 만들어 갈 때 주의해야 할 것은 몸돌에서 격지 떨어진 면과 격지 떨어진 면이 만나는 능선을 타점으로 삼으면 안 된다는 것이다. 이

그림 9. 첨두부 가공 전후 상태

부위는 잘 깨지지도 않을뿐더러 깨진다고 하더라도 반대쪽 격지 떨어진 면의 각도가 너무 가파르게 될 가능성이 높다.

첨두부를 만들 때는 가장 작은 망치를 사용한다. 첨두부는 다른 부위에 비하여 약하므로 너무 세게 타격하면 자칫 부러지는 경우가 발생한다.

마지막으로 전체적인 형태를 관찰 한 뒤, 한 두 번의 격지를 떼어 마무리 한다.

그림 10. 완성된 몸돌 주먹도끼

2.3.2 격지 이용

격지를 이용하여 긁개, 밀개 등을 만들 수 있다. 격지석기의 제작은 어렵지 않고 쉽게 익힐 수 있는 장점이 있고, 제작시간도 짧은 편이라 쉽게 만들 수 있다.

격지와 망치가 필요하다. 망치의 크기는 격지의 크기에 따라 달라지겠으나, 일반적으로 자신의 주먹보다 조금 작은 망치를 선택한다. 망치의 강도는

격지를 떼어내기 위한 매우 단단한 망치와 타면을 정리하기 위한 무른 망치를
준비한다.

제작방법은 다음과 같다.

① 준비자세

왼손에 격지, 오른손으로 망치를 잡는다.(왼손잡이는 반대)

② 외형만들기

격지의 배면을 타점으로 한다. 정확한 타격을 위해 떼고자 하는 모서리를
약지로 받치고 타격한다. 타격각도는 몸돌에서 격지를 떼는 각도인 70°를 유
지한다.

③ 날세우기

격지의 앞 뒷면을 관찰하고 미세한 망치질로 날을 만들어 간다.

그림 11. 격지석기 만들기 자세

그림 12. 약지의 사용

3. 뗀석기를 활용한 대중고고학 프로그램 예시

3.1 뗀석기 제작

몸돌석기는 일반인들이 만들기 어려우므로, 상대적으로 쉬운 격지를 이용하여 격지 석기를 만든다. 긁개, 밀개, 홈날 석기 등에 대해 이론 설명과 사진, 도면 등을 제시하고, 격지를 이용하여 석기를 제작한다.

준비물 : 격지, 소형 돌망치, 보호용 안경

3.2 뗀석기 되맞추기

일반인은 물론 고고학 전공자도 전공분야가 구석기가 아닌 이상 석기의 판별에 곤란함을 느낀다. 이에 석기와 석기 제작과정에서 떨어진 격지를 퍼즐처럼 되 맞추어 봄으로써 인위적으로 깨뜨린 격지의 특징을 이해하고, 석기 제작과정을 이해함으로써 일반인 및 전공자들의 석기에 대한 이해를 상당한 수준으로 끌어 올릴 수 있다.

준비물 : 석기, 격지, 투명테이프, 격지바구니

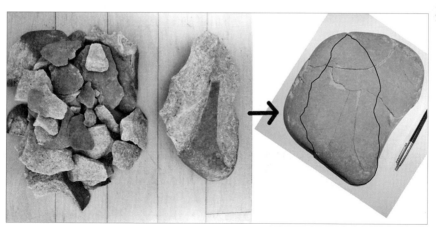

그림 13. 주먹도끼 되 맞춘 모습

3.3 세석기 복합도구 제작

흑요석 좀돌날과 창끝을 제작한다. 나무자루에는 새기개로 홈을 파서 홈에 석기가 결합할 수 있도록 만든다. 자루 제작 후 석기를 나무에 결속하여 석창을 제작한다. 프로그램 운영 기간에 따라 좀돌날과 창끝은 미리 준비하여 둘 수 있으며, 프로그램 교안에 따라 새기개는 철제 조각도, 아교는 화학접착제 등으로 대체할 수 있다.

준비물 : 흑요석 좀돌날, 흑요석 창끝, 나무, 새기개, 아교

3.4 구석기 생존도구 만들기

전기부터 후기까지의 구석기 도구의 변화(주먹도끼→슴베찌르개→세석기)를 설명하고, 석기제작에 필요한 도구들을 보여 준 후 석기 만드는 방법을 시연하며 교육한다. 석기의 제작은 어린이와 어른이 각각의 도구를 만드는데, 어린이는 규암 격지를 이용한 긁개를(돌망치떼기) 만들게 하고, 어른은 흑요석 격지를 이용한 긁개를(사슴뿔 눌러떼기) 만든다. 이때 진도가 조금 빠른 어른은 긁개

그림 14. 눌러떼기 도구

그림 15. 흑요석 긁개

를 넘어 화살촉에 도전한다. 이후 석기를 세척한 뒤 어린이와 어른이 만든 석기를 이용하여 사냥물(고기)을 해체한다. 마무리는 집에 가서 해체한 사냥물을 요리하여 먹는다.

준비물 : 교재용 석기, 석기제작 도구, 규암격지, 흑요석 격지, 돌망치, 사슴뿔, 가죽보호대, 돼지고기 등

4. 맺음말

과거 석기를 제작하는 주체는 주로 성인이었을 것으로 생각된다. 왜냐하면 석기를 만드는 행위 자체에 물리적인 힘이 많이 들어가고, 오랫동안 숙련과정을 거쳐야만 제대로 된 석기를 제작할 수 있기 때문이다. 하지만 현대의 연구자들은 이렇게 '숙련된 성인'이 했던 작업을 '비숙련의 학생'이 소화할 수 있는 강좌의 형태로 만들어야 한다. 따라서 석기와 석기제작을 주제로 수업을 진행하는 것은 결코 만만한 작업이 아니다. 또한 돌을 다루는 작업이기에 안전사고[2] 발생의 가능성도 높다. 이러한 안 좋은 조건에서 연습이 전무한 일반인들과 함께 석기를 만드는 수업을 진행하기 위해서는 가르치는 당사자가 어느 정도 석기제작에 익숙한 상태에서 수업을 주도해야 한다.

더불어 고고학을 전공으로 하는 이들은 대부분 자신의 지식을 대중에게 전달하는데 익숙하지 않다. 때문에 전공자들은 수업을 진행하기 전에 일반인들의 눈높이에 맞는 교수법을 익혀야 하며, 수업에 사용하는 용어들 또한 교과서에 나오는 단어를 익숙하게 사용할 줄 알아야 한다.[3]

2　돌조각이 눈으로 들어가거나, 망치로 손을 때리거나, 날카로운 돌날에 손이 베이는 사고 등이 있다.

3　예) 타제석기/뗀석기, 박리/떼기, 무문토기/민무늬토기 등

이와 같은 문제점을 최소화하기 위해서는 미리 평소에 석기제작에 관심을 갖고 틈나는 대로 연습해 두는 것이 좋다. 석기를 활용한 수업은 머리에서 나오는 지식만이 전부가 아니라, 몸에 배어있는 숙련된 기술을 지식과 함께 사용하여 진행된다는 것을 기억하길 바란다.

선사시대 토기의 제작과 소성

소 상 영 (충청문화재연구원)

1. 머리말

토기는 인간이 의도적인 화학변화를 통해 만들어낸 최초의 도구이다. 소위 '문명'의 발전은 금속의 사용과 함께 가속화 되었지만 토기의 발명 없이는 철기도 없었을 것이다. 토기가 언제 어떻게 처음 만들어지고 사용되었는지는 정확히 알 수 없어도 지난 1만년 인간의 삶에서 가장 보편적으로 사용된 도구였음은 분명하다. 토기는 수량의 풍부함과 함께 인간행위에 대한 다양한 정보를 담고 있어 고고학의 해석에 중요한 위치를 차지한다. 특히 선사고고학에서 편년과 계통연구에는 절대적인 유물이라고 해도 과언은 아닐 것이다.

우리나라 고고학에서 선사시대 토기 만들기에 대한 관심은 1990년대 이후

부터 실험고고학적 측면에서 조명되어 왔고, 여러 고고학체험교실의 단골메뉴이기도 하다. 고고학자들에게 토기 만들기는 육안 관찰만으로 알 수 없는 토기제작과정에 대한 이해를 높이는 연구방법으로 활용되고 있다. 대중들에게 토기만들기는 흙을 직접 다루고 불을 피워 토기가 구워지는 과정을 지켜보는 것만으로도 호기심의 대상이 되며 나아가 토기를 이용한 음식을 조리하는 체험활동 등으로 이어지기도 한다.

이 글에서는 필자가 수차례 진행했던 제작실험을 바탕으로 선사시대 토기의 소성과 제작에 대한 과정을 소개하는데 목적이 있다.

2. 토기 제작

2.1 바탕흙 준비

토기의 기본 원료인 바탕흙은 주변에서 흔히 구할 수 있다. 산에서 채취된 황토나 강가의 흙도 모래와 적절히 배합하면 토기를 만드는데 아무런 문제가 없다. 바탕흙은 이 물질을 정성스레 골라내고 일주일정도 숙성시키면 좀 더 좋은 품질로 만들 수 있다. 하지만 점토와 모래의 비율을 5:5 정도로 하여 1~2시간 발로 밟아 잘 섞어주면 토기를 만드는데 부족함이 없다.

바탕흙은 시중에서 판매하는 옹기토를 사용해도 무방하지만 점성이 너무 강해 모래를 적절하게 배합해야 한다. 선사시대 토기는 야외에서 직접 불에 굽는 방식으로 만들어지기 때문에 점성이 강하면 파손되기 쉽다. 토기의 표면을 매끄럽게 하고 성형을 쉽게 하기 위해서는 점성이 높을수록 편하지만 점성이 높은 토기는 적어도 일주일 이상 그늘에서 잘 말려주어야 구울 때 파손을 최소화 할 수 있다.

바탕흙을 만드는 시설은 땅을 파고 점토를 바른 후 불에 구워 흙이 달라붙

<사진 1> 바탕흙 준비

① 수비시설 만들기	② 점토바르기
③ 점토 굳히기	④ 이물질 골라내기
⑤ 발로 밟기	⑥ 반죽하기

지 않게 해야 한다. 이는 현대적인 기술을 최소화 한다는데 의미는 있지만 좀 더 편하고 빠른 바탕흙준비를 위해서는 플라스틱 용기 등을 사용하는 것이 편리하다.

2.2 토기성형과 건조

선사시대에는 회전력을 이용해 토기를 만드는 물레가 개발되지 않아 주로 테쌓기법을 이용한다. 바닥이 편평한 토기는 바닥부터 만드는 것이 보통이지만(정치성형), 바닥이 둥글거나 뾰족한 포탄형의 빗살무늬토기는 입술에서 바닥으로 거꾸로 만드는 것(도치성형)이 편리하다. 소형토기는 손빚기를 이용해서 만들기도 한다. 토기 받침은 편평한 돌이나 나무판을 이용한다.

토기의 정면은 주로 손을 이용한 물손질과 나무나 조개 등도 이용된다. 외면은 성형과 동시에 정면이 실시되고 내면은 1차 건조 후 뒤집어서 이루어진다. 문양은 토기가 어느 정도 굳은 후 받침대에서 떼어 정치 상태나 도치상

〈사진 2〉 토기성형과정

① 바탕흙 정선	② 숙성과정	③ 꼬막밀기
④ 점토띠 만들기	⑤ 테쌓기 1	⑥ 테쌓기 2
⑦ 정면	⑧ 시문	⑨ 완성된 토기

태로 시문할 수 있다. 시문도구도 나무나 조개 등 다양한 도구를 활용할 수 있다.

성형이 완료된 토기는 햇빛이 닿지 않는 그늘진 곳에서 서서히 말린다. 모 래가 많이 포함된 경우에는 하루정도 말리면 충분하지만 점성이 높은 경우에 는 일주일 이상 말리는 것이 좋다.

3. 토기 소성

3.1 토기가마

우리나라에서 신석기시대 토기 가마는 원형 구덩이에 돌을 깔아 사용하는 형태에서 긴 도랑형 가마로 발전한다는 견해가 있다(배성혁 2007a·b, 2013). 원 형 구덩이내에 놓인 돌이 토기소성에 어떤 역할을 하는지 불명확하며, 오히려 토기의 파손과 균열을 초래하는 요인일 가능성도 있다는 점에서 부정적인 입 장도 있다(홍은경 2011). 하지만 발굴조사를 통해 토기가마로 이용되었을 것으 로 추정되는 유구는 대체로 구덩이에 돌이 깔려있는 형태이다. 필자는 원형구 덩이에 돌을 깔거나 깔지않는 두 가지 형태로 가마를 제작하여 토기를 구웠지 만 소성과정에서 별다른 차이점을 발견 할 수는 없었다.

〈사진 3〉 김천 송죽리, 지좌리 유적 토기가마

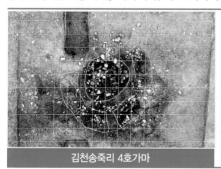

김천송죽리 4호가마　　　김천 지좌리 6호가마

그림 1. 토기소성을 위해 제작한 가마

3.2 토기소성과정

토기 소성과정은 연구자에 따라 약간의 차이는 있지만 크게 4~5단계로 정도로 구분된다. 1단계는 가마의 바닥면에 불을 붙여 습기를 제거한다. 2단계는 토기에 불이 직접 닿지 않게 예열하여 토기를 완전 건조시키는 과정이다. 이 과정에서 토기의 위치를 여러 번 변경 하여 육안으로 건조 상태를 확인하고 그 정도에 따라 순차적으로 불에 가깝게 배치해야 한다. 아무리 장시간 건조시킨 토기도 갑자기 불에 닿으면 내부에 소량 남아 있는 수분이 급속하게 팽창하여 파손될 수 있기 때문이다.

3단계는 토기를 가마내부에 배치하고 서서히 온도를 높여가는 단계이다. 토기의 바탕흙에 모래가 다수 포함되어 있다면 이 과정을 짧게 해도 문제가 없지만 바탕흙의 점성이 높은 경우에는 30분 정도는 유지해야 파손을 최소화할 수 있다.

〈사진 4〉 토기 소성과정

① 토기 건조 1	② 토기 건조 2
③ 토기가열 1	④ 토기가열 2
⑤ 토기가열 3	⑥ 소성완료
⑦ 토기꺼내기 1	⑧ 토기꺼내기 2
⑨ 토기 식히기	⑩ 완료된 토기들

4단계는 토기가 보이지 않을 정도로 나무를 쌓아 온도를 최고로 올리는 단계이다. 이 과정에서 토기 표면의 최고 온도는 700~800도 까지 올라간다. 5단계는 나무의 공급을 중지하고 토기를 식히는 단계이다. 소성된 토기는 삽과 나무막대를 이용해 수습하고 자연적으로 식힐때는 30분 이상 방치해야 한다. 하지만 물속에 담아 급속하게 식혀도 충분히 잘 소성되면 균열은 거의 발생하지 않으며 토기의 색을 좀 더 선명하게 유지할 수 있다.

토기 소성에 걸리는 시간의 토기의 바탕흙, 건조상태에 따라 다르지만 1시간 30분~3시간 내외면 끝낼 수 있다. 이는 1,2단계 토기 예열과정에 걸리는 시간차이가 가장 큰 이유이다. 다른 연구자들의 실험에서도 토기소성에 걸리는 시간은 대체로 유사한 것을 알 수 있다(임학종·이정근 2006, 배성혁 2017).

그림 2. 소성 완료된 토기 모습

4. 맺음말

우리는 흔히 토기를 정주와 연결시켜 설명한다. 토기는 액체를 담거나 식량을 조리하는데 훌륭한 도구이지만 잦은 이동생활을 하는 수렵채집민에게 언제나 매력적인 물건은 아니다. 토기는 이동 중에 깨지기 쉬울 뿐 아니라 그 무게는 이동자체를 어렵게 만드는 요소이기 때문이다. 물론 선사시대 토기는 기능적인 요소만이 중요한 것은 아닐 것이다. 빗살무늬토기 표면에 새겨진 정교한 문양은 식량을 저장하고 조리하는 것 외에 인간 행위의 복잡한 상징을 포함하고 있음을 말해준다.

아직 우리나라 고고학에서 선사시대 토기 제작과정에 대한 연구는 아직 갈 길이 멀다. 몇 몇 연구자에 의해 실험고고학적 연구가 꾸준히 진행되고 있지만 엄격한 통제 아래 여러 차례 조건을 달리하는 대조 실험은 이제 시작단계에 불과하기 때문이다. 충분한 대조실험을 통해서 우리는 토기의 제작과정과 남겨진 흔적에 대한 합리적인 추론에 다가설 수 있을 것이다.

이제 우리는 아주 세부적인 과정은 몰라도 토기를 어떻게 만들고 굽는가에 대해서는 여러 정보를 알고 있다. 더 이상 단순한 소성 실험은 의미가 없을 지도 모른다. 정성들여 만들고 완전히 말린 후 세심한 불 조절을 거치면 누구나 토기를 구워낼 수 있다. 실패율도 거의 제로에 가깝다. 선사시대 정주화된 마을에서 적어도 기술적으로 토기 만들기는 어려운 일이 아닐지도 모른다. 하지만 자주 이동하는 사람들이 필요한 토기를 빠르게 만들어야 한다면 어떨까? 우리는 선사시대 토기의 재현에만 치중한 것은 아닐까? 대중과 함께 하는 고고학을 고민하면서 함께 풀어나가야 할 숙제이다.

[참고문헌]

김희찬 1996, 「빗살무늬토기의 소성에 대한 실험적 분석」, 『古文化』 49.

배성혁 2007a, 「신석기시대의 토기요 연구–김천 송죽리 토기요지를 중심으로–」, 『한국고고학보』 62.

_____ 2007b, 「신석기시대 취락의 공간구조」, 『한국신석기연구』 13.

_____ 2013, 「신석기시대 후기 토기요 연구–김천 지좌리 토기요지를 중심으로–」, 『한국신석기연구』 25.

소상영 2013, 「신석기시대 토기제작과정의 실험적 연구 II –흑반과 토기단면색조의 관련성을 중심으로–」, 『한강고고』 8.

_____ 외 2007, 「신석기시대 토기 제작과정의 실험적 연구– 토기소성흔을 중심으로」, 『야외고고학』 3.

임학종 2012, 『홍도의 성형과 소성실험』, 대동문화재연구원.

임학종·이정근 2006, 「선사토기 제작실험」, 『한일신시대의 고고학』, 영남고고학회·구주고고학회 제7회 합동고고학대회.

조대연 2010, 「신석기시대 및 청동기시대의 토기 소성유구 변화양상에 관한 일고찰–실험고고학적 접근을 중심으로」, 『호서고고학』 23.

한국고고환경연구소편 2007, 『土器燒成의 考古學』, 한국고고환경연구소 학술총서 3, 서경문화사.

홍은경 2011, 「신석기시대 집석유구의 기능에 대한 비판적 검토」, 『한국고고학보』 81.

칼라 시노폴리(이성주역) 2008, 『토기연구법』, 도서출판 考古.

고대 제철기술 복원실험

한 지 선 (국립중원문화재연구소)

1. 한반도 제철기술의 기원과 발전

우리의 일상생활에 가장 많이 활용되는 금속이 있다면 그것은 바로 '철'이다. 뿐만 아니라 '철이 곧 미래'라는 말이 무색하지 않게 우리의 생활 속에, 전 세계의 산업 속에 없어서는 안 될 존재가 바로 '철'이다. 따라서 이러한 철을 생산하는 기술을 확보하고 있다는 것은 곧 국력의 잣대가 되기도 하며 강국으로서의 면모를 드러내는 상징이기도 하였다. 과거에도 마찬가지였다. 고대 고구려, 백제, 신라의 삼국이 치열하게 경쟁하던 시기부터 우리 조상들은 철을 생산하는 기술을 경쟁적으로 습득했고 그 원료가 되는 철광석을 획득할 수 있는 지역을 탈환하고자 노력했다.

한반도에 철기가 처음 유입되는 것은 기원전 3세기경의 일이다. 그러나 그 당시만 해도 완제품으로서의 철기만을 수입했을 뿐 철을 만드는 기술은 들어오지 못했다.

이후 철의 수요가 점차 많아지고 수입된 철편의 가공생산으로는 그 수요를 못 따라 갈 때즈음 드디어 한반도에서 철기의 제작기술이 들어오게 된다. 그 흔적은 華城 旗安里 遺蹟((財)畿甸文化財研究院)에서 확인할 수 있는데, 당시 한반도 북부에 존재하던 낙랑의 유민들이 남쪽으로 내려와 기술을 전래해 준 것인데 그 시기는 기원후 3세기경이다. 이렇게 한반도에 전래된 제철기술은 이후 빠른 기술성장을 이루게 되며 충주를 중심으로 한 중원 지역 일대에 대규모의 제철생산 단지들이 들어서기 시작했다. 이후 밀양, 김해, 울산, 경주 일대에서도 다수의 제철생산 단지들이 만들어지면서 삼국의 '철 경쟁은 본격화되었으며 그러한 경쟁이 격화되면 될수록 철의 생산기술은 나날이 발전할 수 있었다.

백제의 대표적인 유적은 진천 석장리 유적(國立淸州博物館, 2004), 충주 칠금동 유적 ((財)中原文化財研究院, 2008) 등지이며 지금도 충청북도를 중심으로 한 중원지역의 대규모 발굴조사에서는 큰 하천변 주변으로 다수의 제철유적이 확인되고 있어 당시 생산규모와 유통망을 엿볼 수 있다. 특히 이 지역은 한강과 낙동강 유역을 연결하는 지정학적 특성과 풍부한 철산지로 인해 고대 삼국의 각축장이 되기도 하였다. 신라지역은 밀양 임천리 유적((財)三江文化財研究院, 2014; (財)頭流文化財研究院, 2016)에서 제련뿐만 아니라 용해, 정련, 단야 등의 복합생산단지가 조성되었고 신라의 중심부였던 경주 황성동 일대에서도 이러한 대단위 조업단지가 조성되었다.

이후 통일신라와 고려를 거치면서 전국에 '鐵所'를 만들어 철을 공납하게 하였는데, 대표적인 지역이 충주에 설치된 '多仁鐵所'이다. 기록에 의하면 대몽골 전투에서도 큰 공을 세운 기록[1]이 있을 정도이다. 그러나 12세기 이후 고려사회가 급변하면서 철소민들의 동요가 일어나 貢鐵의 형식이 붕괴하자, 조선시대에 이르러서는 '鐵場'을 설치해 백성을 모집하여 철을 제련하게 하였다. 그 중에서 주목되는 철장이 바로 울산의 '達川鐵場'이었다. 달천철장은 '조선의 철강왕'으로 불리었던 求忠堂 李義立 선생(1621~1694)에 의해 개발된 달철광산을 중심으로 한 대규모의 철 생산단지이다. 이의립 선생은 평생을 철광산을 찾는 일에 매진하였다가 울산 달천에서 광산을 발견하였는데 이는 보통의 철광석이 아닌 흙이나 다름없는 土鐵이었다. 이에 선생은 토철을 녹이는 법을 개발하여 다량의 철을 생산해 냈는데 그 기술을 '쇠부리'라 하였다.

2. 현재와 과거를 잇는 철생산 기술의 복원

지금도 우리나라의 산업을 말할 때 ㈜포스코를 필두로 한 철강산업을 손에 꼽는다.

현재는 전자동화된 高爐에서 철을 생산해 내지만 철생산 기술이 외부로부터 전파되던 시점을 지나 오랫동안 모든 것은 인력으로 생산되었다. 고대 철광석을 녹이던 제련로의 평면형태는 원형이고 노의 벽체는 모래와 점토, 볏짚 등을 섞어 만든 반지하식 구조로 규모는 내부 직경이 0.7~1.5m 전후, 높이는 그것의 2배정도였다. 이 후 노의 형태는 원형내지 타원형 구조인 지상식으로 변천하였다. 노가 높았기 때문에 연료와 원료를 안정적으로 노내에 장입하기 위해 석재를 이용해 노의 양쪽으로 경사로를 만든 석축로는 조선시대 대표적인 구조이다.

---

1   『高麗史』卷56 地理1 忠州牧「高宗四十二年 以多仁鐵所人 禦蒙兵有功 陞所爲翼安縣」

국내에서는 1991년부터 고대의 철생산기술을 복원하려는 학계의 노력이 있어왔다. 초기에는 19세기초 李圭景의 『五洲衍文長箋散稿』(이규경 지음, 최주 주역, 2008)에 기록된 제철로의 형태를 본 딴 실험이 있어오다가 2004년 진천 석장리 유적의 발굴성과를 계기로 고대 제철로를 재현하여 그 기술을 구명하려는 노력이 현재까지 계속되고 있다. 이러한 기술구명의 노력은 고대·중세의 대표적인 철산지인 충주와 조선시대 대표적인 철산지인 울산에서 주도적으로 이루어지고 있다.

먼저 충주는 2014년부터 문화재청 산하 기관인 국립중원문화재연구소에서 칠금동 백제 제철유적에서 확인된 제철로를 모델로 하여 연구목적으로 복원실험을 매년 진행해 오고 있다. 한편 울산은 조선시대 이의립선생의 노력과 달천광산과 철장이라는 역사적이고 지역적인 가치를 이어받아 울산북구청의 주도로 울산의 '철'이라는 지역정체성의 복원과 계승이라는 목표아래 지역축제에서 매년 진행해 오고 있다. 특히 '울산 쇠부리 축제'는 달천철장에서 내려오는 철 생산 관련 노동가인 '불매가'를 전승·보존한 '울산달내쇠부리놀이'를 복원하여 함께 시연하고 있는데 대중적 인기와 관심이 매우 높다. 충주는 추석 전후로, 울산은 5월 둘째주 주말에 주로 행사가 진행되고 있다.

철생산 기술을 구명하는 노력은 단순히 역사적 복원과 그것을 위한 실험적 검증이라는 연구 목적만이 아니라 지역주민들에게 지역에 대한 자긍심과 역사적 가치에 대한 이해를 충족시켜 줄 수 있다는 점에서 앞으로도 이러한 연구과 대중과의 호흡은 더욱 깊어질 전망이다. 이제는 우리 바로 옆에서 고대인들의 철생산 기술을 손에 잡히는 역사로 경험뿐만 아니라 체험도 해 볼 수 있다.

[참고문헌]

『高麗史』

國立淸州博物館 2004, 『鎭川 石帳里 鐵生産遺蹟』.

(財)畿甸文化財硏究院 2007, 『華城 旗安里 遺蹟』.

(財)三江文化財硏究院 2014, 『密陽 林川里 金谷製鐵遺蹟』.

(財)頭流文化財硏究院 2016, 『밀양 임천·금곡 유적』.

(財)中原文化財硏究院 2008, 『충주 칠금동 제철유적』.

이규경 지음·최주 주역 2008, 『五洲衍文長箋散稿』, 학연문화사.

한국 대중고고학 개론
Introduction of Korean Public Archaeology

문화재의 보존과 활용 :

호서지역 고인돌 사례

손 준 호 (고려대학교 문화유산융합학부)

1. 머리말

고인돌은 한반도의 청동기시대를 대표하는 유구 가운데 하나로, 전국 각지에서 다양한 형태가 확인되고 있다. 고인돌에 대한 분석도 여러 연구자들에 의해 시도되어, 관련 연구를 모두 파악하기 어려울 정도로 많은 성과들이 발표되고 있는 실정이다. 양적 증가와 함께 질적인 수준도 상당히 높아져 기존의 단순한 편년 및 지역상 연구를 벗어나 최근에는 고인돌 문화와 사회에 대한 종합적 분석이 이루어지고 있다. 그러나 호서지역 고인돌에 대한 연구는 아직까지 다른 지역에 비하여 소수에 불과한 편이며, 이는 고인돌의 조사 사례가 상대적으로 적다는 사실에 기인한다.

이에 따라 고인돌의 보존과 활용 사례 또한 다른 지역에 비해 많지 않은 편이다. 본고에서는 먼저 호서지역 고인돌의 보존 현황 및 그 활용 실태에 대해 언급하였다. 호서지역에서 문화재로 지정·관리되고 있는 고인돌은 모두 13개 지점 57기이다(표 1, 사진 1). 우선 이들에 대한 현지답사를 통하여 현재의 보존 상태를 직접 눈으로 확인하였다. 이 밖에 문화재로 지정되지는 않았지만 발굴 조사 이후 보존된 고인돌 20개 지점 49기에 대해서도 현지답사를 실시하고 관찰 결과를 정리하였다(표 2, 사진 2). 그리고 이러한 결과를 바탕으로 고인돌 보존 및 활용에 있어서의 문제점과 앞으로의 개선 방향에 대한 필자의 견해를 제시하였다.

2. 보존 및 활용 실태

호서지역의 고인돌은 문화재로 지정된 것과 그렇지 않은 것 사이에 약간의 차이가 있지만, 보존 상태는 대체적으로 양호한 편이다. 그러나 이는 고인돌의 재질이 암석이라는 점에 기인한 바가 크며, 실제로는 사후 관리가 거의 이루어지지 않은 상태로 방치된 것들이 적지 않다. 여기서는 관찰 결과를 바탕으로 호서지역 고인돌 보존의 문제점을 정리하고, 이를 해결하기 위한 앞으로의 개선 방향에 대하여 필자의 생각을 간단하게 밝히고자 한다.

가장 먼저 호서지역 고인돌 보존의 문제점으로 지적할 수 있는 것은 일부 훼손된 사례들이 발견된다는 점이다. 현지 보존된 고인돌을 매몰시켜 현재 상석 일부만 노출된 사례(사진 2-①), 이전 시 파손된 상석을 복원하지 않고 그대로 방치한 사례(2-②), 보존 지역 주변을 공사하면서 관련 석재를 상석 위에 쌓아 훼손한 사례(2-③) 등이 확인된다. 이 밖에 조사 시 설치된 트렌치로 인해 상석의 붕괴 위험이 발생한 경우도 있다(2-④). 이들은 모두 문화재 비지정

〈표 1〉 호서지역 문화재 지정 고인돌 현황

번호	지역	유적명	지정 종류	지정 번호	수량 (발굴)	안내판	QR 코드	보호 펜스	편의 시설	특이 사항
1	충북	충주 조동리	기념물	제119호	1	○	○	×	△	보존 상태 불량, 고인돌 앞에 평상 시설이 있지만 낙후
2		충주 신청리	기념물	제133호	1	○	×	×	×	보존 상태 양호
3		옥천 석탄리	기념물	제147호	(1)	○	○	○	○	보존 상태 양호, 정자와 벤치 설치, 축조 당시의 모습 재현
4	충남	홍성	기념물	제28호	4	○	×	○	×	보존 상태 불량, 안내판과 상석 일부가 수풀로 덮여 있음, 문화재청과 홍성시 홈페이지에 잘못된 주소 기재
5		부여 산직리	기념물	제40호	(2)	○	×	○	×	보존 상태 양호, 경관적 중요성 인정
6		서산 둔당리	기념물	제63호	1	○	×	×	×	보존 상태 양호, 경관적 중요성 인정, 안내판에 기반식으로 설명되어 있지만 실제 탁자식으로 추정
7		논산 신기리	문화재 자료	제278호	5+(5)	○	×	△	○	보존 상태 불량, 정자 설치, 일부 보호 펜스 미설치, 안내판에 15기로 기재되어 있지만 현재 10기 잔존
8		금산 천내리	문화재 자료	제335호	9	○	×	×	×	보존 상태 불량, 경관적 중요성 인정, 안내판에 12기로 기재되어 있지만 현재 9기 잔존
9		금산 용화리	문화재 자료	제336호	3	○	○	×	×	보존 상태 양호, 경관적 중요성 인정
10		보령 죽청리	문화재 자료	제372호	12	○	○	△	○	보존 상태 양호, 정자와 벤치 설치, 일부 보호 펜스 미설치
11	대전	내동리	기념물	제3호	(4)	○	×	○	×	보존 상태 불량, 토지 소유 업체에서 출입구를 봉쇄하여 자유로운 관람 불가능
12		비래동	기념물	제33호	(2)	○	×	○	×	보존 상태 양호, 주변의 경작과 수목 식재로 외부에서 유적이 잘 보이지 않음
13		칠성당	문화재 자료	제32호	7	○	×	○	×	보존 상태 양호, 주민들이 매년 칠석날 당제를 지냄

〈사진 1〉 호서지역 문화재 지정 고인돌 보존 상황

① 옥천 석탄리 고인돌

② 대전 내동리 고인돌

③ 홍성 고인돌(학산리)

④ 홍성 고인돌(금국리)

⑤ 보령 죽청리 고인돌

⑥ 대전 칠성당 고인돌

⑦ 금산 용화리 고인돌

⑧ 논산 신기리 고인돌

고인돌에 해당하는데, 아직까지 이러한 사례가 발견될 경우 그 처리 문제에 대한 관련 규정이 마련되어 있지 않다(최종규 2015). 더 이상의 훼손을 막기 위한 제도적 보완이 시급하다.

한편, 아직 훼손되지는 않았으나 관리가 제대로 이루어지지 않은 사례들도 다수 확인된다. 고인돌이 수풀에 덮여 있거나 주변에 비닐하우스, 경작지, 각종 폐기물 등이 자리하는 경우가 이에 해당한다(2-⑤). 문화재 비지정 고인돌, 그 중에서도 특히 현지 보존된 유구 가운데 이러한 사례가 많다. 비지정 고인돌의 관리 소홀이 다수 발생하는 이유는 지정 문화재와 달리 관리 주체가 불분명하기 때문이다(김종승 2015). 따라서 이를 분명히 하는 방향으로의 제도 개선이 필요하다. 또 현지 보존된 고인돌의 관리 상태가 상대적으로 좋지 않은 것은 관리적인 측면에서 이전 복원이 보다 효과적인 보존 방식임을 나타낸다.

고인돌의 복원 방식에 있어서도 문제점이 확인된다. 대부분의 경우 조사 당시의 상황을 재현하고 있는데, 활용이라는 측면을 생각하면 축조 당시의 모습을 복원하는 것이 바람직하다(사진 1-①). 고인돌은 오랜 기간 지상에 노출되어 훼손된 사례가 많기 때문에, 원래 형태로 복원하여 고인돌의 위용과 의미를 일반인들이 느낄 수 있도록 해야 한다. 물론 잘못된 복원이 이루어지지 않도록 조사 시의 정황과 기존 연구 성과들을 최대한 활용할 필요가 있으며, 아직 조사되지 않은 고인돌은 발굴 조사를 실시하여 정확한 구조와 성격을 파악하는 것도 요구된다. 그러나 비용, 안전, 관리 등의 문제로 인해 원래 상태로의 복원이 어려운 사례도 있다. 이 경우 고인돌 축조 당시의 모습은 물론 주변 경관까지 그래픽으로 복원한 다음 이를 증강 현실 애플리케이션을 통해 제공하면, 극대화된 시각적 효과를 바탕으로 일반인의 이해와 관심을 증진시키는 데에 도움을 줄 수 있을 것이다(허의행·안형기 2012).

보존된 고인돌 앞에는 대부분 안내판이 설치되어 있는데, 문화재로 지정되

〈표 2〉 호서지역 문화재 비지정 고인돌 이전 및 현지 보존 현황

번호	유적명	수량		보존 장소	관련 시설	보존 과정 기록	특이 사항
		이전	현지				
1	제천 구룡리	2	1	금성초등학교	안내판, 보호펜스, 벤치, 유물전시관	○	보존 상태 양호, 안내판 일부 훼손, 안내판에 발굴 당시 사진 제시, 교육 활용
2	제천 방흥리	2		충북대학교	안내판, 보호펜스	×	보존 상태 양호, 2기 중 1기는 청원 문덕리 고인돌, 안내판에 개석식을 기반식으로 기재하고 기반식으로 복원, 교육 활용
3	제천 도화리		1	도로(도화로)변		○	보존 상태 불량, 비닐하우스와 밭에 인접, 고인돌인지 알기 어려움
4	제천 왕암동	1		왕바위공원	안내판, 벤치	×	보존 상태 양호, 주변에 발굴 당시 확인된 석재 배치, 수목이 인접하여 세부 관찰 불가능
5	제천 평동리		1	전원주택부지 내 매몰		○	보존 상태 불량, 상석 일부만 노출, 현재 토지소유주에게 원상복구 명령이 내려진 상태이나 이행되지 않음
6	제천 능강리	2		청풍문화재단지	안내판, 정자, 유물전시관	○	보존 상태 불량, 케이블카 주차장 공사로 일부 위치 이동과 함께 훼손, 유물전시관에 능강리 고인돌 관련 유물 없음
7	보령 관창리	1	2	이전:고인돌공원, 현지:교각(관창2교) 아래	안내판, 보호펜스, 벤치	×	보존 상태 양호(이전)·불량(현지), 조사 시 설치된 트렌치로 인해 붕괴 위험(현지), 안내판에 기반식을 탁자식으로 기재
8	보령 화산동	3	1	이전:한양조씨문중토지, 현지:도로(국도36호)변	안내판, 보호펜스	○	보존 상태 양호(이전)·불량(현지), 축조 당시 상황 일부 재현, 현재 도로공사부지에 편입되어 이전 계획 중(현지)
9	서천 이사리	9		서천봉선리유적공원	안내판	×	보존 상태 불량, 상석 일부가 수풀로 덮여 있음, 발굴 당시 상황과 다른 배치
10	부여 내곡리		2	도로(지방도611호)변	안내판	×	보존 상태 불량, 향토유적 37호, 각종 폐기물과 비닐하우스에 인접, 외부에서 유적이 보이지 않음, 안내판에 설명 없음

번호	소재지	기수	위치	시설	관람	비고
11	부여 현미리	5	도로(지방도723호)변	안내판, 벤치	×	보존 상태 불량, 향토유적 41호, 각종 폐기물 인접, 상석 일부가 수풀로 덮여 있음
12	대전 추목동	1	자운대체력단련장(골프장)	안내판	O	보존 상태 양호, 군부대 시설 내부에 위치하여 자유로운 관람 불가능
13	대전 대정동	3	한샘근린공원	안내판, 벤치	×	보존 상태 양호, 이전 시 2호 고인돌 파손, 안내판 일부 훼손, 안내판에 발굴 당시 사진 제시
14	대전 가오동	1	가오근린공원	안내판, 벤치	×	보존 상태 양호, 석제 안내판에 글씨를 새김
15	연기 석교리	2	나성동독락정 역사공원		×	나성동독락정역사공원 조성사업이 완료되면 이곳으로 이전 계획
16	연기 송원리	2	한솔동백제고분역사공원	벤치	×	보존 상태 양호, 발굴 당시 상황과 다른 배치, 고인돌인지 알기 어려움
17	연기 장재리	1	공주대학교		×	보존 상태 양호, 수목 인접, 고인돌인지 알기 어려움
18	음성 양덕리	1	중부고속도로 음성휴게소	유물전시관	×	보존 상태 양호, 고인돌인지 알기 어려움, 유물전시관 폐쇄로 관람 불가능
19	청원 가호리	3	문의문화재단지	안내판, 보호펜스	×	보존 상태 양호, 3기 중 1기는 학평리·1기는 수산리 고인돌, 축조 당시 상황을 재현하였으나 개석식을 탁자식으로 복원
20	청원 황청리	2	국립청주박물관	안내판, 벤치	×	보존 상태 양호, 안내판에 설명 없음

지 않은 것 중에는 안내판이 없어 고인돌인지를 파악하기 어려운 사례도 존재한다(2-⑥). 또 해당 고인돌의 형식이나 개수 등이 잘못 표기된 경우도 있어 수정이 요구된다(1-⑧·2-④). 안내판에 제시된 정보는 대체로 부족한 편인데, 발굴 당시의 상황이나 출토 유물 등에 대한 내용까지 기재하여 관람객의 이해

〈사진 2〉 호서지역 문화재 비지정 고인돌 보존 상황

① 제천 평동리 고인돌

② 대전 대정동 고인돌

③ 제천 능강리 고인돌

④ 보령 관창리 고인돌

⑤ 부여 현미리 고인돌

⑥ 음성 양덕리 고인돌

⑦ 대전 추목동 고인돌

⑧ 제천 구룡리 고인돌

를 도울 필요가 있다. QR코드를 부착하여 다양한 관련 정보를 가시적으로 보여주는 방법도 관심을 유도하는 데에 효과적이라 판단된다. 한편, 아직 발굴 조사가 이루어지지 않은 문화재 비지정 고인돌의 보호와 관리를 위하여 안내판 설치를 확대할 필요성도 제기된 바 있다(박순발 2004).

다음 문제점으로 보존된 고인돌의 접근성이 떨어지는 점을 들 수 있다. 현지 보존 고인돌의 접근성이 더 나쁜 편인데, 그나마 문화재로 지정된 경우는 외부 안내판 등을 통하여 관람을 유도하고 있다. 특히 토지 소유 업체가 출입구를 봉쇄하거나(1-②) 골프장 내에 자리하여 관계자의 허가를 얻어야만 관찰이 가능한 사례(2-⑦)는 자유로운 관람이 가능한 곳으로의 이전이 요구된다. 한편, 지정 고인돌은 일부 주소가 잘못 기재된 경우(1-③④)를 제외하면 대부분 인터넷이나 내비게이션을 통해 위치 검색이 가능하다. 그러나 비지정 고인돌은 이러한 정보를 확인하기 어려운데, 문화재청이나 해당 지역 홈페이지를 통해 고인돌의 위치와 찾아가는 방법 등을 제공함으로써 일반인들의 접근을 보다 용이하게 할 필요가 있다.

이 밖에 활용의 측면에서도 문제가 많다. 일부 학교 내에 자리한 고인돌(2-⑧)을 제외하면 대부분의 경우 교육적으로 전혀 활용되지 못하고 있다. 교육이 가능한 장소에서 교육에 적합한 형태의 고인돌을 대상으로, 학습 대상자의 수준에 맞춰 개발된 프로그램을 통한 교육이 이루어져야 그 효과를 기대할 수 있다(신경숙 2012). 한편, 공원 내에 자리하거나 주변에 벤치, 정자 등이 위치한 경우 주민 쉼터로서의 역할을 담당하지만(1-①⑤), 민간 신앙의 대상으로 남아있는 일부 사례(1-⑥)를 제외하면 해당 공간에서 고인돌의 존재 의미는 거의 없다고 해도 과언이 아니다. 문화유산의 활용이 필수 과제가 된 우리 시대(신희권 2014)에 고인돌의 활용을 위한 현실적인 방안이 요구되는 시점이라 하겠다.

3. 활용 방안

　이상과 같이 호서지역 고인돌의 보존 및 활용 실태에 대한 문제점과 그 해결 방안을 간단하게 정리해 보았다. 이러한 내용을 바탕으로 호서지역 고인돌에 적합한 보존 및 활용 방안을 제시해 보고자 한다. 필자가 다른 논문에서 밝힌 바와 같이 호서지역의 고인돌은 엄청난 크기의 대형 상석이 존재한다거나 대규모의 군집을 이루는 사례가 드문 편이다(손준호 2009). 또 성토부가 축조되거나 묘역 시설이 설치된 경우도 많지 않아 다른 지역에 비해 상대적으로 고인돌 문화가 발달하지 못한 것으로 추정된다. 따라서 조사된 각각의 고인돌을 현지에 보존하거나 혹은 현지와 가까운 곳으로 이전 복원하는 방식으로는 일반인의 관심을 유발시켜 관람을 유도하기에 무리가 있다.

　이러한 문제를 해결하기 위한 구체적인 방안으로 필자는 각지에서 조사된 다양한 형식의 고인돌을 한 곳으로 모아 전시하는 테마파크의 조성을 제안하고 싶다. 최근 각 지자체마다 경쟁적으로 추진한 테마파크 조성 사업 중 성공 사례라 할 수 있는 것은 손에 꼽을 수 있을 정도이다. 결국 차별성과 경쟁력이 갖추어지지 않은 테마파크의 건립은 막대한 예산과 행정력의 낭비만 가져올 뿐이다. 물론 문화유산의 보존과 활용을 경제적 논리로만 설명하는 것은 문제가 있다. 그러나 이를 무조건 등한시할 수도 없는 것이 현실이다. 국가 경제의 발전과 함께 문화 향유에 대한 국민적 관심이 높아진 만큼, 새로운 수요에 맞춘 테마파크의 건립으로 문화유산의 보존과 활용이 성공적으로 이루어질 수 있을 것이라 기대한다. 또 이를 통해 관리 주체가 명확하지 않아 발생할 수 있는 고인돌의 훼손을 미연에 방지하는 것도 가능하다.

　고인돌 테마파크의 건립은 계획 단계에서부터 고고학적 접근뿐만 아니라 다양한 시각을 반영해야 한다(김영표·안진환 2006). 관리 계획 수립의 전 과정에 지역민들의 직접적인 참여를 유도하여 관심과 지지를 확보하는 것이 필요하며(한상우 2005), 기본적인 학술성 유지를 위해 관련 학자들의 적극적인 참여도 요구된다(김진·정은 2012). 부지는 접근성이 좋은 곳으로 지역별 국공유지를 활용하거나 국가에서 매입을 통해 마련해 줄 수도 있을 것이다(박종섭 2015). 물론 호서지역에서 확인된 모든 고인돌을 한 곳으로 이전 복원하자는 것은 아니다. 입지적·경관적 중요성이 인정되거나(사진 1-⑦) 그 자체로 나름의 군집을 이루는 경우(1-⑤⑧), 마을 주민들의 쉼터나 공공장소(1-①⑤), 민간 신앙의 대상으로 오랜 기간 이용된 사례(1-⑥) 등은 각각의 상황에 맞게 현지에서 보다 잘 관리되고 활용될 수 있는 방안을 마련하는 것이 바람직하다.

고인돌 테마파크에는 각 형식을 대표하면서 교육 및 활용에 적합한 형태와 규모의 고인돌을 주로 이전하며, 축조 시의 모습으로 복원하여 청동기시대 당시의 위용과 의미를 그대로 전달하는 것이 효율적이다. 또 고인돌 자체의 복원뿐만 아니라 고인돌을 둘러싼 다양한 인간 활동을 최첨단 그래픽 기법을 통해 복원함으로써 관람객의 흥미 유발에 큰 도움을 줄 수 있을 것이다. 이와 함께 안내판과 각종 편의 시설은 물론 유물 전시관과 교육 공간 등을 마련하고 정기적인 체험 행사 및 교육 활동을 실시함으로써 일반인의 지속적인 관심과 방문을 유도하는 것도 가능하다. 안내판과 편의 시설의 설치 시에는 고인돌 유적 공원을 위해 개발된 공공디자인을 이용할 필요도 있다(이재익 외 2010, 허진하 외 2009).

한편, 고인돌 테마파크에 관련 자료가 집대성된 학술 자료실을 마련함으로써 호서지역 고인돌 연구 센터로서의 역할을 담당하는 것도 가능하다. 고인돌에 대한 각종 보고서와 관련 문헌, 연구 성과는 물론 발굴 과정 및 이전·복원 시의 기록까지 확보하여 일반인뿐만 아니라 연구자들의 방문을 유도할 수 있으며, 이들을 적극적으로 활용한 관리와 교육 프로그램의 운용도 가능할 것이다. 이 밖에 지속적인 관광 자원으로서의 활용 여부가 고인돌 보존에 직접적인 영향을 미친다는 점을 감안하여, 테마파크 관련 관광 기반 시설의 확충, 주변 관광 자원과의 연계 개발, 관광객 유치를 위한 홍보 강화 등의 활동이 이루어질 수 있도록 노력해야 한다(전영호 1999).

그런데 상기한 방안의 실행과 함께 반드시 병행되어야 하는 것이 일반인들에게 고인돌에 대한 가치를 인식시키기 위한 노력이다. 이러한 노력이 없다면 막대한 재원이 투입되는 고인돌 테마파크의 건립이 일반 국민들의 환영 속에 추진되고 또 관심 속에 활용되는 것은 불가능하다. 한국의 세계문화유산 가운데 고인돌의 인지도, 매력도, 만족도가 가장 낮게 평가되었다는 것(이영진 외 2011)은 일반 대중을 위한 홍보와 교육, 활용 등이 절대적으로 부족하였음을 나타낸다. 고고학적 연구 성과를 대중적 자료로 다듬어 재생산하지 못한 부분에 대해 고고학자 스스로의 반성이 요구되며(이영철 2006), 지금이라도 더 늦기 전에 실현 가능한 대중화의 방안들을 하나씩 마련하여 실제의 행동으로 옮기는 노력이 필요하다.

4. 맺음말

이상과 같이 호서지역 고인돌의 보존 및 활용 실태와 앞으로의 개선 방향에 대하여 간단히 언급하였다. 사실 이미 다른 연구를 통해 고인돌 보존 시의 문제점과 유의 사항(최종규 2015), 관리 방향과 활용 방안(이영문 2008) 등이 종합적으로 다루어진 바 있으며, 본고에서 언급한 내용들이 이러한 기존 연구 성과의 범위를 크게 벗어나지 못하는 점은 인정한다. 다만 고인돌이 상대적으로 발달하지 못한 호서지역 자료를 대상으로 하여, 실제 관찰 결과를 바탕으로 한 문제점의 제기와 호서지역 고인돌의 분포 및 특징에 적합한 보존 및 활용

방안을 제시하였다는 점에 의미를 두고 싶다.

고인돌은 한반도 청동기시대의 대표적인 유구일 뿐만 아니라 한국 고고학을 대표하는 유구로서 전 세계적으로 주목을 받는 고고학적 연구 대상이다. 이러한 중요성으로 인해 2000년에는 고창·화순·강화의 고인돌이 유네스코 세계문화유산에 등재되었으며, 그 이후 고인돌에 대한 보존은 더욱 강화되어 현재에는 발굴 조사된 고인돌의 거의 대부분이 현지 또는 이전 복원되고 있는 실정이다. 그러나 지금까지의 보존은 고인돌의 문화재적 가치를 일반인들에게 널리 알리기 위한 교육적·활용적 측면에서는 부족한 부분이 많았다. 본고에서 고인돌의 보존 및 활용에 대한 몇 가지 제안을 하였는데, 이 밖에도 여러 가지 사항을 종합적으로 고려한 융통성 있는 보존과 활용 대책이 마련될 필요가 있다. 보존을 위한 보존보다 활용을 위한 보존이 이루어지기를 기대해 본다.

[참고문헌]

김영표·안진환 2006, 「발굴유구 유적공원 활성화 방안연구」, 『연구논문집』 6, 호남문화재연구원.

김종승 2015, 「문화재청의 발굴 보존유적 관리체제 개선방향」, 『보존조치유적 제도개선 모색을 위한 워크숍』, 한국고고학회·한국매장문화재협회.

김 진·정 은 2012, 「문화유적 공원 조성방법과 활용방안 연구」, 『호남고고학보』 40.

박순발 2004, 「충청지역 고인돌과 보존현황」, 『세계 거석문화와 고인돌』, 동북아지석묘연구소.

박종섭 2015, 「국내 발굴유적의 보존사례와 개선방안」, 『보존조치유적 제도개선 모색을 위한 워크숍』, 한국고고학회·한국매장문화재협회.

손준호 2009, 「호서지역 청동기시대 묘제의 성격」, 『선사와 고대』 31.

신경숙 2012, 「고인돌 축조기술의 교육적 활용에 대한 연구」, 『야외고고학』 13.

신희권 2014, 「고고유적 활용 방안 연구」, 『야외고고학』 19.

이영문 2008, 「지석묘유적의 보존 현황과 활용방안」, 『문화유산의 보존과 활용』, 호남문화재연구원.

이영진·김지선·서용제·이 훈 2011, 「세계문화유산으로 등재된 국내 고인돌의 관광 상품화 가능성 분석」, 『상품학연구』 29-2.

이영철 2006, 「대중고고학 위한 우리들의 역할」, 『연구논문집』 7, 호남문화재연구원.

이재익·남현우·김재원·김영우·강미정 2010, 「문화재 공공디자인 가이드라인에 대한 연구」, 『한국디자인문화학회지』 16-3.

전영호 1999, 「고창지역 문화관광자원의 진흥방안에 관한 연구」, 『Tourism Research』 13.

최종규 2015, 「국내 보존유적 정비 및 관리방안」, 『보존조치유적 제도개선 모색을 위한 워크숍』, 한국고고학회·한국매장문화재협회.

한상우 2005, 「문화유적 관리계획 수립에 관한 연구」, 『고문화』 65.

허의행·안형기 2012, 「매장문화재정보 관리와 활용을 위한 모바일 어플리케이션 기획 및 제작 연구」, 『야외고고학』 15.

허진하·남현우·임인동·이재익·임영순 2009, 「세계유산 고인돌 유적지 공공시설물 디자인 개발 연구」, 『한국디자인문화학회지』 15-3.

3

미디어와 대중고고학의
새로운 영역

한국 대중고고학 개론
Introduction of Korean Public Archaeology

고고학과 언론

김 태 식 (연합뉴스 문화부 기자)

1. 미디어 환경의 급변

2018년 현재 한국에는 뉴스전문을 표방하는 케이블 채널로 YTN과 연합뉴스TV 두 곳이 있다. 그 역사를 거슬러 올라가면 둘 다 연합뉴스라는 통신사(News Agency)가 모기업이지만, 현재 사정을 보면, 선발 주자인 전자가 이후 모기업과 관계가 완전히 단절된 반면, 후발주자인 후자는 여러 복합적인 이유로 YTN을 포기할 수밖에 없던 연합뉴스가 다시 출범한 뉴스전문 채널이다. 그렇다면 왜 뉴스전문 채널인가?

뉴스전문 채널은 흔히 미국의 CNN을 효시로 삼는다. 1980년 테드 터너(Ted Turner)가 출범한 이 채널은 걸프전이 발발하면서 그 위력을 유감없이 발휘한다. 1990년 8월 2일, 사담 후세인이 이끄는 이라크가 쿠웨이트를 침공하자, 그 부당성을 주장한 미국이 주동이 되어 영국과 프랑스를 비롯해 34개 다국적군이 이에 개입해 이듬해 쿠웨이트에 진주한 이라크 군대를 축출한 것이다. 43만 명에 달하는 미군을 주축으로 하는 다국적군 68만 명이 동원된 이전쟁은 '사막의 폭풍작전'이라는 이름을 붙었다. 현대전 위력을 유감없이 발휘한 이 전쟁은 먼저 공군을 동원한 대공습이 단행되었으니, 미국의 스텔스 폭격기인 F-117 나이트호크(Night Hawk)가 이라크군 기간시설을 초토화하고, 이어 페르시아 만에 대기 중인 함정과 잠수함에서는 토마호크 미사일을 쏟아부었다. 이를 발판으로 다국적군은 마침내 육군을 투입해 작전 개시 불과 100시간 만에 이라크군 축출했다. 이 전쟁이 미디어라는 관점에서 더욱 독특한점은 이런 다양한 전쟁 진행 과정이 TV라는 영상매체를 통해 거의 실시간으로 생중계되었다는 점에서, 이 과정을 24시간 뉴스 전달을 표방한 CNN은 유감없는 위력을 발휘했다. 요즘의 컴퓨터 게임과 같은 현실의 전쟁을 '시청'하고 '소비'하는 시대가 된 것이다. 이를 주도한 CNN은 그 무렵 전성시대를 구가했다.

한국에서 뉴스전문채널 움직임은 바로 이 CNN을 뿌리로 삼는다. 한국 역시 이런 뉴스전문채널이 하나쯤은 있어야 한다는 움직임이 일기 시작했으니 그것이 1994년 출범한 YTN이다. 그렇다면 하필 그것을 당시까지만 해도 국내 유일한 통신사인 연합뉴스가 나섰을까? CNN이라는 외부 충격파와 더불어 당시 언론 환경에도 일대 변화가 일었으니, 바로 인터넷의 급속한 확대였다. 야금야금 기세를 확장하기 시작하던 인터넷이 마침내 대세를 장악하고, 미디어 환경까지 일대 변모케 한 것이다. 언론매체 중에서도 당시까지만 해도 '언론사의 언론사', 다시 말해 방송이나 신문 같은 여타 다른 언론 매체에 뉴스 공급을 하던 통신사한테는 인터넷이 환경으로의 변화가 곧 그 생존까지 심각하게 위협하는 사건으로 받아들여졌다. 간단히 추리면, 인터넷 시대가 본격 도래하고, 이를 통해 뉴스라는 상품이 마구잡이로 풀리면, 종래 그것으로써 독점적 지위를 구가하던 통신사는 설 땅이 없다는 논리였고, 그것은 곧 위기의식이었다. 연합뉴스라는 통신사가 뉴스전문채널이라는 방송 진출을 선언한 이유였다.

그렇다면 이 예상은 어찌 되었을까? 그 우려 혹은 위기의식과는 전연 딴판인 사정이 벌어졌다. 통신사는 생존을 위협받기는커녕 외려 그 이전에는 도저히 누리지 못한 전성시대를 구가하게 된다. 뉴스의 생산과 공급이라는 측면에서 통신사는 다른 언론매체들인 방송이나 신문이 도저히 따라올 수 없는 특장을 지녔으니, 실시간 뉴스서비스라는 최대 무기가 바로 그것이었다. 방송이나 신문은 당시까지만 해도, 뉴스 방송시간과 신문 발행시간이 한정됐다. 그러니 그들이 전달하고자 하는 뉴스는 방송시간이나 신문 발행을 기다려야 했다. 그에 견주어 통신사는 근간이 24시간 상시 뉴스 생산·공급을 생명으로 삼는 까닭에, 인터넷 시대는 실은 통신사를 위한 시대였던 것이다.[1]

뉴스전문채널 등장과 인터넷 확대 보급은 90년대 이후 초래한 언론환경의 급속한 변화를 알린 신호에 지나지 않았다. 이를 시발로 무수한 변동이 일어나 그야말로 춘추전국시대를 방불하는 전쟁을 언론계는 치르는 중이다. 인터넷시대가 다인 줄 알았지만, 대략 현재로부터 10년 전부터는 모바일 시대로 급속도로 변환되었다. 그에 따라 언론계는 국내외를 통털어 이 모바일의 뉴스 시장을 잡기 위한 혈투를 치르는 중이다. 이 과정에서 기존 공중파 방송과 신문, 특히 후자의 위축은 거의 몰락에 가깝게 느껴질 정도다. 기존 공중파 방송은 케이블 채널에 급속도로 시장을 잠식당하기 시작했으며, 신문은 나날이 구

---

1 이상 YTN 등장과 관련한 사정은 1993년 1월 1일자로 동 회사 기자로 입사한 필자가 목도한 것임을 토대로 한다.

독자 급감을 체감하는 중이다. 앞으로는 또 어떤 시장 변화가 초래될지 누구도 알 수 없는 시대에 돌입한 것이다.

나아가 또 하나 지적할 것이 기성 언론매체의 몰락이 반드시 뉴스시장의 몰락 혹은 감소를 의미하지는 않는다는 사실이다. 그러기는 커녕 외려 정반대다. 신문과 방송이 대표하는 기성 언론매체가 생존을 위협받을 정도로 몰락한 반면, 이들이 자양분으로 삼는 뉴스 그 자체는 시장을 급속도로 늘려가기 시작했다. 비단 한국만이 아니라 전 세계적으로 일어나는 현상이거니와, 모바일 기반 사회환경 조성은 뉴스를 누구나 소비하는 상품으로 바꿔놓았다. 이제는 한가롭게 책상 혹은 집안 소파에 앉아 아버지 혹은 할아버지가 신문을 보는 시대가 아니다. 불과 90년대까지만 해도, 그 익숙한 풍경을 지금은 여간 보기 어렵지 않다. 이제는 아무도 신문을 읽지 않고, 저녁 9시 뉴스는 흔적도 없이 사라졌다. 하지만 신문이 사라진 것과 9시 뉴스가 사라진 것이 뉴스시장의 위축과는 전연 관계가 없다. 이제는 남녀노소를 막론하고, 휴대폰 하나로 자기가 원하는 뉴스를 언제든지, 어디서건 찾는 시대가 되었으며, 그에 따라 종래 할아버지 혹은 아버지 전유물과도 같던 뉴스는 시장을 더욱 확대해 이제는 그야말로 초동급부(樵童汲婦)도 뉴스를 소비하는 시대다. 이 새로운 바람은 고고학에도 심대한 영향을 미치기 시작했다.

2. 국경을 탈출하는 고고학 '뉴스'

1971년 7월, 공주 송산리 고분군에서 기적처럼 무령왕릉이 발견된 사실을 관련 분야 전문가들도 대부분 신문 보도를 통해 알았다. 신문이야 마감시간이 있으니, 적어도 그런 발견이 있고 하루가 지난 뒤에야 그 소식을 접한 것이다. 이 발견 당시 국립경주박물관장 강우방 역시 당시를 회상하며 경주박물관장

실에서 신문을 통해 이 소식을 접하고는 그날로 냅다 송산리 고분군 현장으로 달려갔다 한다.[2]

요즘이라 해서 이런 일이 아주 없다고도 할 수는 없지만, 있기도 힘들다. 저와 같은 초대형 고고학 관련 빅뉴스라면 실시간으로 각종 전파를 타고, 전해질 것이기 때문이다. 비단 방송을 비롯한 각종 언론 매체 외에도 새로이 대두한 유투브니 페이스북이니 트위터와 같은 SNS(사회관계망서비스)가 위력을 발휘하니, 저와 같은 소식을 적어도 이런 분야에 관심이 있는 사람이라면 즉각 접하지 않을 수가 없다. 무령왕릉 발견과 같은 뉴스는 워낙 비중이 크고 파급이 적지 않을 것이기에, 각 언론사는 틀림없이 그 소식을 접하는 것과 동시에 이른바 '1보' 혹은 '긴급'과 같은 형식으로 그런 사실만을 간단히 적은 문자 서비스를 하기 마련이다.

새로운 매체 환경에 발맞추어 관련 뉴스는 시간이라는 장애만이 아니라 국경도 동시에 초월한다. 한국 고고학 관련 뉴스로 웬만큼 비중 있는 사안은 실시간으로 국제사회로 나간다. 지금 이 순간에도 한국에서 생산한 고고학 소식은 각종 전파와 각종 매체를 타고 국경을 탈출하는 중이다.

이에서 유의할 점은 이런 뉴스 유통에서 언어가 더는 절대적 장애물은 아니라는 사실이다. 종래 이런 소식 유통에는 번역이라는 과정이 있어야 했다. 물론 시대가 바뀐 요즘에도 이 번역의 중요성이 증대하지 않는 것은 아니다. 어떤 형식으로든 한국어 번역이 이뤄지기는 하지만, 그 번역 양태라는 것도 변했다. 아직 초보 수준에 머무른다는 비판이 있기는 하지만, 구글 자동번역기로 한국어 뉴스가 말하는 핵심은 대략 파악이 가능하며, 나아가 그것이 아니라 해도, 한국어를 아는 어떤 누군가는 번역이라는 형식을 빌려 그 소식을 각

---

2 이상은 필자가 ≪직설 무령왕릉≫(메디치미디어)를 출간한 직후인 2016년 5월 25일, 강 선생과의 전화 통화에서 확인한 사실이다.

종 전파와 매체를 빌려 전파하기 마련이다. 한국어 관련 고고학 뉴스가 이처럼 시시각각 시공간을 초월하는 모습을 SNS 흐름을 추적하면 금방 드러난다. 그 정보가 유통되는 양상과 속도를 보면, 모골이 송연해 질 정도다.

2018년 현재 K팝으로 대표하는 한국 대중문화 중에서도 방탄소년단(BTS)은 이른바 대세를 점한다. 이 해에만 '빌보드 핫100' 1위곡을 하나도 아닌 두 개나 내는 대전과를 올렸거니와, 전 지구적인 BTS 신드롬에서 우리가 눈여겨 봐야 할 것은 그들이 비록 어중간에 영어를 섞긴 했지만, 가사의 전체 맥락은 온전히 완전한 한국어라는 사실이다. 나아가 최신곡에서는 국악 장단까지 다량으로 가미했다. 이는 더 이상 언어나 멜로디가 세계와의 소통에서 장애가 되지 않음을 의미한다. 한국 관련 고고학 뉴스가 유통하는 구조 역시 이 BTS 신드롬 확산과 하등 다른 점이 없다. 많은 이가 BTS 성공 비결 중 하나로 그 굳건한 팬클럽 '아미(ARMY)'를 들거니와, 한국고고학이 아직 그 정도 팬덤을 형성한 것은 아니라 해도, 분명 이쪽을 주목하는 '고객'이 적지 않음을 유념해야 하며, 그들이야말로 한국고고학 뉴스를 세계에 시시각각 전파하는 전사임을 잊어서는 안 된다.

3. 고고학 언론의 한국적 특성

고고학 혹은 그 관련 뉴스가 생산·유통·소비되는 경향을 볼 적에 한국, 혹은 한국을 포함한 동아시아의 특성도 농후하게 드러난다. 근대기 일본에 의한 강압적 식민지배가 워낙 강고했고, 그 기간이 35년에 달한다는 역사를 굳이 거론하지 않는다 해도, 특히 그 지리적 인접성으로 말미암아 한국 언론은 일본 언론의 지대한 영향력에 아래 있었고, 그 전통이 지금도 여전히 강고한 측면이 많으니, 고고학과 언론의 관계 역시 그에 따라 문화권별 차이가 적지는 않다.

　물론 하나로 단일화할 수는 없지만, 서구 언론과 비교할 때 무엇보다 한국 언론이 지닌 특징 중 하나로 고고학 관련 뉴스 생산 비중이 압도적으로 높다는 사실을 빼놓을 수 없다. 이는 한국 혹은 한국과 일본에서 장기간 세월을 두고 발달한 독특한 언론 시스템 때문인 측면이 크다 하거니와, '출입처' 혹은 '출입기자' 제도가 그것이다. 언론 환경 급변과 더불어 국내 언론사 역시 언론사별 조직 구성이 워낙 다양해지긴 했지만, 종합 일간지나 방송을 기준으로 할 때 업무에 따라 부서를 나누거니와, 대체로 정치·경제·사회·체육과 더불어 문화부가 빠지는 일은 거의 없다. 물론 이 문화부 역시 최근에는 대중문화 비중이 압도적으로 증대함에 따라 대중문화를 분리해 소위 순수문화만을 취급하는 언론사도 있기는 하지만, 어떻든 이 문화부가 다루는 분야 중에 문화재가 빠지지 않는다. 문화재를 전담 기자 혹은 전담 출입처를 두어 관리하는 제도가 필자가 알기로 동아시아 권역을 벗어나면, 찾기는 힘든 것으로 안다.

　국내 언론에서 말하는 분야로서의 '문화재'란 현행 대한민국 정부조직법으로 볼 적에 대체로 문화재청이 커버하는 일을 말한다. 문화체육관광부가 주무 부서인 박물관이나 고고미술 특징을 농후하게 가미하는 미술관 등이 있기는 하나, 정부 부처로 문화재 업무를 전담하는 조직이 따로 있다는 점은 문화재가 한국 사회에서 차지하는 위상이 녹록치 않음을 웅변한다. 같은 동아시아권 국가를 보건대 일본에는 '문화청'이 있어, 그 일부 업무로 문화재를 다루며, 중국에는 '국가문물국'이 별도로 있어 전담한다.

　중국 쪽 문화재 취재 시스템은 필자가 잘 알지 못하나, 한국과 일본은 엇비슷해서, 문화재를 담당하는 기자를 별도로 두니, 이들이 문화재청이나 문체부 산하 각종 박물관의 공식 '출입기자'로 등록된다. 다만, 문화재 관련 업무를 관장하는 정부조직이 일본에서는 우리 관념으로는 교육부 산하인데 견주어,

한국은 문화체육관광부 산하 문화재청이 한다는 점이 다르다. 하지만 이 역시 시대를 거슬러 올라가면, 일본 영향이 짙은 한국 역시 현재의 문화재청 직접 모태가 되는 문화재관리국이 초창기에는 교육부 외국(外局)으로 출발했다는 점을 잊어서는 안 된다. 물론 미국이나 유럽에서도 출입기자 등록제가 있고, 그런 등록 절차를 거치면 관련 기관에서 배포하는 보도자료 등을 공식으로 받는다고 안다. 하지만 한국에서는 이 출입처 관리시스템이 지독할 정도로 엄격해서, 언론계 외부에서는 허심하게 보일지는 모르나, 적어도 해당 언론사 내부에서는 이 출입처별로 해당 출입기자는 각자의 영역을 침범하지 않는 일을 불문율처럼 여기는 전통이 강고하다. 물론 최근에서는 그런 전통이 점차 허물어져 가는 추세에 있다고 할 수도 있지만, 여전히 출입처 혹은 출입기자제는 적어도 언론사 내부에서는 굳건하다. 문화재 정책 전담 정부기구가 있고, 전담 기자가 따로 있는 이 전통은 다른 국가와 견주어 볼 때, 그리고 문화재 혹은 고고학이 그 사회에서 차지하는 상대적인 비중을 고려할 때, 어쩌면 지나치게 많다고 볼 수 있는 관련 뉴스를 생산하는 결정적인 원천이 된다. 문화재 혹은 고고학 관련 소식은 거의 매일 쏟아지기 때문이다.

통상 국내 언론계에서 해당 언론사에서 모든 기자는 해당 영역과 그와 관련되는 기관을 배당받거니와, 이를 '출입처'라 하며, 그런 담당 기관에 담당 기자로 등록된 기자를 '출입기자'라 한다. 따라서 우리 언론계에서 정부조직별로 보면 문화재청 혹은 국립박물관 '출입기자'를 '문화재 기자'라 부른다. 간단히 말해 문화재 기자란 문화재 분야를 담당하는 기자를 말한다. 이들이 주로 문화재 관련 기사를 양산한다.

통상 문화재 기자라 할 때, 고고학이 오해하기 쉬운 대목 중 하나가 너무나 쉽사리 문화재 기자는 곧 고고학 담당 기자라고 일반화한다는 사실이다. 문화재와 고고학은 다르다. 문화재가 취급하는 분야 중에 고고학이 있고, 그것이 이른바 문화재 관련 기사 중 압도적으로 높은 비중을 차지하는 것이 한국 풍토에서는 부인할 수 없으나, 그렇다고 해서 고고학이 곧 문화재는 아닌 것이다. 문화재가 커버하는 범위는 그만큼 광범위하다.

4. 고고학 정보의 유통과 언론

그 어떤 권력이건 중앙집권화를 욕망하기 마련이며, 그에 따라 그에 반대하는 움직임 역시 집요하기 마련이다. 한국사에서는 거의 발견되지 않지만, 중국이나 일본에서는 군현제(郡縣制)가 대표하는 권력의 일원적 중앙집권적 지배 체제는 언제나 봉건제후가 대표하는 지방분권화 움직임 역시 집요해 이 두 가지 형태의 통치 형태 중 어떤 쪽이 효율적이냐를 두고 피비린내 나는 쟁투를 벌였음은 익히 알려진 사실이다. 유럽과 그에서 배태한 미국은 상대적으로 지방분권화 혹은 자율화 전통이 상대적으로 강고한 편이다. 그에 견주어 한국사는 그 역사를 통틀어 시종 중앙집권제를 선호한 까닭은 아무래도 지정학적 특징에서 찾아야 하지 않을까 한다.

한데 이 중앙집권화 전통이 문화재 분야라고 하등 예외가 없어, 고고학 관련 뉴스에서도 그런 특징이 유감없이 발휘되고 있다. 그런 까닭에 고고학 관련 뉴스가 생산되는 기원 혹은 양태를 보건대 중앙정부가 주체가 되어 그것을 발신하는 비율이 너무나 높고, 비단 그것이 아니라 해도 그것이 생산·유통되는 과정에서 중앙정부가 지나치게 통제·개입하게 된다. 정확한 통계는 없지만, 국내 언론이 생산하는 고고학 관련 뉴스 발신처를 보면 절대 다수를 문화재청을 주체로 삼는다. 예컨대 무엇을 하기로 했다거나, 무엇이 발견되었다거나 하는 고고학 뉴스에서 그 발신자를 보면 문화재청이 주어가 되는 일이 너무나 많다.

나아가 고고학 관련 뉴스 중 절반가량, 혹은 그 이상을 이른바 발굴 뉴스가 점거한다는 점도 특징이거니와, 이는 개발도상국가, 혹은 산업화 단계 국가에서는 흔히 나타나기는 하지만, 한국은 2000년대 접어들면서 일정 면적 이상 공사에 대해서는 사전 문화재 지표조사를 강제화하고, 그 결과에 따라 본 발굴도 의무화한 여파로 전국에 걸친 발굴이 기하급수적으로 늘었으며, 그만큼 그와 관련되는 뉴스가 봇물처럼 터져 나왔다. 한데, 이 모든 발굴을 문화재청이 통제한다. 그 발표시점은 물론이고, 그 공포 여부까지 문화재청이 결정하는 시스템이 현재도 통용되는 것이다.

이러한 중앙집권적 통제는 반발을 부르기 마련이다. 하지만 그에서 벗어난 행동, 곧 문화재청 지침을 받지 않은 사전 발표는 혹독한 대가를 요구하기 마련이니, 이런 고고학 발굴 뉴스를 생산하는 전국 발굴전문기관들이라든가, 그들한테 그 발굴을 발주한 지방자치단체는 분통을 터뜨리는 일이 많다. 이런 시스템은 혁파 혹은 대폭적인 개선이 필요하다. 나아가 지자체 착근과 더불어 문화재 행정 역시 지방분권화가 활발히 추진되고, 그에 따라 일부에서는 괄목할 만한 성과를 낸 것도 사실이지만, 일각에서 논의 중인 발굴조사 허가권도 이제는 광역자치단체장으로 이양해야 한다.

그렇다면 언론은 어떤 경로를 통해 고고학 관련 뉴스를 생산하는가? 그 발신처를 보면 어떤 사회, 어떤 나라도 같다 보면 되거니와, 해당 정부기관 혹은 관련 기관, 혹은 가끔 개인이 공식으로 배포하는 이른바 '보도자료'가 큰 비중을 차지한다. 하지만, 이런 보도자료는 그 특성상 일방적인 기관 치적 홍보 성향이 강할 수밖에 없다. 그에 따라 실상의 왜곡과 과장을 동반한다. 바로 이에서 언론과 보도자료는 갈 길을 달리한다. 언론은 비판정신을 생명으로 삼는 까닭이다. 나아가 모든 보도자료가 그대로 뉴스화하지는 않는다. 상당수 보도자료는 뉴스로는 사장되는 일이 많거니와, 언론의 게이트키핑(gate keeping) 과정에서 그 소식은 뉴스로서는 가치가 없다고 판단했기 때문이다.

보도자료가 뉴스가 생산되는 공식 통로라면, 기타 과정을 통해 기자가 입수하는 정보는 '제보'라는 형태를 띠는 일이 많고, 나아가 소위 뉴스원 혹은 뉴스 메이커라 불리는 사람들과의 관계에서 기자가 이른바 '캐치(catch)'한 정보가 뉴스 토대가 되는 일이 많다. 언론계 내부에서는 이런 경로를 통해 얻은 정보를 토대로 해서 생산한 뉴스를 높게 치는데, 이른바 '특종(scoop)'이라는 것도 거의 예외 없이 '제보'나 '캐치'를 생명줄로 삼는다. 보도자료는 간단히 말해 누구나 공유하는 자료다. 그런 데서 언론이 말하는 '좋은 뉴스'는 나오기는 힘들 수밖에 없다. 물론 보도자료라 해도, 그것을 배포한 기관이나 개인한테는 중요하지 않은 정보가 언론 혹은 해당 기자한테는 중요한 대목이 있을 수 있다. 이를 간취해서 보도자료와는 다른 방향에서 생산한 뉴스야말로 외부 사회에서는 좋은 평가를 받는 지름길이 된다. 고고학 관련 뉴스에서 압도적인 비중을 차지하는 발굴소식에서 이런 일이 더러 있다.

뉴스의 출발이 되는 '제보'는 내용으로 보면 비리 폭로가 압도적이다. 그런 까닭에 해당 제보자는 그 제보가 겨냥하는 조직 혹은 사람이 그 기관 내부가 되곤 한다. 나아가 그 자신 혹은 그 기관과는 직접 관련은 없으나, 다른 기관이나 인물 관련 중대한 정보를 '일부러' 누설하는 형태의 '제보'도 있다. 문화재청이 공식 보도자료라는 형태로 정보 유통을 독식하는 현행 고고학 발굴 관련 뉴스 시장에서 가끔 그에서 다루지 않은 발굴 소식이 언론을 통해 드러나는 행태를 보면 이런 제보가 압도적으로 많다.

'의도한 누설'인 '제보'에 대비해 '의도하지 않은 누설' 역시 다른 분야에서와 마찬가지로 고고학 관련 뉴스 생산의 출발을 이루기도 한다. 언론 혹은 기자 특성을 잘 모르거나 그에 무관심한 사람들이 무심코 내뱉는 말이 뉴스의 출발이 되는 일이 많거니와, 때로는 그런 말이 일파만파를 일으키기도 한다. 분야가 다르기는 하지만, 일전에 어떤 뉴스를 보니, 국세청 어떤 직원이 비리 혐의로 검찰이 구속이 되었는데, 그 빌미가 택시 안에서의 통화였다고 한다. 그 통화가 아마도 택시에 장착한 내비게이션 시스템을 통해 녹음이 된 듯하고, 이런 사실을 해당 택시 운전사가 수사기관에 제보함으로 덜미가 잡힌 것이다. 필자 개인이 경험한 일화 중 하나로 석가탑 중수기 사건이 떠오른다. 1966년 석가탑 해체 보수 때 수습한 이른바 묵서지편(墨書紙篇) 중에 고려시대 탑 중수기가 들어있다는 사실을 필자는 어떤 자리에서 우연히 듣고는 정식 취재에 들어가 2005년에 기사화한 기억이 있다.

아마 다른 나라 언론계도 풍토가 비슷할 것으로 아는데, 이런 점들에서 한국 언론은 유난히 기자와 소위 취재원의 유별난 인간적 관계를 강조하는 전통을 강화하는 데 일조했다고 판단한다. 이런 전통은 서구 유럽과는 분명히 구별되는 점인데, 다른 무엇보다 '사람을 만나야 좋은 기사가 나온다'는 구호는 각종 폐해를 낳기도 한다. 이는 결국 현실 세계에서는 취재원과 술자리 밥자리를 자주 가져야 한다는 말로 치환되거니와, 이에서 각종 유착이 발생하고, 공적 영역과 사적 영역의 구별을 모호하게 만들고 만다. 하긴 필자 개인 경험으로 봐도, 다른 언론 기자가 쓰지 못하는 좋은 기사는 이런 '만남'을 통해 나왔다는 점을 부기해 두고자 한다.

5. 삼최(三最)는 부당하기만 한가?

고고학계 내부건 언론계 내부에서도 언제부턴가 이 삼최를 거론하는 일이 많거니와, 이르기를 고고학 혹은 그걸 다루는 언론이 최고(最古) · 최대(最大) · 최다(最多)의 삼최를 지나치게 선호한다는 것이다. 그것이 등장하는 맥락을 필자가 나름대로 분석하니, 이는 고고학계가 고고학 내부를 향한 질타이기도 하고, 고고학계의 언론계를 향한 질타이기도 한 듯하다. 전자는 친 언론 성향 고고학도를 향한 비판으로 등장하는 맥락이 많은 듯하다. 친 언론 성향 고고학도란 주로 언론에 기대어 이름을 날리고자 하는 이들이다. 결국 이 '삼최'라는 말에는 한국 고고학, 혹은 한국 문화재 언론이 지닌 문제점을 집약한 상징과도 같다 할 만하다. 그렇다면 '삼최'를 향한 비판 혹은 비아냥거림은 정당하기만 한가?

필자는 이를 뒤집어 본다. 고고학이건 그것을 다루는 언론이건 '삼최'에 대한 집착 혹은 관심은 지극히 당연하다. '삼최'는 비교의 출발선인 까닭이다. 어떤 유구(遺構), 어떤 유물도 내가 최고(最古)·최대(最大)·최다(最多)라고 선언하고 출현하지는 않는다. 삼최는 언제나 그것이 드러난 그때 그 순간을 기점으로 하기 마련이거니와, 그런 까닭에 그 삼최는 언제나 붕괴 가능성을 열어둔다. 이 '삼최' 없이는 비교가치가 드러날 수가 없다. 가치 비교라는 점에서 삼최는 비아냥거림 대상이 아니라, 외려 적극적으로 권장되어야 한다고 본다. 물론 이를 향한 비판정신 역시 언제나 존중되어야 한다. 이는 뉴스라는 측면에서도 마찬가지다. 뉴스(news)란 글자 그대로 'new한 어떤 것'일 수밖에 없으며, 그런 'new'의 절대 척도 중 하나가 저들 삼최임은 말할 나위가 없다. 같은 유적 같은 유물이 처음, 그리고 두 번째 출현이 뉴스가 되긴 하겠지만, 그 이후에는 신선도가 떨어지기 마련이다. 물론 고고학이라는 측면에서는 '삼최'보다 어쩌면 그 삼최를 필두로 하는 '유사한' 것들의 배열과 이를 통한 분석 결과가 더욱 중요하기는 하겠지만, 그렇다고 해서 고고학에서도 삼최가 지닌 중요성이 덜해지는 것은 결코 아니다. 그것은 편년과 크기 등의 준거가 되기 때문이다.

앞서 말한 언론 환경 변화와 더불어 비단 고고학 관련 분야만이 아니라 한국 언론계 전반에 나타난 다른 문제점으로 '보도자료 베끼기' 관행이 광범위하게 자리 잡기 시작한 현상을 들어야 할 성 싶다. 언론 환경 기반이 90년대 인터넷, 2000년대 모바일, 그리고 최근의 SNS 시장 기반으로 급속도로 재편되면서, 그 척도가 종래의 발행부수, 혹은 시청률은 의미가 눈에 띄게 퇴색한 반면, 지금은 오로지 클릭 혹은 뷰(view) 숫자가 절대 평가 잣대로 변화했다. 언론 역시 공적 기능을 강조하나, 엄연히 이윤을 창출해야 하는 기업이라는 사실은 변함이 없다. 더 간단히 말해 언론이 제아무리 국민의 알권리를 내세우면서 공적 기능을 강조한다 해도 그들 역시 먹고 살아야 하며, 그 절대의 기반은 광고다. 한데 이 광고 단가가 이제는 클릭 숫자로 판가름 나는 시대에 접어든 것이다. 그에 따라 전 세계적으로 지금 언론 시장은 클릭 숫자를 늘리기 위해 그야말로 혈투를 벌이는 중이다. 이런 전쟁은 필연적으로 속보 경쟁을 부른다.

앞서 필자는 90년대 연합뉴스가 인터넷 시대를 맞아 통신 시대는 저물었다며, 방송 시장에 뛰어들었지만, 막상 인터넷 시대가 되자 그것이 오판이었음이 드러났다고 했거니와, 새로운 언론 환경은 모든 언론사에 대해 통신사 기능을 요구하기 시작한 것이다. 지금은 구분 자체가 무의미해지긴 했으나, 전통적으로 언론은 신문과 방송, 그리고 통신의 세 가지로 분류하거니와, 전자 둘이 독자와 시청자라는 뉴스 소비층을 겨냥한 뉴스의 소매상인 데 반해 후자는 이들 뉴스 소매상에 뉴스 상품을 공급하는 도매상에 비유됐다. 따라서 통신사는 시간(마감시간)과 공간(지면과 화면)의 제약을 받는 신문이나 방송에 견주어 하루 24시간 실시간 뉴스 서비스를 생명으로 삼는다. 한데 미디어 환경이 급격하게 변함에 따라 모든 언론사가 통신사로 변신하는 시대를 맞은 것이다. 그에 따라 뉴스의 동맥과 정맥이라 할 속보성과 정확성 중에서 속보성이 압도적 우위를 점하기 시작했으며, 그에 따라 대두한 문제가 한두 가지가 아니다. 이런 속도 중시는 보도자료를 그대로 전재하는 병폐를 낳았으며, 이는 필연적으로 뉴스 본연의 임무인 비판 의식 부재를 낳고 있다. 이는 고고학 관련 뉴스라 해서 예외가 없다.

속보성은 뉴스의 절대량을 폭증에 가깝게 증가케 했다. 고고학 관련 뉴스 역시 엄청난 증가세를 기록 중인데, 그 절대량만 보면, 작금 한국은 적어도 뉴스시장이라는 측면에서 고고학 천국이라 불러도 손색이 없다. 이에다가 앞서 말한 속보성과 클릭 숫자가 절대 평가 기준이 되고, 그것이 나아가 광고 단가에도 영향을 미치게 되자, 독자의 시선을 사로잡기 위한 또 다른 전쟁이 벌어지니, 자극적인 제목 달기가 그것이다. 이는 주로 연예계 관련 뉴스에 빈번한 것으로 알려졌지만, 요즘은 분야가 따로 없다. 지금 전 세계 언론계 화두 중 하나가 '가짜뉴스'인데 실상과 전연 동떨어진 이런 자극적인 제목이야말로 실은 '가짜뉴스'의 전형에 속한다 해도 과언이 아니다.

더불어 중앙정부(문화재청)에 의한 일괄적 보도통제 시스템도 문제다. 이는 언론계뿐만 아니라, 고고학계 내부에서도 불만이 높은 사안으로 알거니와, 이런 현상은 특히 고고학 관련 뉴스의 절대 비중을 차지하는 발굴소식에서 두드러진다. 현재의 보도 시스템에 의하면, 모든 발굴은 문화재청이 통제하며, 그 발표에 대한 사항까지도 일일이 문화재청이 통제를 가한다. 그에는 그 나름이 이유는 없지는 않다. 다른 무엇보다 그것이 통제되지 않았을 때 초래할 악영향을 염두에 두기도 한다. 예컨대 발굴현장에 수시로 기자들이 들이닥치면, 발굴조사가 제대로 진행될지 의문이 들기도 한다. 하지만 이런 보도통제 시스템이 그런 업무 효율성보다는 실은 행정 편의주의적인 발상에 기댄다는 점도 부인하기는 어렵다. 다시 말해 문화재청이 발굴행정을 편하게 진행하기 위해 보도통제까지 한다는 혐의에서 결코 자유롭지 못하다.

이와 함께, 이런 보도통제 시스템은 필연적으로 발굴 현장 소식에의 접근성을 방해하기 마련이다. 통제가 심한 만큼, 그 과정에서 걸러지는 정보가 많다. 요즘은 어떤 발굴 현장 있고, 그에서 어떤 성과가 나왔는지를 모른다는 불만이 고고학계는 물론이고 언론계에서도 팽배한 실정이다. 사정이 이렇다 보니, 조사단은 조사단대로 그들의 발굴성과를 공개하기보다는 숨기기에 급급한 실정이다. 이럴 때마다 언제나 국민의 알권리를 내세운 언론과 숨길 권리를 주장하는 고고학은 대립각을 형성하기 마련이다. 이렇게 해서 수많은 정보가 사장되고 있는 실정이다. 이는 고고학을 위해서도 비극이요, 언론에도 마찬가지다.

6. 새로운 미디어 환경의 고고학

언론계에 26년째 몸담은 필자 역시 언론 환경이 어찌 돌아가는지 가늠이 힘들다. 그만큼 변화는 빨라, 얼마 전까지 인터넷 시대라 하더니, 이내 모바일 시대로 돌아섰고, 그런가 하더니 SNS가 득세하기 시작했으며, 페이스북 유튜브가 대세를 장악하는가 싶더니, 2018년 10월 현재는 유튜브가 독패를 구가한다. 하지만 이 유튜브 왕국도 불안불안한 모양이다. 넷플릭스인지 하는 새로운 강자가 등장하기 시작한 모양이다.

20년 전, 10년 전만 해도 언론계 화두 중 하나는 전문기자제 정착이었다. 그만큼 시간이 흐른 지금 돌아보면, 그 제도의 당위성에는 누구나 동감했지만, 그것이 제대로 시행된 언론사는 적어도 국내에서는 단 한 곳도 없다 단언해도 좋다. 기자가 본인이 맡은 분야에 대해 고도의 전문성을 갖춰야 한다는 당위성은 어느 누구도 부인할 수 없다. 모든 분야가 다 전문성을 요구하는 시대다. 그런 점에서 유독 문화재 혹은 고고학만이 전문성이 있어야 한다는 당위성은 성립할 수 없다. 하지만 언론이 커버하는 다양한 분야 중에서도 문화재 혹은 고고학이 다른 분야에 견주어 상대적으로 더욱 고도의 전문성을 갖춰야 한다는 사실도 변할 수 없다. 이런 특성은 언론계 내부에서는 기자들로 하여금 문화재 담당을 기피하게 만드는 가장 주된 요인이 되고 있다.

하지만 여타 제반 분야와 마찬가지로 고고학 역시 이제는 시민사회 품으로 성큼 다가서기 시작했다. 이른바 '역사덕후'라 해서, 열정으로 무장한 역사 혹은 고고학 애호가가 우후죽순처럼 늘어나기 시작했다. 이는 고고학 자체로만 보면 영역과 시장의 확대라는 점에서 분명히 고무적인 현상이며, 그에 따라 이 업계에 직접적으로 종사하는 사람들이 그만큼 활약할 여지가 많아졌음을 의미한다. 하지만 이런 저변확대가 반드시 그런 데로만 물길을 돌리는가 하면 그렇지 않다는 데 문제의 심각성이 있다. 전업적 학문은 그 태생 혹은 그 권위 유지를 위해 필연적으로 그들만의 철옹성을 구출하려는 욕망이 있다. 우리 분야에는 어느 누구도 들어와서는 안 된다는 그 콧대를 자존심이라고도 추켜세울 수 있겠지만, 실상 그 속내를 뜯어보면, 내 영역 내 밥자리 지키기에 다름이 아님을 엿보기에 충분하다. 철옹성 사수에 나선 고고학은 실상 뜯어보면 아무 것도 아닌 이상한 용어로써 시민사회를 겁주려 한다. 무덤이라 하면 될 것을 고분이라 하고, 그것으로 만족하지 못하는지, 분류라는 이름으로 적석목곽분이며, 횡혈식석실분이라는 요상한 이름을 만들어 낸다. 그것이 고고학을 위한 명명인가 아니면 그네들 밥그릇 지키기 차원인가는 냉혹한 성찰을 요구한다. 고고학계와 시민사회, 그 가교를 놓는 자리에서 언론은 여전히 중요성을 지닌다. 이 가교 역할을 언론을 해야 하며, 이 가교란 간단히 말해 소통이다. 소통이라는 물길을 터주는 일이다.

이를 위해 언론이건 고고학이건, 이제는 '고고학을 한다(doing archaeology)'는 말 자체도 전복적인 사고 전환이 필요하다고 본다. 이 경우 무엇을 고고학이라 할 것인가에 대한 개념 정리도 새롭게 해야 한다. 땅을 파서 유구 유적을 발굴하고 그것을 분류하고 실측하며, 그것을 토대로 지구촌 역사와 인류 역사를 밝히며, 그런 결과를 꼭 논문으로 작성한다 해서 그것만을 고고학이라 할 것인가? 이는 어쩌면 오만이다.

돌이켜 보면 지금까지 고고학은 일방적인 군림의 학문이었다. 고고학을 하는 고고학자라는 그룹이 있어, 그들이 언제나 그 학문을 독점하며, 기타 사람들은 그들에게서 훈육을 받아야 한다는 지배와 복종의 이원적 지배질서를 강고하게 구축했다. 필자는 이에서 주체의 균등화가 일어나야 한다고 본다. 고고학을 한다는 말은 무슨 뜻인가? 고고학을 생산하고 유통하고 소비하는 일체의 행위 자체를 고고학으로 새롭게 정의하며, 그런 일에 종사하거나 관여하는 일체 행위자도 고고학자로 새롭게 정립해야 한다고 본다. 박물관 가서 고고학도나 미술사학도한테서 그 설명을 듣는 메카니즘 역시 이런 발상 전환에 따라 그것을 가르치는 행위도 고고학을 하는 행위인 것과 마찬가지로, 그것을 소비하는 일 역시 고고학을 하는 행위인 것이다. 고고학 문화재 현장을 가서 즐기며 사진을 찍는 일도 당연히 고고학을 하는 주체적 행위다. 예컨대 내가 해당 경관을 사진으로 촬영하고 드론을 띄워 동영상으로 담는 행위 역시 고고학을 하는 행위 아니라고 누가 반론하겠는가? 고고학은 이른바 고고학자만이 하는 고상한 그 무엇이 아니다. 그것은 누구에게나 열려야 한다. 대중고고학에 대한 많은 논의가 있겠지만, 필자는 그것을 주체와 객체의 이분접적 사고에서의 해방이라고 본다. 누구나 고고학을 하는 행위 주체자로서의 변화를 말한다고 본다.

이런 발상 전환은 그것을 뉴스화하는 언론에서도 마찬가지라 본다. 돌이켜 보면 오마이뉴스와 프레시안으로 대표하는 이른바 인터넷 언론이 처음 국내에 등장할 때 그들이 내세운 구호는 "누구나 기자다"라는 말이었다. 그것이 막상 실행되기 시작했을 적에 적지 않은 우려가 있었고 시행착오도 있었지만, 그것이 결국 지금은 블로그를 비롯한 다양한 플랫폼으로 발전했다. 요컨대 지금은 1인 언론시대가 온 것이다. SNS의 등장과 확산은 그런 흐름을 가속화하는 중이다.

　이런 흐름에 발맞춰 주요 고고학 소식 역시 각종 플랫폼을 통해 실시간으로 생중계까지 되는 시대다. 발굴 현장 공개 장면은 전통적 방송 언론매체 힘을 빌리지 않더래도 유투부니 페이스북이니 하는 플랫폼을 통해 실시간으로 우리는 접하는 시대를 산다. 조만간 발굴 현장 자체도 생중계가 되는 날이 머지 않았다고 본다. 학술대회 현장도 마찬가지다. 이런 새로운 플랫폼의 도입은 무엇보다 시공간의 구분을 무의미하게 만든다. 요즘 웬만한 권위의 대규모 국제 고고학 관련 학술대회는 유투브 생중계를 기본으로 한다. 그에 따라 지금 대한민국 서울에서 가만히 앉아 유럽 어느 지역에서 열리는 고고학 학술대회 발표문을 우리는 실시간으로 접하는 것이다.

　이런 시대에 각종 암호와 난수표로 점철하는 학문이 살아남을 길은 없다. 미디어 환경 급변은 이른바 상아탑 고고학을 곤혹스럽게 만들지는 몰라도, 고고학 저변은 역사상 유래없는 시장 확대가 이뤄지는 중이다.

한국 대중고고학 개론
Introduction of Korean Public Archaeology

대중매체를 통한 고고학정보의 전달과 대중의 인식

특집 다큐멘터리 '압독, 세상을 품다'를 중심으로

백 운 국 (대구MBC 국장)

1. 들어가면서

최근 고고학은 대중과의 접점을 확대하기 위해 다방면으로 노력을 기울이고 있는 것은 주지의 사실이다. 특히 대중매체를 통한 고고학 정보의 전달은 그 양이나 질에 있어서도 신문과 방송이라는 제한된 대중 매체를 지녔던 지난 반세기 동안의 그것과는 차원을 달리 한다. 즉 신문과 공중파 방송이라는 소채널 소매체 시대에서 인터넷의 급격한 확산을 통한 개인 통신의 혁명적 전개는 유튜브와 같은 1인 매체의 확산으로 대표되는 다채널 대매체 시대를 초래했다.

이러한 맥락에서 고고학 정보 역시 중앙 집중화된 제도권의 매체를 통한 일방적 전달에서 개인 소수화된 사적 매체를 통한 다중적 전달로 급격하게 변하고 있다. 특히 콘텐츠의 디지털화가 완전히 자리잡으면서 수많은 채널의 선택권 확대를 넘어 이제는 대중 스스로가 콘텐츠를 제작해 나가는 단계에서 고고학 콘텐츠 역시 예외가 아닌 상황으로 접어들었다. 이미 세계 최대의 동영상 사이트인 유튜브(Youtube)에서는 고고학을 포함해 인접 학문인 미술사학 등의 문화 역사 콘텐츠를 1 내지 2인의 아마추어(이미 그들은 아마추어와 프로의 경계에서 빠른 속도로 프로의 영역으로 진입하고 있다)가 가공하여 구글의 개인 기반 광고 수익 모델인 애드센스(Adsense) 등을 통하여 수익을 창출하는 고고학적 콘텐츠 제작자가 급속하게 늘어나고 있는 실정이다. 이러한 일반인의 고고학 콘텐츠 제작 참여 확대는 고고학의 대중적 영역 확대에 큰 기여를 하고 있는 바 이는 자연스레 대중 고고학의 새로운 역할 모색과도 많은 관련이 있다 할 것이다.

그러나 그럼에도 불구하고 디지털 시대의 다양한 대중 매체 속에서 고고학적 정보가 가장 응축적으로 녹아있는 콘텐츠를 거론하자면 역시 고고학적 역사 다큐멘터리라고 할 수 있겠다.

이 글에서는 디지털 콘텐츠가 대중화된 시대에도 고고학적 정보의 대중적 전달 방식에 있어서 아직도 가장 큰 축을 유지하고 있는 고고학적 역사 다큐멘터리의 한국적 전개 양상을 간략히 살펴보고 이러한 맥락 가운데 필자가 제작한 역사 다큐멘터리 '압독, 세상을 품다'를 통해 공중파 역사 다큐멘터리란 대중 매체를 통해 고고학 정보가 어떻게 역사 다큐멘터리로 가공되며 전달되는지를 프로그램 제작이라는 실례를 통해 살펴보고자 한다. 또한 이러한 프로그램을 통해 대중은 어떤 식으로 고고학적 콘텐츠를 수용했는지 방송 후 모니터 보고서를 통해 간략히 논해 보고자 한다.

참고로 필자는 학부에서 고고학을 전공하고 20여년 넘게 고고학적 다큐멘터리를 포함해 문화 역사 콘텐츠에 제작 지향성을 일관되게 추구해 오면서 안압지, 곡옥, 문화재 반환 등의 다큐멘터리 방송 콘텐츠를 줄 곧 제작해 왔다. 이에 방송통신심의위원회의 이달의 좋은 프로그램상에서부터 한국 방송협회의 한국방송대상까지 십여 차례의 수상을 통해 적지 않은 성과를 내면서 고고학적 콘텐츠의 대중적 가능성을 누구보다도 역설 해 왔다. 그러한 바 본인이 제작한 공중파 고고학적 역사 다큐멘터리의 일례를 중심으로 하는 이러한 서술은 방송 현업 차원에서 대중 고고학에 던져주는 메시지로서는 나름 참신하고 적실성 있는 서술이 될 것임을 기대하며 이글을 시작하고자 한다.

2. 본론

120여년 전 프랑스의 르미에르 형제가 최초의 영사기를 발명한 이 후 인류 역사상 다큐멘터리를 본격적으로 제작하기 시작한 것은 에스키모의 일상을 다룬 로버트 플레허티 감독의 '북극의 나눅'이 그 최초였다는 것은 정설로 받아들여지고 있다. 인류 역사상 최초의 다큐멘터리답게 북극이라는 혹독한 자연환경 속에서 살아가는 이누이트 족의 일상을 담담하게 담아낸 고고인류학적 민족지 기록이 바로 인류의 다큐멘터리 제작의 시발점인 것이다.

한국 다큐멘터리의 역사 역시 수많은 장르에서 꾸준한 실험적 작품들이 전개되어 왔으며 고고인류학적 민족지 기록이 주를 이루고 있음은 부정할 수 없는 사실이다. 우리나라 방송 다큐멘터리의 초기 개척자로 알려진 정수웅 감독의 '초분(1977년 작)' 역시 전라남도 진도에서 사람이 죽으면 초분에 덮여뒀다 유골만 추려 나중에 매장하는 남도 고유의 장례풍속을 담은 고고인류학적 민족지 기록인 것이다. 이러한 초분으로 대표되는 한국의 재발견 시리즈와 같은 다큐멘터리는 정치적 이해관계야 어찌되었든 초기 방송 프로듀서들에 의해

민족 전통문화의 발굴을 통해 한민족의 고유성과 이에 기반한 민족적 자긍심을 고취하기 위한 역사다큐멘터리의 정착으로 이어진 것은 부정할 수 없는 사실이다.

방송의 연성화 경향이 두드러지며 드라마와 오락 프로그램이 안방을 장악하기 시작한 2000년대에 접어들기 이전에 제작된 황남대총, 미륵사지, 전남 일대의 고인돌, 우산국, 몽촌토성 등과 같은 고고학적 역사 다큐멘터리는 횡적으로는 전국 곳곳에 산재한 고고학적 발굴만이 아니라 종적으로도 구석기 전곡리 발굴부터 발굴을 가장한 일제의 도굴에 이르기까지 고고학적 소재가 방송 역사다큐멘터리에 있어서 핵심을 차지해 왔던 것을 잘 보여주고 있다.

비록 과거와 같이 고고학적 역사 다큐멘터리가 전국적 규모로 제작, 방송되는 경우가 많이 줄어들었다고 하더라도 재지학문적 성격이 강한 고고학의 특성상 고고학적 역사 다큐멘터리는 지역의 공중파 방송을 통해 초방이 되고 우수한 다큐멘터리의 경우 전국 방송으로 이어져 지역적인 것이 세계적인 것임을 부각시키며 현재까지도 다양하게 활발히 제작되고 있다. 이렇게 지역 공중파 방송사들을 중심으로 제작된 역사 다큐멘터리 중 최근 신안 해저 유물을 소재로 국립해양문화재연구소와 목포MBC가 공동으로 기획하고 중국과 함께 제작한 특집 다큐멘터리 '위대한 발견'이 있어 많은 눈길을 끈다. 제51회 휴스턴 국제영화제의 수상작으로 선정되기도 한 이 프로그램은 고고학의 재지적 속성을 더욱 부각시키며 대중매체를 통한 고고학 정보의 전달은 여전히 활발한 현재진행형임을 잘 보여주는 예이기도 하다.

필자가 2014년 제작한 특집 다큐멘터리 '압독, 세상을 품다' 역시 경상북도 경산시의 고대 압독국을 중심으로 고고학의 재지적 속성에 충실한 다큐멘터리로 이 때 중심적으로 조망된 쌍조형 동검이 세계적 조형미를 자랑하는 유물임을 밝혀 지역적인 것이 가장 세계적인 것이 될 수 있음을 강조한 프로그램

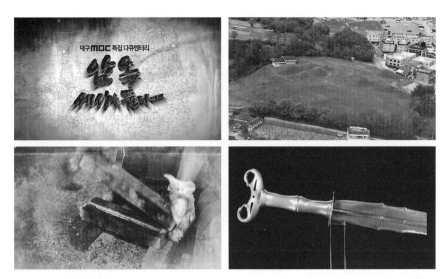

그림 1. 프로그램 하이라이트 1

이었다. 고고학의 재지적 속성을 강하게 살려나가야 만 고고학이 대중적으로 자리잡을 수 있음을 나름 역설한 프로그램이라 할 수 있겠다.

이 프로그램은 2014년 11월 28일(금) 밤 11시에 방송된 1시간 분량의 다큐멘터리로서 압독국의 고고학적 성과를 토대로 그 중심 유물의 하나인 쌍조형 청동검의 전파경로를 따라 오스트리아의 할슈타트 지역을 기점으로 내몽고, 중국 등의 초원의 실크로드를 따라 한반도에서 어떻게 전개되고 또 일본으로 전파되었는지를 문명사적으로 살펴본 프로그램이다.

압독국은 경상북도 경산시 임당 및 압량(押梁) 지역에 있던 삼국시대 초기 소국으로서 압량국(押梁國)이라고도 한다. 대구와 경산을 아우르는 금호강 유역에서 번창했던 이 고대국가는 금동관, 금동제 허리띠, 은제반지, 금동제 말 갖춤(馬具) 등 수 많은 유물과 한국발굴사상 유례를 찾기 힘든 수많은 순장 인 골을 통해 한국 고대사 복원의 보고라고 할 수 있다.

이러한 압독국의 유물 가운데 가장 특이한 것은 두 마리의 새가 머리를 서로 돌려 마주 보고 있는 쌍조형 동검이다. 그런데 이 쌍조형 동검은 청동기 시대 머나먼 유럽의 할슈타트 문명에서 초원의 실크로드를 거쳐 한반도로 전파된 한국 고대사상 최초의 동서양 융합문명의 산물이라고 일컬어진다. 압독국은 당시 세계사의 조류에 있어 가장 선진적인 문물을 수입하는 데 있어 선구

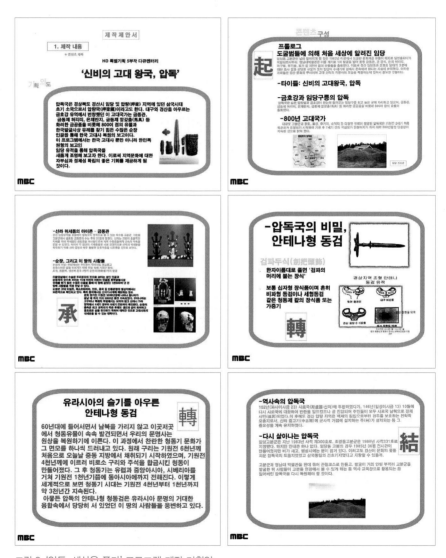

그림 2. '압독, 세상을 품다' 프로그램 제작 기획안

적이고 역동적인 국가였던 것이다. 이 프로그램에서는 한국 고대사 뿐만 아니라 한민족 원형의 보고인 임당 유적을 통해 쌍조형 동검을 중심으로 압독국을 새롭게 조명해 보고자 했다. 이로써 지역문화에 대한 자부심과 정체성 확립의 좋은 기회를 제공하고자 이 프로그램은 기획되었던 것이다.

방송 프로그램의 기획은 그 프로그램의 성격과 목적을 세워나가는 것으로 성공적인 프로그램은 훌륭한 기획에서 나온다. 이러한 차원에서 역사 다큐멘터리의 기획은 그 어떤 방송 프로그램보다도 더 정교하고 치밀한 기획을 필요로 한다. 역사 다큐멘터리는 그 어떤 프로그램보다 난이도가 높으며 또 대중을 타겟으로 하는 방송의 특성상 어려운 내용을 쉽게 대중에게 전달하는 것은 일반인들은 이해하기 어려운 더욱 더 난해한 작업이다. 그러므로 고고학적 역사 다큐멘터리에 있어서 고고학 전문가의 참여는 기획단계에서 필요 불가결한 요소이다. 전문가의 해박한 지식과 경험은 난해한 내용을 기획단계에서부터 고고학자의 참여를 통해 방송 스텝들에게 오류 없이 내용을 전달하는데 있

그림 3. 프로그램 하이라이트 2

어서 일차적 필요 불가분의 요소일뿐더러 이러한 난해한 내용을 일반화하는데 있어 자칫 파생하기 쉬운 여러 가지 오류를 극복할 수 있기 때문이다.

이러한 기획 작업을 통해 압독국을 조명하게 된 이 프로그램은 다음과 같은 기획의도가 탄생하였다. 우선 압독국의 찬란한 역사 가운데 가장 특징적인 유물인 쌍조형 동검의 기원을 찾아 유럽, 내몽고, 중국, 일본 등을 탐방, 쌍조형 동검의 문명사적 가치를 탐험하는 흥미로운 여행을 통해 우리 지역 문화유산의 가치를 제대로 평가하고 향후에 진행될 문화 유산 콘텐츠 개발의 방향성을 적절히 제시하여야 할 것임을 들 수 있다.

또한 우리 지역 경산에 위치했던 고대 왕국 압독국의 실체와 중요성을 부각시키기 위해 지역에 편재되어 있는 관련 유물들의 용도 및 역사적 가치를 상세히 설명한 후 이를 토대로 압독국의 역사와 풍경을 충실히 재구성하여야 하며 마지막으로 지역의 압독국 연구자들이 제작과정에 적극적으로 참여한 과정을 적절히 노출해 전문성과 현장성을 담아내어 쌍조형 동검의 기원을 찾아나서는 역사기행에 주도적인 역할을 수행하게 한다는 것이다. 이러한 연구자들의 현장인터뷰는 내용에 대한 이해와 흥미 그리고 거기에 과학적 객관성을 더해 역사다큐멘터리의 특징을 잘 구현할 수 있음을 프로그램의 기획의도는 잘 보여주고 있다.

이러한 기획을 토대로 단순히 쌍조형 동검의 문화적 가치와 압독국의 역사적 중요성을 재조명하는데 그치지 않고, 유물의 발굴과 보존방식, 그리고 역사문화 콘텐츠 개발방향을 함께 담아낸 완성도 있는 역사다큐멘터리로 대중에게 쉽고도 의미있게 다가갈 수 있는 기제를 마련하는 것이다.

이미 임당동 발굴 소식은 당시 이곳에서 각종 금은 장식등 화려한 장신구가 출토되는 등 큰 뉴스로 취급받아 언론에서도 연일 경쟁적으로 보도하였다. 아나운서 이계진씨가 발굴 현장을 배경으로 조사단과 인터뷰하는 모습, KBS

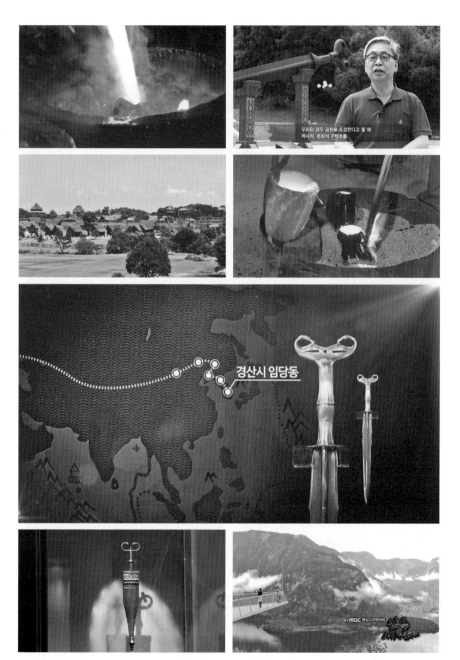

그림 4. 프로그램 하이라이트 3

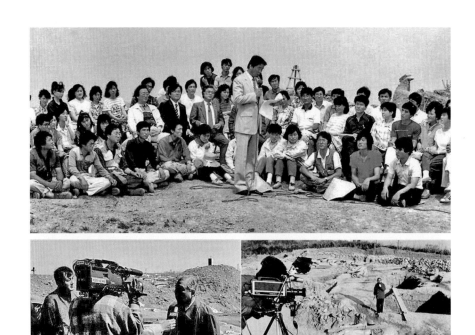

그림 5. TV방송 프로그램의 고고학유적 소개

대구, 대구MBC에서 특집방송을 제작하는 등 이미 지역 대중들에게는 익숙한 고고학적 소재였다.

　문제는 이런 익숙한 소재더라도 편린적으로 보도 되어왔던 것과는 달리 1시간짜리의 다큐멘터리에는 좀 더 많은 전문가의 참여와 자료의 영상적 해석과 시청자의 인식 즉 대중에게 어떻게 전달될 것인지를 많이 고민해야 하며 이러한 문제의식은 제작 과정 내내 일관되게 견지되었다.

　방송이 나간 후 시청자들의 반응을 가장 응축적으로 보여주는 프로그램 모니터 요원에 의한 모니터 보고서에는 다음과 같은 내용들이 소개 되었다.

- 대구MBC 특집기획 다큐멘터리 〈압독, 세상을 품다〉. 경상북도 경산시 압량 (押梁) 지역에 있던 삼국시대 초기 소국 압독국의 역사를 복원해 우리 지역 문화유산의 가치를 평가하고 향후에 진행될 문화 유산 콘텐츠 개발의 방향성을 제시했다.

- 아카이브로써의 기능에 충실했다. 폭넓은 시청자층의 관심을 끌었다하기에 다분히 특정 장르, 특정 소재에 머물러 있었다. 구성방식 또한 가장 전형적인 다큐멘터리로 제작되어 시청자들이 호불호가 갈렸을 것 같다.

- 대구MBC의 아카이브가 돋보였다. 그간의 〈특집기획 다큐멘터리〉, 〈경상별곡〉, 〈생생 오늘〉 등에서 관련 화면들을 ─물론 화면이 튀어 전체적인 완성도를 저하시키기도 했지만─ 가져와 내용상의 완성도를 높이고 있었다. 다큐멘터리 작업에서의 아카이브의 중요성을 다시금 확인할 수 있었다.

모니터 보고서에는 이어서 이 프로그램의 좋은 점과 아쉬운 점 역시 제시하고 있는데 그 내용을 소개하면 다음과 같다.

- 쌍조형 동검의 기원을 찾아 나서는 역사기행 다큐멘터리였다. 고대 압독국의 가장 특징적인 유물인 쌍조형 동검의 기원을 찾아 나서자는 청유로 시청자들의 호기심을 유발하였다. 쌍조형 동검의 문명사적 가치를 탐험하는 흥미로운 여행으로 시청자들을 안내했다.

- 우리 지역 경산에 위치했던 고대 왕국 압독국의 실체와 중요성을 부각시키고자 하는 의도가 분명했다. 지역에 편재되어 있는 관련 유물들의 용도 및 역사적 가치를 상세히 설명한 후, 이를 토대로 압독국의 역사와 풍경을 재구성하고 그 역사적 중요성을 어필하였다. 논리적이고 체계적인 구성으로 시청자들을 설득하는데 성공했다.

- 컴퓨터 그래픽을 이용해 이해를 도왔다. 기술적 완성도를 보이며 시청자들에게 이해를 돕는 기능적 역할을 톡톡히 했다. 또한 안정적인 영상과 편집, 그리고 적절한 배경음악으로 형식적 측면에서 높은 완성도를 보였다.

- 중국, 유럽, 일본의 청동기 유적지를 섭렵하며 쌍조형 동검의 기원을 추적하였다. 타국의 풍경들은 시청자들의 시선과 흥미를 끄는 가장 전략적이고 효과적인 장치였다. 다만 장소와 유물의 연관성을 설명하는 근거가 다소 부족한 느낌이었다.

- 각각의 시퀀스마다 '전문가 인터뷰'가 등장하였다. 우리 지역의 압독국 연구자들이 제작과정에 적극적으로 참여한 과정을 적절한 노출해 전문성과 현장성을 담아냈다. 쌍조형 동검의 기원을 찾아나서는 역사기행에 주도적인 역할을 수행한 연구자들의 현장인터뷰는 내용에 대한 이해와 흥미, 그리고 거기에 과학적 객관성을 더해 역사다큐멘터리의 특징을 구현했다.

- 단순히 쌍조형 동검의 문화적 가치와 압독국의 역사적 중요성을 재조명하는 데 그치지 않고, 유물의 발굴과 보존방식, 그리고 역사문화 콘텐츠 개발방향을 함께 담아낸 완성도 있는 역사다큐멘터리였다.

3. 맺으면서

방송 다큐멘터리란 형식으로 전달되는 고고학 정보는 대중의 눈높이로 1차적 변환을 거쳐야 한다. 통상의 시청자들에게 있어 그들의 인지 능력은 평균 초등학교 6학년에서 중학교 2학년 학생 사이의 스펙트럼으로 보고 제작을 해야 유효하다고 방송 현업에서는 타겟 오디언스(Target Audience)의 기준으로 삼고 있다. 그래서 전문적 내용의 고고학적 정보를 가공하여 대중의 눈높이에 맞추어 방송 콘텐츠를 제작하는 것은 보통 난해한 작업이 아니다. 특히 방송은 활자를 사용, 언제라도 주변에 두었다가 다시 꺼내 정독할 수 있는 신문, 잡지와 같은 인쇄매체와는 달리 주어진 한정된 시간에 수많은 정보를 물 흘리 듯이 실시간으로 쏟아내기 때문에 각 컷(cut) 편집의 길이에 따라 인식의 정도 는 각개의 시청자들의 수준에 따라 천차만별이다. 특히 고고학 용어는 우리에 게 익숙한 정치, 경제, 사회의 일반 제 용어와는 달리 한자어 그것도 뚜렷한 일본식 한자 조어법 또는 잔재에 의해 오랜 세월 사용되어 왔기 때문에 일반 대중들에게는 매우 생소할뿐더러 난해한 측면도 강하게 지니고 있음은 부정 할 수 없는 사실이다. 일례를 들어 돌대문토기(突帶文土器)의 돌대문은 방송이 나갈 때 그 전달에 있어서 청각적으로는 돌로 만든 대문이란 뜻의 돌대문으로 인식되지 돌출된 띠로 인식할 대중은 거의 없다. 특히 한자의 사용 빈도가 사 회적으로 급격히 줄어들고 방송 자막에는 거의 사용되지 않는 요즘 그러한 경 향은 더욱 뚜렷하다. 물론 점토문 토기나 우리말로 순화된 덧띠 토기를 사용 한다고 해도 일반화 되지 않은 생소함에서 주는 대중들의 괴리감은 여타의 방 송 언어와는 분명 눈에 띄는 점이 있다 할 것이다. 특히 본 프로그램에 있어 '쌍조형 동검'이라는 용어도 고고학계에서는 안테나 형 동검, 촉각식 검, 쌍조 형 검파두식 등으로 다양하게 알려져 있어 어떤 용어를 쓸 지에 관해서는 매 우 많은 고민을 하지 않을 수 없었다. 어쨌든 학계는 수많은 고고학 정보를 전 달할 때 인식의 기본이 되는 용어를 어떻게 하면 좀 더 대중적으로 바꿔나갈 수 있을 까하는 많은 고민과 작업을 해야 함을 이 지면을 빌어서 말하고 싶다.

이런 과정을 겪고 제작된 한편의 다큐멘터리에 대해 대중의 비판(이 경우는 모니터 요원을 대중으로 볼 수 있을까에 대한 의문의 여지는 있지만 고고학 전공자가 아님 은 분명하다)은 생각이상으로 높은 경우를 많이 본다. 본 프로그램에 대한 인식 에 있어서도 지역에 편재되어 있는 관련 유물들의 용도 및 역사적 가치를 제 대로 보고 있는 지를 살핀다거나 단순히 쌍조형 동검의 문화적 가치와 압독국의 역사적 중요성을 재조명하는데 그치지 않고, 유물의 발굴과 보존방식, 그리고 역사문화 콘텐츠 개발방향도 지적할 만큼 날카로운 모니터링을 하고 있음을 알 수 있다. 특히 촬영 장소와 유물의 연관성을 지적하는 부분에서는 흔히 말하는 유물의 출토맥락이 고고학에서도 중요하듯이 시청자들 역시 이를 간과하지 않고 있다는 점이다. 이 가운데 각각의 시퀀스마다 '전문가 인터뷰'가 내용에 대한 이해와 흥미, 그리고 거기에 과학적 객관성을 더하고 있음을 지적하고 있는 점도 눈길을 끈다. 이는 대중매체를 통한 고고학 정보의 전달과 대중의 인식에 있어 전문가가 차지하는 프로그램 내의 중요성을 잘 설명해 주는 예라고 하겠다. 다시 말해 고고학이 대중의 접점을 확대하고 질적으로 높여가는 데 있어 전문가들의 고민과 노력이 많이 필요하고 이와 동시에 대중매체 종사자들은 전문가들의 조언과 협업을 구하는 데 있어 더욱더 많은 참여 확대를 꾀할 필요성이 있음을 암시한다고 하겠다.

[참고문헌]

정수웅 2013, 「나만의 연출노트(3) 다큐멘터리 PD」, 『PD저널』, 서울.

박원달 2012, 『프로듀서는 기획으로 말한다』, 커뮤니케이션북스, 서울.

김원룡 1970, 「조형 안테나식 세형동검의 문제」, 『백산학보(白山學報) 8』, 서울.

이청규 2010, 『요하문명의 확산과 중국 동북지역의 청동기 문화』, 동북아 역사재단, 서울.

이형우 등 15인, 『2014. 찬란한 고대 압독 문화』, 영남대학교 출판부, 대구.

이준정 등 2014, 『경산 임당 유적 고총군 피장자 집단의 성격 연구 출토 인골의 미토콘드리아 –
      DNA분석을 중심으로』, 서울대학교 출판부, 서울.

박선미, 마크 바잉턴 2012, 『동북아시아 쌍조형 안테나식검의 성격과 의미』, 영남고고학회, 대구.

한국 대중고고학 개론
Introduction of Korean Public Archaeology

디지털 대중고고학과 가상명품박물관(VCM)

공 현 지 (국립중앙박물관)

1. 대중고고학의 정의

    한국에서는 다소 생소한 '대중고고학'이라는 용어는 급속도의 개발과 이로 인한 문화재의 파괴와 도난으로 인한 미국 고고학의 미래에 대해 우려를 표하며 처음 쓰기 시작한 용어였다. 과거를 담고 있는 고고학적 유산에 대한 국가적 차원의 법적 보호장치가 부족하며, 고고학적 유산이 미래세대로 보전하기 위해서는 과거에 대한 대중의 개입과 관심을 높이기 위한 교육이 이루어져야 한다고 주장하는 과정에서 대중고고학이라는 용어가 사용되었다(맥김지, 1972). 이후 메리맨(2004)은 대중고고학에서의 '대중'은 일반 사람들이 아닌 국가를 지칭하는 경우가 많으며, 이에 따라 국가에 의해서 규정된 고고학이 일반화되어 대중적 관심사로서 개방되는 것을 대중고고학으로 보았다. 이외에 마츠다와 오카무라(2011), 샤딜라홀(1999) 등의 학자들은 고고학자들의 고고유산에 대한 해석, 이 과정에서 비전문가인 일반대중 또는 지역 공동체의 참여, 이 둘의 연결과 상호작용을 중심으로 대중고고학을 정의내리고 있다.

모셴스카(2017)는 대중고고학을 고고학적 활동에 대한 일반대중의 참여도와 학문적인 정도에 따라 7가지로 카테고리를 분류했는데 이중에서 '대중(통속)적인 고고학(popular archaeology)'은 세세한 교육적인 접근법 보다는 사용자 친화적인 매체를 통해서 고고학적 유산을 소통하는 대중문화 고고학으로서 대중고고학의 특성을 짓고 있다(모셴스카, 2017). 일반 대중은 생각보다 고고학적인 전문 지식을 함양하고 있거나, 개발하고자 하는 의지가 없을 수도 있으며 (메리맨, 1991), 이들은 또한 전시나 책, 잡지, 텔레비전 등의 대중적인 매체를 통해서 고고학적 유산에 관여하고 있다는 것이다(보나치 2013, 파간 2005). 다소 가벼운 정도의 상호작용으로 생각될 수 있으나 경제, 정치, 문화적인 측면에서 고고유산에 대한 가치 인식 제고, 고고학과 인류의 과거에 대한 대중의 전반적인 이해에 미치는 영향을 고려했을 때 대중(통속)적인 고고학은 대중고고학의 가장 넓은 범위를 차지하고 있다고 볼 수 있다(모셴스카 2017). 특히 온라인박물관, 모바일 앱, 비디오 등의 디지털 미디어라는 새로운 매체의 활용은 일반 대중이 보다 쉽게 고고학적 유산을 접할 수 있도록 도모하는 효과를 가져왔다(페트 2012). 이에 따라 동 논문은 가장 광범위한 대중고고학을 차지하는 대중(통속)적인 고고학의 특성을 중점으로 하되, 디지털 미디어를 통해 대중고고학이 이루어지는 방법을 고찰하고자 한다.

2. 디지털 대중고고학

2.1. 디지털 대중고고학의 정의

　디지털 대중고고학은 정보기술의 발달과 인터넷의 보급 등 현대사회의 변화에 따라 나타났고, 그동안 선행된 연구가 많지 않으며, 대중고고학 중에서도 상대적으로 새로운 부분을 차지하고 있다고 볼 수 있다(리차드슨 2013). 따라서 동 연구에서는 디지털 대중고고학을 용어 자체에서 인지할 수 있듯이 인터넷, 모바일 앱 등의 디지털 미디어를 활용하여 대중과 소통하는 고고학적 활동으로 정의하고자 한다. 이에 따라 아시아유럽박물관네트워크(Asia Europe Museum Network, ASEMUS)의 공동협력 프로젝트로서 아시아와 유럽에 위치한 회원박물관 자발적 참여를 통해 대표 소장품을 온라인으로 공유하는 가상명품박물관(Virtual Collection of Asian Masterpieces, VCM)를 '디지털 대중고고학'의 사례로 살펴보고자 한다.

2.2. 디지털 대중고고학 기능

2.2.1. 고고학 분야 전문가의 관점

　1990년대 인터넷이 보급되고 지속적으로 발달하면서 이제는 사용자 참여와 상호작용이 가능한 온라인 플랫폼이 만들어지기 시작했으며, 사용자가 직접 콘텐츠를 창작하는 수준에 도달했다. 이러한 변화의 과정에서 대중고고학에 적용된 인터넷 기술의 이점을 활용하여 고고학자들은 고고학적 유산을 직접 해석하고, 이미지와 정보를 업로드할 수 있으며 고고학적 유산에 대한 견해와 이론을 공유할 수 있다(리차드슨 2013).

그림 1. 가상명품박물관(VCM). (http://masterpieces.asemus.museum)

1. 개요

VCM(Virtual Collection of Asian Masterpieces, 가상명품박물관)은 아시아와 유럽 박물관의 협력을 도모하기 위해 설립된 ASEMUS(Asia-Europe Museum Network) 에서 2009년부터 시작한 장기 프로젝트로 아시아 유럽지역의 박물관의 아시아미술 소장품과 전문 정보를 공유하는 온라인 플랫폼이다. 2018년 현재 아시아와 유럽지역의 139개의 박물관에서 2,711점의 아시아 고고미술품을 공유하고 있다.

2. 목적

'협력'을 기본 정신으로 두고 아시아와 유럽의 박물관들이 지속적으로 네트워크를 형성하며 아시아미술품을 온라인으로 공유함으로써 교류협력을 할 수 있는 프레임워크를 구축하는 것이 목적이다.

뿐만 아니라 가상명품박물관은 인터넷 접속만 가능하다면 언제나 접근이 용이한 온라인상에 138개의 박물관 소장품과 관련 전문정보를 이용자들이 언제든지 누릴 수 있는 환경을 제공한다는 데에 그 목적이 있다. 이로써 물리적, 경제적 제한으로 인해 실질적으로 박물관을 찾아가 소장품을 관람하기 어려운 불균형 문제를 해결하고 문화 다양성을 이해할 수 있는 균등한 기회를 제공한다는 점에 핵심적인 목적이 있다.

3. '명품'에 대한 기준

VCM을 실질적으로 설립하고 운영하는 ASEMUS 내부적으로는 특별하게 '명품'에 대한 뚜렷한 정의를 내놓고 있지 않다. 아시아 지역의 고유문화, 해당 문화권 또는 집단 내에서 함께 공유될 수 있는 집단적 기억이 드러나는 가치 있는 유산이라면 그것은 명품으로 인정될 수 있다. 따라서 명품이 무엇인가에 대해서는 박물관의 입장에서 각자 정의를 내리면 되는 것이며 특정 유물을 명품으로 VCM에 등록하길 희망할 때 해당 유물이 문화적, 역사적 맥락에서 명품으로 판단되는 이유를 함께 명시를 하면 된다.

4. VCM의 기능

1) 명품검색(Search a Masterpiece)

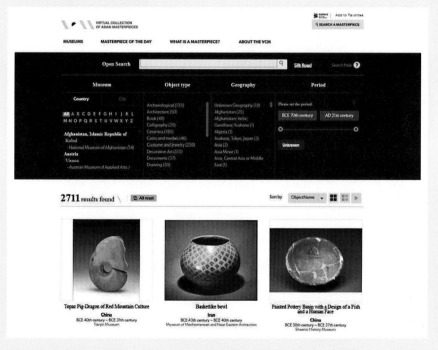

그림 2. 명품검색.(http://masterpieces.asemus.museum/search/list.nhn)

VCM에 등록된 유물을 국가별, 유물의 종류별, 기관별로 검색할 수 있는 검색 툴로 사용자의 편의에 맞게 소장품을 검색할 수 있다. 또한 검색창 옆 '실크로드'를 클릭하면 아시아와 유럽을 잇는 길이었던 실크로드와 관련된 유물을 열람할 수 있다.

2) 오늘의 명품(Masterpiece of the Day)

그림 3. 오늘의 명품.(http://masterpieces.asemus.museum/masterpiece/ofTheDay.nhn)

하루에 한 소장품씩 가상명품박물관의 유물을 메인화면에 띄움으로써 각 회원 박물관의 아시아 미술품들이 균등하게 소개되도록 하는 기능이다. 이미지를 클릭하면 명품으로 선정된 이유, 유물의 역사, 소장 경로 등에 대한 정보에 대한 접근이 가능하다.

3) VCM 초이스(VCM Choice)

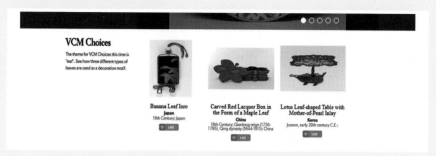

그림 4. VCM 초이스 (http://masterpieces.asemus.museum/index.nhn)

하나의 간단한 주제를 가지고 VCM 소장품 중 비교 대조를 할 수 있는 유물 세가지를 함께 소개한다. 최근의 주제는 '단풍'으로, 한국, 일본, 중국에서 단풍문양이 활용된 소장품을 소개하고 서로 어떻게 다르게 또는 비슷하게 묘사가 되었는지 보여주고 있다.

4) 이용자 참여(Reactions)

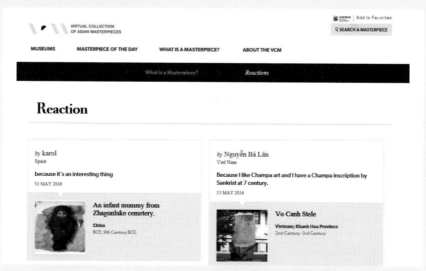

그림 5. 이용자 참여(Reactions). (http://masterpieces.asemus.museum/masterpiece/reactions.nhn)

가상명품박물관의 아시아미술 소장품을 감상한 이용자가 직접 '명품'에 대한 정의를 내리며, 각자 선택한 소장품을 명품으로 소개할 수 있는 공간이다.

※ 해당 내용은 가상명품박물관(VCM)의 운영자로서 저자 본인이 직접 작성함.

가상명품박물관은 ASEMUS 이사회가 운영주체가 되어 운영되고 있지만 가상명품박물관의 데이터베이스와 콘텐츠를 채우는 주체는 회원박물관, 더 자세히는 회원박물관의 학예인력이라고 할 수 있다. 이들은 가상명품박물관 가입시 '명품'으로 등록을 희망하는 최소 10점의 대표 소장품을 선정해야 한다. 이때 '명품' 대한 기준은 매우 열려있으며, 학예사는 스스로 '명품이란 무엇인가'에 대해 자유롭게 대답할 수 있다. 따라서 리차드슨(2013)이 주장한 것과 같은 맥락에서 가상명품박물관 회원박물관의 학예연구사들이 아시아 소장품을 등록하면서 해당 소장품이 왜 명품인가에 대한 역사적 근거와 나름의 견해를 덧붙여 콘텐츠를 구성함으로써 디지털 아카이브를 구축하고 이를 일반대중인 이용자들과 함께 이를 공유할 수 있다는 것이다.

2.2.2. 이용자(일반대중)의 관점

인터넷 기술의 발달은 전 세계적으로 이용자들에게 큰 특혜와 편리성을 가져다주었다. 온라인박물관, 모바일 앱, 비디오 등 대중고고학에 적용된 인터넷 기술과 디지털 미디어는 일반 대중이 보다 쉽게 고고학적 유산을 접할 수 있도록 도모하는 효과를 가져왔다(페트 2012). 또한, 물리적 제한, 사회적인 지위, 교육·학문적 소속 등의 조건과 상관없이 전반적으로 고고학이라는 분야를 즐길 수 있도록 일종의 틀을 구성한다(맥데이비드 2004, 뉴먼 2009, 리차드슨

2009).

가상명품박물관은 아시아와 유럽지역 박물관의 지속적인 협력 체제를 구축하기 위해 만든 온라인 플랫폼이지만 지리적으로, 물리적으로 박물관 관람, 유적지 현장 방문 등에 제한이 있는 경우, 또는 이러한 여정을 하기 위한 금전적인 조건이 허락되지 않는 경우 인터넷에 접근성만 있다면 아시아 미술품을 감상할 수 있는 가상 환경을 만들어준다는 데에 목적이 있다(VCM 2018). 이로써 문화를 향유하는 행위의 불균형을 조금이나마 해소하는 데에 기여한다는 것이다(브링크만 2013). 이에 따라 이용자는 자유롭게 가상명품박물관의 소장품을 둘러보며 고고학 전문가들이 공개한 아시아 미술품을 이해하고 감상하면 되는 것이다.

2.3. 대중고고학과 디지털 대중고고학

2.3.1. 전문가와 대중의 소통방향

앞서 메리맨(2004)이 대중고고학은 국가가 주체로서 고고학적 유산을 규정하고 일반화된 관심사를 대중에게 전달하는 것에 더 가깝다고 주장한 바 있다. 일반적인 대중고고학이 실행되는 되는 방향은 대체로 교육, 전시, 책, 인터넷 등 다양한 매체를 통해 고고학적인 지식을 갖춘 전문가에서 비전문가인 일반 대중으로 전달되는 방식이었다. 보나치(2017)는 디지털 대중고고학이 실행되는 특징 중 하나로 메시지의 송신자가 특정 매체를 통해 내용을 일방적으로 수신자에게 전달한다는 의미로서 브로드캐스팅 접근법(braodcasting approach)를 언급하며, 고고학적 콘텐츠가 온라인으로 전달되는 과정이 디지털 매체의 사용이 도래되기 이전의 시대와 상당수 비슷한 양상을 보인다고 말한다. 디지털 매체를 통해 보급되는 고고학적 유산에 대한 정보는 현실에서 이루어지는 고고학적유산의 소통과 그 흐름이 비슷하기 때문이라는 것이다. 그럼에도 불구하고 텔레비전, 인터넷 등의 디지털 매체는 일반 대중의 박물관 전시나 유적지 관람으로 나타날 수 있는 고고학분야에 대한 학습 수준을 떠나 광범위하게 전달될 수 있는 영향력이 있어 고고학적 유산의 전달에 상당한 역할을 하고 있다. 이에 따라 디지털 매체를 이용하는 일반대중은 받아들이는 역할로서 고고학적 유산을 소비하게 되는 것이다.

가상명품박물관의 경우도 아시아미술에 대한 정보를 제공하며 해당 소장품을 '명품'이라고 선정하는 주체는 회원박물관이며 이렇게 작성된 콘텐츠를 이용자가 받아들이는 형태를 띠고 있기 때문에 보나치(2017)의 주장과 흐름을 같이하고 있다고 볼 수 있다. 이러한 일방적인 방향을 완화시키는 방법으로 가상명품박물관은 'Reactions'라는 카테고리를 통해 온라인으로 각 박물관의 소장품을 둘러본 이용자가 스스로 '명품'을 정의내리고, 그에 따라 선정한 명품 소장품이 무엇인지 의견을 낼 수 있도록 하고 있다. 고고학 전문가가 만든 고고유산의 해석을 일방적으로 수용하는 사용자가 아니라, 다시 피드백과 의견을 제시하며 전문가와 일반 대중 간 상호작용을 할 수 있도록 한 것이다.

2.3.2. 아카이브로서의 디지털 플랫폼

디지털 플랫폼에 생성되어 축적된 고고학적 유산과 이와 관련된 디지털 상의 활동은 향후 빅데이터와 같은 아카이브를 형성할 수 있다. 보치니(2017)은 이렇게 형성된 웹 아카이브는 향후 대중고고학을 실행에 다양한 형태로서 활용될 수 있는 높은 잠재성을 지니고 있다고 보았다.

이와 같은 맥락에서 가상명품박물관은 온라인 유물 데이터베이스는 아시아와 유럽에 산재되어 있는 2,711점의 아시아 고고미술품과 관련된 정보를 한 곳에 모은 디지털 아카이브라고 볼 수 있다. 이러한 아카이브는 지속적으로

한국 대중고고학 개론

콘텐츠를 축적해 나갈 것이며 학술적인 연구자료로도 활용될 수 있다. 또한, 향후 획일적인 정보나열에서 벗어나 다양한 형태의 콘텐츠로 재탄생할 수 있는 자료로 활용되어 일반대중의 아시아 미술에 대한 지속적인 관심을 유도하기 위한 또 다른 콘텐츠 개발 및 생산에 근본적인 자료가 될 수 있을 것이다.

3. 결론

대중고고학은 고고학 전문가 집단에 국한되어 이해될 수 있는 고고학적 유산을 대중과 소통함으로써 인류의 과거에 대한 이해화 고고학적 유산의 가치를 인식시키고자 하는 분야이다. 이러한 대중고고학과 디지털 미디어와의 연결은 상대적으로 최근 연구가 시작된 분야로 아직 많은 연구과제를 안고 있지만 인터넷 기술과 디지털 미디어가 발전하면서 이러한 기술의 진보가 대중고고학에서 적극 활용되어 오고 있다. 한편, 리차드슨(2013)은 디지털 플랫폼과 연결된 대중고고학을 접한 사용자들이 반드시 대중고고학의 실행에 참여자가 되거나 개입으로 직결되지 않지만 이용자가 고고학적 유산에 대한 정보를 습득하는 것 자체가 고고학적 활동 참여로 이어진다고 말한다. 메리맨(2002)과 홀토프(2007)가 지속적으로 주장해 왔던 것처럼 고고학적 유산을 대중과 함께 소통하기 위해서는 대중을 온전히 이해하고 대중이 어떻게 인터넷에서 고고학적 유산을 소화해 내는지 파악해야 한다. 이와 더불어 디지털 대중고고학의 탄탄한 이론과 윤리, 개인정보, 저작권 이슈와 관련된 제도적 장치를 마련해 나아가야 할 것이다. 이를 토대로 디지털 플랫폼에 축적된 고고학적 유산 데이터를 활용하여 대중 친화적인 콘텐츠로 소통한다면 인류의 과거와 고고학적 유산에 대한 인식제고에 큰 동력이 될 수 있을 것이다.

[참고문헌]

Bonacchi, C. 2017, Digital media in public archaeology, In G. Moshenska (ed.) Key Concepts of Public Archaeology, London: UCL Press, 60–72.

Brinkman, M. 2013, 가상명품박물관, 세계적인 온라인박물관, 2013 한국박물관대회 키노트 세션. 한국박물관협회. 51–68.

Fagan, B. 2003, 'Come, let me tell you a tale'. In B. Cripps, R. Dickau, L.J. Hartery, M. Lobb, L. Nicholls and T. Varney (eds.), Archaeology into the New Millennium: Public or Perish. Calgary: Archaeological Association of the University of Calgary, 2–5.

Holtorf, C. 2007, Archaeology is a Brand! The Meaning of Archaeology in Contemporary Popular Culture, Oxford: Archaeopress.

Matsuda, A. and Okamura, K. 2011, Introduction: New perspectives in global public archaeology, In K. Okamura and A.Matsuda (eds.) New Perspectives in Global Public Archaeology, New York: Springer, 1–18.

McDavid, C. 2004, Towards a More Democratic Archaeology? The Internet and Public Archaeological Practise, In: N. Merriman (ed.) Public Archaeology, London: Routledge, 159–187.

McGimsey, C.R. 1972, Public Archaeology, London: Seminar Press.

Merriman, N. 2002, Archaeology, Heritage and Interpretation, In: B. Cunliffe, W. Davies, & C. Renfrew (eds.), Archaeology: The Widening Debate, Oxford: Oxford University Press, 541–566. (ed.) 2004, Public Archaeology, London: Routledge.

_____ 1991, Beyond the Glass Case: The Past, the Heritage and the Public in Britain, Leicester: Leicester University Press.

Moshenska, G. 2017, Introducion: public archaeology as practice and scholarship where archaeology meets the world, In G. Moshenska (ed.), Key Concepts of Public

Archaeology, London: UCL Press, 1–13.

Newman, M. 2009, Devil's Advocate or Alternate Reality: Keeping Archaeology in Heritage, In: E. Waterton & L. Smith (eds), Taking Archaeology out of Heritage, Newcastle: Cambridge Scholars Publishing, 170–191.

Pett, D. 2012, Use of social media within the British Museum and the museum sector, In C. Bonacchi (ed.), Archaeology and Digital Communication: Towards Strategies of Public Engagement, London: Archetype Publications, 83–102.

Richardson, L. 2009, Measuring the Success of Digital Public Archaeology: Towards a Model for Public Participation in Internet Archaeology, Unpublished M.A dissertation, University College London.

_____ 2013. A Digital Public Archaeology?, Papers from the Institute of Archaeology, 23(1): 10, pp. 1–12, DOI: http://dx.doi.org/10.5334/pia.431, 2018.09.08.

Schadla– Hall 1999, Editorial: Public archaeology, European Journal of Archaeology 2(2): 147–58.

VCM(Virtual Collection of Asian Masterpieces) 2018, Virtual Collection of Asian Masterpieces, http://masterpieces.asemus.museum, 2018.09.08.

공현지 2018, 문화다양성을 위한 가상박물관: VCM 사례를 중심으로, 2018 제 12회 한국박물관학술대회 자료집. 동아시아고고학연구회 · 한국박물관미래포럼, 27-34, 서울.

한국 대중고고학 개론
Introduction of Korean Public Archaeology

디지털 기술과 대중의 고고학 유산 체험

– 가상현실 · 증강현실 기술을 중심으로 –

유용욱(충남대학교 고고학과) · **정상훈**(주식회사 RemoShot)

1. 머리말

21세기 들어 고고학에서 가장 두드러진 변화는 바로 첨단 기술의 구체적인 적용 및 이를 극대화 시키는 다양한 부수 기법을 능동적으로 개발하는 것이다. 사실 지난 세기의 고고학은 노동과 시간이 무한정 투입될 수 있는 여건에서 주로 이루어졌다. 그렇기 때문에 고고학은 결코 집약적인 방식으로 행해지지 않았고, 또 과거 사회에 대한 정보를 추출하는 방식도 다분히 인력에만 의존하는 수준이었다. 하지만 2차 대전 이후 사회 전반에 걸친 과학화와 더불어 고고학에도 첨단의 기술이 과감하게 적용되는 여건이 조성되기 시작하였다. 그 후 약 50년에 걸쳐서 사회 전반에 걸친 최첨단 기술의 도입으로 인하여 고고학의 패러다임도 그만큼 변화하였고, 지금 현재의 고고학자는 어떤 의미에서 야외 엔지니어와 비슷한 수준의 최첨단 기술을 확보한 인력으로 간주되기도 한다.

본고는 이러한 과거 탐구 기술 및 기법으로서의 고고학 중 가상현실(VR)과 증강현실(AR) 기술의 구현을 주요 내용으로 하는 4차 산업혁명에 대하여 우선 소개하고자 한다. 그리고 이러한 4차 산업혁명의 주요 골자인 디지털 기술이 대중의 고고학적 체험에서 중요한 기술로 적용될 수 있는지 가능성을 탐색하고자 한다. 잘 알려진대로, 4차 산업혁명이란 2016년 다보스(Davos) 포럼에서 제시되었던 것이다. 그 주요 골자는 인공지능, 사물 인터넷, 빅데이터, 모바일 등 첨단 정보통신기술을 바탕으로 한다. 이것은 VR, AR, 드론, 3D 프린팅, 로봇, 나노기술 등의 신기술과 결합되어 모든 제품과 서비스를 네트워크로 연결하고 사물을 지능화하는 것을 뜻한다(윤종록 2016). 즉 기존에 제공되고 있는 서비스를 신기술로 대체하여 새로운 체험이 가능한 방식의 서비스를 제공하며, 이러한 서비스는 네트워크를 이용하여 광범위하게 공유하는 플랫폼을 기반으로 한다는 것이 4차 산업혁명의 주요 기술적 개념이라 볼 수 있다.

이 플랫폼의 핵심은 정보통신기술의 발전과 함께 개인적으로 세분화 된 스마트 디바이스이다. 스마트 디바이스 중 가장 보편적인 형태인 스마트폰은 항상 네트워크에 연결되어 있으며, 이 연결망을 통해 수많은 콘텐츠가 제작, 유포되고 있다. 이렇게 제작과 유포가 동시에 이루어지는 콘텐츠의 흐름은 문화유산의 데이터화 방식에도 영향을 준다. 데이터화는 콘텐츠화의 선결 작업으로서, 고고학에서 주로 다루는 데이터는 실측 도면, 사진, 영상 등과 같은 1차적으로 시각화 된 정보라고 볼 수 있다. 유적이나 유구에 방안을 설치하고 2차원 평면에 표현하는 실측은 사진 실측 혹은 3D스캔으로 대체되고 있다. 이미지를 사진과 영상으로 저장하던 필름 방식의 카메라와 자기 테이프를 활용하는 아날로그식 리코딩은 이미 디지털 카메라와 캠코더로 대체되었다. 최근에는 드론(Drone)과 같은 무인 비행체를 이용한 항공촬영도 보편화되었다. 이처럼 고고학 데이터를 확보하기 위한 장비는 IT 기술의 변화에 맞추어 급속도로 확산되어 왔다.

그렇다면 데이터화된 정보는 대중들에게 어떤 형태로 제공되고 있는가? 과거에는 활자화 된 서적이나 출판물이 가장 보편적이었고 그 후 다양한 미디어 매체(TV, 라디오, 신문, 잡지 등)를 통해 대중들에게 정보를 제공하였다. 현재에는 인터넷이라는 광역 네트워크를 기반으로 하는 디바이스를[1] 통한 정보제공이 일반화되고 있다. 대중들에게 제공되고 활용되는 고고학 유산 정보는 온라인과 오프라인 정보로 구분된다. 먼저 온라인정보는 웹(web)기반의 문화유산 채널 및 각 지자체와 산하기관 등의 홈페이지 게시 정보 등이 있다. 오프라인 정보는 대표적인 사례가 박물관을 들 수 있는데, 최근에는 박물관내에 키오스크(kiosk)를[2] 통해 온라인 정보를 함께 전시하는 혼합(하이브리드)형태로 제공하기도 한다.

2014년을 기준으로 개인형 스마트 기기인 스마트폰의 가입자 수가 4천 만 명을 돌파했다.[3] 이는 많은 개인이 직접 원하는 정보를 적극적 혹은 능동적으로 찾고 이용할 수 있다는 점을 시사하는데, 산업생태계의 급속한 변화를 보여주는 단적인 예라고 할 수 있다. 또한 개인형 스마트 디바이스는 산업생태계 속 IT기술의 변화양상을 빠르게 전파하는 역할도 하고 있는데, 이런 정보

1　가장 대표적으로 인터넷을 기반으로 한 컴퓨터 및 태블릿, 터치스크린 전광판 및 스마트폰을 들 수 있다.

2　물품 및 서비스를 제공하는 독립된 단말기를 가리키는 용어이다.

3　통계청 사회통계기획과, 2014, 한국의 사회지표 보조자료에 기반한다. 2018년 현재는 이 수치를 훨씬 상회할 것으로 보인다.

는 개인들의 눈높이를 상향시킬 수 밖에 없다. 이로 인해 대중에게 제공되어야 하는 정보는 과거에 반해 양질의 콘텐츠와 적극적인 참여 즉 체험이 가능한 정보를 제공해야 될 것이다.

본고에서는 고고학 유산 콘텐츠와 상호작용(interaction)을 하거나 적극적인 체험이 가능하도록 해 주는 가상현실(VR)과 증강현실(AR) 기술에 대해서 살펴보고자 한다. 이를 위해 우선 VR과 AR이 무엇이며, 어떠한 종류의 구현 기술이 있고, 문화유산의 체험 활동에 어떤 방식으로 적용되는 지를 살펴보고자 한다. 이를 위해 VR과 AR의 인터페이스가 실제로 제작되고 활용되는 사례를 중심으로 검토할 것이며, 이를 통해 문화유산 체험 및 대중화에 기여할 수 있는 디지털 기술의 효용성에 대한 진단을 해 보고자 한다.

2. 가상현실 기술의 개념과 분류

2.1 정의 및 특징

가상현실(VR : Virtual Reality)은 '사실과 거의 유사한 가상(Virtual)'과 '실존하는 현실(Reality)'이라는 두 단어의 합성어로서, 실제는 아니지만 마치 실존하는 장소에 있는 것처럼 느끼거나 실존하는 물체를 마주하는 것처럼 느끼는 것이라고 정의할 수 있다. 가상현실은 단어 자체 해석을 기반으로 하는 '협의'와 다양한 기술을 포괄하여 해석하는 '광의'로 구분된다.

먼저 협의의 개념은 가상현실 단어 자체의 문맥적 해석만을 근거로 하여, 컴퓨터 등을 사용한 인공적인 기술로 만들어낸, 실제가 아니지만 실제와 유사한 환경이나 상황 혹은 그것이 가능하도록 구현해 주는 기술 자체를 의미한다. 이때 만들어진 가상의(혹은 상상에 기반한) 환경이나 상황 등은 사용자의 오감을 자극하며 실제와 유사한 공간적, 시간적 체험을 하게 함으로써 현실과 상상의 경계를 자유롭게 드나들게 한다(이기호 2013). 또한 사용자는 가상현실에 단순히 몰입할 뿐만 아니라 실재하는 디바이스를 이용해 조작이나 명령을 가하는 등 가상현실 속에 구현된 것들과 상호작용(interaction)이[4] 가능하다. 가상현실은 사용자와 상호작용을 가능하게 해 주고 이를 통해 사용자의 새로운 경험을 창조한다는 점에서, 상호작용 없이 구현되기만 하는 일방적 시뮬레이션(simulation)과는 구분된다. 가상현실 시스템 중에서 쉽게 떠올릴 수 있는 사례로는 비행 조작 시뮬레이션이라든가 3D로 표현되는 게임 인터페이스 등이 있다(강영환 2016).

이런 시뮬레이션 혹은 콘텐츠들은 주로 머리에 착용하는 디스플레이 장치(HMD, Head Mounted Display)를 이용하여 체험하는 것이 일반적이다. 이런 전자장치를 이용하여 체험하는 특성 때문에 컴퓨터 공학 전문가들은 가상현실을 '사용자로 하여금 마치 현실 세계처럼 생생한 3차원적 상황과 상호작용할 수 있게 만드는 컴퓨터 환경에서의 전자적인 모의상황(electronic simulation)'이라고 규정하기도 한다(Coates 1992). 즉 가상현실이란, 사용자가 3차원 그래픽 및 사운드로 입체감을 느낄 수 있게 하는 각종 입출력 장치를 이용하여, 물리적인 세계 내에서 정상적 상호작용과 유사한 방식의 감각적 경험을 얻게 하는 기법이라고 정의할 수 있다(Heim 1998). 따라서 이렇게 협의로 정의할 수 있는 가상현실은 원론적으로 HMD라는 장치와 컴퓨터 그래픽을 기반으로 한다는 점에서 '컴퓨터에 의해서 구현되는 환경의 시뮬레이션 작용'으로 볼 수 있다.

광의로서의 가상현실은 컴퓨터 그래픽으로 만들어진 가상의 공간뿐만 아니라, 현실에 존재하는 실제 환경까지도 포함하는 것이다. 이는 협의의 개념과 마찬가지로 사용자가 실제로 다른 세계에 있다고 착각 혹은 확신하도록 하

---

4   상호작용(interaction)은 가상현실 기술의 주요한 요소인 몰입성, 원격 현전, 상호작용, 네트워크망 등의 한 가지에 해당한다.

는 점에서는 차이가 없다. 기존에 제작된 가상현실 콘텐츠를 HMD 장치로 체험하는 방법에서도 협의의 개념과는 유사하다. 하지만 광의와 협의의 가상현실의 차이를 유발하는 것은 바로 구현 방법과 체험 방법이다. 협의의 개념으로서 가상현실이 인공성에 전적으로 의존한 컴퓨터 그래픽 기반이라면, 이는 3D 환경을 원활히 구현하기 위한 전용 컴퓨터와 컨트롤러가 필요하다. 하지만 모든 물질 공간을 대상으로 하는 광의의 개념을 채택한다면 그 체험의 구체적 구현성을 넘어서 현실 복제 여부와 복제 된 현실의 진실성만으로 충분히 가상현실로 간주할 수 있다. 이렇게 광의의 개념으로서 가상현실을 구현하는 데는 고성능 컴퓨터보다는 오히려 일상적으로 사용될 수 있는 스마트폰만으로도 충분하며 필요할 경우 박스형 고글이라 불리는 저가형 HMD 장비만으로도 충분하다.

따라서 사용자가 현재의 위치를 망각하고 다른 곳에 있는 것처럼 착각을 불러일으키는 것을 전제로 가상현실의 의미를 파악하고자 한다면, 구현하려는 대상의 특성(컴퓨터 그래픽 환경 vs. 실제 환경), 체험 장비(화면 탑재 HMD vs. 스마트폰 탑재 HMD) 등에 따라 두 가지 개념으로 다르게 적용할 수 있다.

2.2 제작 기법에 따른 분류

협의의 개념이나 광의의 개념과는 별도로 현재 널리 구사되는 가상현실 콘텐츠는 제작 기법에 따라 크게 3가지로 구분된다. 첫 번째는 P-VR이다. 이는 파노라마(panorama)-VR 또는 포토(photo)-VR의 약자로서, 이름처럼 360도로 회전해서 촬영 한 사진을 기반으로 제작된 콘텐츠이다. 현실 세계, 특히 정지된 현실 상황을 대상으로 제작되는 것이 특징이며, HTML 5의 웹(web) 기반 형태로 최종 렌더링이 되기 때문에 현행 대부분의 디바이스와 호환이 된다는 점이 가장 큰 장점이다. 특히 P-VR은 디지털 사진처럼 편집 및 보정이 용이하고 사용자가 특정 지점(spot)으로 이동하거나 특정 정보를 선택해서 볼 수 있는 상호 작용이 된다는 점, 저렴한 고글박스와 스마트폰만 있으면 누구나 이용이 가능한 범용성을 갖고 있다. 제작 기간도 다른 VR 제작 방식보다 다소 짧다는 장점도 있다. 유일하다 볼 수 있는 단점으로는 웹 기반 콘텐츠라는 특성으로 인하여 반드시 인터넷과 같은 네트워크에 연결되어야만 체험이 가능하다는 것이다.[5]

두 번째는 M-VR로서, 이는 동영상(movie)-VR의 약자에 해당한다. 전술한 P-VR과 마찬가지로 360도 촬영으로 얻어진 영상을 기반으로 한다. 대표적인 사례는 유튜브(YouTube) 360도 영상을 들 수 있는데, P-VR처럼 HMD 고글과 스마트폰을 사용해서 이용이 가능하다. 다만 웹 트래픽을 기반으로 하는 스트리밍(streaming)[6] 시 다량의 데이터를 소모한다는 점과 촬영 공간이 역동적이지 않다면 P-VR과 큰 차이를 보이지 않는다는 한계가 있다. 그리고 결정적으로, 사용자와 콘텐츠간의 상호작용이 불가능한 것이 특징이다.[7]

세 번째로는 CG(computer graphic)-VR이다. 이는 R(realistic)-VR 혹은 3D-VR로 불리기도 하는데 컴퓨터를 이용하여 현실감 있는 모델링을 구현하여 제작한 콘텐츠를 말한다. 앞에서 언급한 P-VR과 M-VR이 광의의 가상현실의 대표적인 사례라면, CG-VR은 진정한 의미로서 협의의 VR이라고 볼 수

---

5   웹(web)기반의 결과물은 안드로이드 혹은 ios 앱형태의 패키지로 구성하여 인터넷연결없이 스마트디바이스에서 단독 구동이 가능하게 제작은 가능하다. 다만, 비용적인 측면에서 웹기반 콘텐츠 제작비용보다 2배 이상 소요될 수도 있다.

6   소리(음악)나 동영상 등의 멀티미디어 파일을 전송하고 재생하는 방식의 하나로, 동영상같이 큰 파일은 다운로드와 동시에 재생이 가능하게 하는 기술이다.

7   M-VR(영상VR)의 경우 촬영물 자체의 편집만으로 콘텐츠와의 상호작용은 불가능하다. 다만, UNITY 3D와 같은 프로그램을 활용하여 제한적인 방식의 상호작용이 가능하게 제작할 수는 있다.

있다. P-VR과 M-VR의 장점을 모두 가지고 있으며, 전용 컨트롤러를[8] 통해 다양한 상호작용이 가능하다. 예를 들어 가상의 공간을 걸어 보거나 공간 내부의 물건을 만져보거나 하는 동작까지도 모두 인식하도록 세팅을 할 수 있다. 다만 이러한 기술들을 구현하기 위해서는 고성능 전용 PC와 특수한 센서가 부착되고 신호를 파악할 수 있는 컨트롤러를 구비해야만 하는 점이 큰 단점으로 지적된다. 따라서 일반인들이 무제한으로 이용하기는 쉽지 않으며, 특수한 여건에서 고가의 디바이스가 필요하다.

지금까지 언급한 제작 방법에 따른 가상현실 콘텐츠의 종류와 개별적 특징을 요약하면 다음의【표 1】과 같다. 여기서 각각 세 가지 종류는 제작 및 구현에 소모되는 디지털 데이터의 용량 차이도 반영하며, 동시에 제작비용의 규모 및 제작 기술의 수준도 반영하는 것으로 보면 된다.

【표 1】 가상현실 콘텐츠 제작방법에 따른 분류 및 특징

	P-VR	M-VR	CG-VR
제작기반	사진	영상	컴퓨터 그래픽
환경	현실세계	현실세계	가상의 세계
상호작용	일부 가능	제한적 가능	가능
결과물 형태	html5 파일	mp4 등 영상파일	패키지 형태의 파일
적용가능 디바이스	모든 인터넷 디바이스가능	모든 스마트 디바이스	모든 스마트 디바이스
HMD고글 가능여부	가능	가능	가능
컨트롤러 가능 여부	제한적 가능	불가능	가능
제작기간	짧다	짧다	길다
제작비용	저가	저가	고가

---

8   대표적인 전용 컨트롤러는 오큘러스 리프트와 HTC 바이브 제품이 있다.

2.3 가상현실 콘텐츠 제작과정

　가상현실 콘텐츠를 제작하는 과정은 구현할 대상의 공간 형태가 가상의 형태인지 실제 환경인지에 따라 구분된다. 가상의 공간을 대상으로 제작하는 콘텐츠의 경우 전문 소프트웨어가 필요하고, 실제 환경을 대상으로 제작할 경우에는 파노라마헤드(panorama-head)를 갖춘 DSLR카메라라던가 혹은 이제 준하는 성능을 보유한 360도 카메라가 필요하다.

　가상 공간을 기반으로 제작하는 콘텐츠는 앞서 설명한 바와 같이 가상의 공간과 물질을 생성하여야 하므로 전문적인 3D 모델링 프로그램이[9] 필요하다. 이때 가장 중요한 것은, 사용자의 위치에서 모든 주변을 관찰 할 수 있도록 360도 환경으로 제작이 이루어져야한다. 제작된 360도 3D 환경은 사용자가 체험할 수 있도록 하는 콘텐츠화 프로그램이 필요하다. 즉, 컴퓨터 그래픽(3D모델)으로 360도의 가상 환경을 구현할 수 있어야 하고, 이를 컴퓨터 혹은 스마트폰에서 접속이 가능하게 콘텐츠화 할 수 있는 별도의 솔루션 소프트웨어가[10] 또 필요하다(그림 1). 일반적으로 이러한 제작 과정은 1인칭 시점의 컴퓨터 게임 제작의 구현 방식과 일치한다.

【그림 1】컴퓨터그래픽 환경 기반 가상현실 콘텐츠 제작 과정

9　가상의 환경을 생성할 때는 일반적으로 3D's Max, Cinema4D, Z-Brush, Autodesk Fusion 360 등의 3D모델링 전문 제작 프로그램을 이용한다.

10　3D모델링 한 가상의 환경을 콘텐츠화 할 때는 Unity3D 혹은 Unreal이라는 물리 엔진 프로그램을 이용한다.

실제의 공간을 대상으로 가상현실 콘텐츠를 제작할 때는 360도 카메라에 주로 의존한다. 컴퓨터그래픽으로 360도 환경을 인위적으로 조성하는 것과 유사하게 주변의 모든 공간정보를 담을 수 있는 카메라를 이용하여 촬영을 진행한다. 촬영 이후에는 카메라에 포함된 소프트웨어 혹은 전용 편집 소프트웨어를 이용하여 스티칭(붙이기, stitching) 작업을 진행한다. 일반적으로 360도 카메라는 최소 2개 이상의 어안렌즈(Fisheye-Lens)를 탑재하고 있는데, 각각의 사진 혹은 영상을 붙여주어야 콘텐츠로 이용 가능한 단일 파노라마(panorama) 이미지 혹은 파노라마 동영상이 완성된다. 각각 촬영 된 파노라마 파일은 케이알파노(KRpano), 파노투어(Panotour), 오토파노(Autopano) 등과 같은 가상현실 콘텐츠 제작 소프트웨어에 탑재된다. 그리고 이렇게 탑재 된 다양한 파노라마 이미지나 동영상을 이어 붙이면 투어(tour)라 불리우는 둘러보기 방식의 1차 콘텐츠가 완성된다. 콘텐츠는 차후 다른 방식의 보다 향상 된 콘텐츠로 제작될 수도 있고 상호작용이 가능한 방식으로 추가 변환이 가능하지만 기본적으로 스마트폰을 기반으로 해서 자체 구현이 가능하다는 특징이 있다(그림 2).

【그림 2】 실제 환경 기반 가상현실 콘텐츠 제작 과정

위에서 제시한 그림 1과 그림 2의 공통적인 루틴을 제시할 수 있다. 가상현실 콘텐츠를 제작하는 방법은 우선 구현할 대상을 선정한 다음에 컴퓨터그래픽으로 가상의 환경을 제작하거나 아니면 360도 카메라를 이용하여 실제 환경을 담은 후 콘텐츠화 할 수 있는 소프트웨어를 이용하여 재현 가능한 수준으로 콘텐츠를 제작하는 과정이 공통적인 절차라 볼 수 있다.

3. 증강현실 기술의 개념과 분류

3.1 증강현실 기술의 정의

증강현실(augmented reality)은[11] 엄밀히 말해서 가상현실의 세부 분야로 볼 수 있다. 이는 실제 환경에 가상의 환경을 합성해서, 존재하지 않는 대상을 실존하는 배경에 이입하는 컴퓨터그래픽 기법을 말한다(서희전 2008, p.138). 증강현실은 실존하는 기반 위에 가상의 사물을 합성하기 때문에 확장현실이라는 명칭으로 불리기도 하며, 현실 세계에서 얻기 어려운 다양한 부가 정보들을 제공한다는 특징이 있다(이금실 외 2012). 이런 부가적인 정보는 스마트폰의 어플리케이션과 미리 설정해 놓은 다양한 작동기제(marker-image, object, GPS, beacon 등)들과 함께 제공 된다. 특히 증강현실 기술은 스마트폰에 내장된 하드웨어(카메라, 자이로, GPS, 블루투스 장치)를 적극적으로 활용한다는 점이 일반적 가상현실과 구별되는 가장 큰 특징으로 볼 수 있다.

3.2 작동기제에 따른 증강현실 콘텐츠 종류

증강현실 콘텐츠는 제작하는 방법보다는 스마트 디바이스에 신호(signal)를 전송하는 방식(작동기제)에 따라 크게 4가지로 구분할 수 있다. 4가지 모두 증강현실 콘텐츠 앱이 설치된 스마트 디바이스만 보유하면 간편하게 이용이 가능하다. 또한 제작 과정에서 HMD 고글을 연동시킬 수도 있고 다른 앱과의 응용 제작이 가능하기도 하다.

첫 번째는 마커이미지(marker-image)방식의 증강현실이다. 타겟(target) AR

---

11 김해동 외(1997)는 증강현실의 구체적인 의미로서, 사용자가 눈으로 보는 현실 세계와 부가정보를 갖는 가상 세계를 합쳐 하나의 영상으로 보여주는 가상현실의 한 분야로 보고 있다.

이라고도 불리는데, 스마트 디바이스에 내장 된 카메라를 이용하여 특정 이미지 혹은 텍스트를 비추면 디바이스에 내장된 앱을 통하여 3D 모델링 및 관련 정보를 화면에 투영하여 보여주는 방식이다. 이 증강현실 구현 방식은 가장 보편화된 방식으로서, 이미지와 텍스트는 스캔이나 복사를 통해 무한정 복제가 가능하다. 박물관에서 특정 유물에 대한 기술적(descriptive) 정보를 데이터베이스화 해 놓고 바코드나 아니면 QR코드를 이용해서 관련 정보를 스마트폰으로 시청하거나 저장하도록 하는 장치가 이러한 마커이미지 방식의 대표적인 사례라고 볼 수 있다.

두 번째는 오브젝트(object) 방식의 증강현실이다. 마커이미지 방식과는 달리 이 방식은 미리 설치된 앱에서 카메라를 통해 특정 대상물이나 객체(예를 들면 유물, 유구, 유적 및 특정 지점에 설치된 표지석 등)를 인식하면 디지털 부가 정보가 화면에 투영되는 방식이다. 이러한 기제는 3D 스캔 혹은 사진 스캔을 통한 특정 오브젝트의 3D 모델링이 반드시 구현되어야만 가능한 수준의 콘텐츠이다.

세 번째는 GPS 방식의 증강현실이다. 이것은 스마트 디바이스에 내장된 GPS 수신기를 활용하는 방식이다. 디바이스에 설치된 AR앱에 특정 GPS 좌표값을 미리 정해놓은 다음에, 해당 GPS 좌표 근처로 디바이스가 접근하면 그 지점에서 수신할 수 있는 특정 정보가 화면에 구현되는 방식이다. 이 기제는 디바이스의 인식률이 높은 반면 GPS 좌표 수신이 가능한 야외에서만 가능하다는 단점이 있다.

네 번째는 비콘(beacon)[12]방식의 AR이다. 이것은 블루투스(bluetooth) 신호를

---

12 근거리에 있는 스마트 기기를 자동으로 인식하여 필요한 데이터를 전송할 수 있는 무선 통신 장치이다. 블루투스 비콘(bluetooth beacon)이라고도 한다. 근거리 무선 통신인 NFC가 10cm 이내의 근거리에서만 작동하는 반면, 비콘은 최대 50m 거리에서 eh 작동할 수 있다. 비콘 기술을 이용하면 쇼핑센터, 음식점, 박물관, 미술관, 영화관,

송-수신할 수 있는 비콘이라는 장치를 특정 지점에 설치하고, 디바이스와 비콘이 상호 송수신하는 과정을 통해서 정보를 제공하는 방식이다(김병택 205). 전술한 GPS 방식과 달리 위성을 사용하지 않고 직접 시그널을 제공하는 비콘을 사용하기 때문에 인식률이 높고 실내에서도 구현이 가능하다는 장점이 있다. 다만 비콘을 설치할 충분한 공간이 확보되어야 하고, 비콘을 가동하기 위한 별도의 에너지원(예: 전기)이 상시 작동해야만 한다는 점은 단점으로 지적된다.

이상의 증강현실 콘텐츠 작동기제에 따른 분류를 요약하면 표 2와 같으며, 이를 도식화 한 것이 그림 3이다.

【표 2】 AR콘텐츠 제작방법에 따른 분류 및 특징

	Marker-AR	Object-AR	Gps-AR	Beacon-AR
증강현실 구현내용	3D모델링, 사진 영상, 텍스트 등 모든 디지털 부가 정보			
작동기제	이미지, 텍스트	물체(오브젝트)	GPS좌표	Beacon 블루투스
작동환경	실내/실외	실내/실외	실외	주로 실내
상호작용 (interaction)	가능			
결과물(output)	패키지형태의 앱(App)			
적용디바이스	모든 스마트 디바이스			
HMD고글 확장여부	가능			

야구장 등을 방문한 고객의 스마트폰에 할인 쿠폰이나 상세 설명 등의 데이터를 전송할 수 있다(김병택 2015).

3.3 증강현실 콘텐츠의 제작과정

증강현실 콘텐츠를 제작하는 과정은 스마트폰에 탑재된 앱 화면에서 보이는 디지털 정보 및 그것을 구현하는 구체적 방식에 따라 달라진다. 일반적으로 모델링→코딩→앱 추출이라는 3단계의 과정을 거친다. 모델링(modeling)은 가상현실 콘텐츠 제작 기법 중 CG-VR과 유사한 방식으로 유물, 유구, 유적 등을 3D 모델화 하는 것이다. 이 때 완성된 3D 모델 파일의 용량이 너무 크지 않도록 Z-Brush와 같은 소프트웨어를 이용하여 3D 폴리곤(Polygon)의 수량을 적절하게 조절한다. 코딩(coding)은 3D 모델링한 데이터를 기반으로 스마트폰 화면에 어떻게 보여지고, 어떠한 부가 기능을 담는 지 결정하는 과정이다. 이는 스마트폰과 사용자 상호간의 직접적인 체험 과정을 의미한다. 예를 들어 확대/축소(pinch to zoom), 이동(drag) 등 사용자의 손가락을 이용한 직접적인 동작(action), 메뉴(menu), 부가정보(side-infomation) 등의 기능 등이 있다. 마지막으로 코딩이 완료되고 앱 추출 단계에서는 스마트디바이스의 OS(operation system)에 따라 내보내기(export) 작업을 통해 구체적으로 렌더링을 목표로 한다. 이는 스마트 디바이스의 구현 환경(예: 해상도, 화면 크기 및 블루투스 기반 장비의 종류)에 맞추어서 각각 추출한다.

【그림 4】 증강현실 콘텐츠의 제작 과정 사례

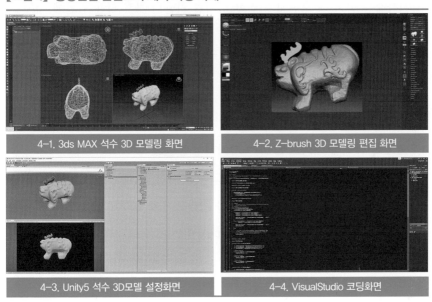

4-1. 3ds MAX 석수 3D 모델링 화면	4-2. Z-brush 3D 모델링 편집 화면
4-3. Unity5 석수 3D모델 설정화면	4-4. VisualStudio 코딩화면

그림 4는 공주 무령왕릉 석수를 대상으로 해서 구현 한 증강현실 콘텐츠의 제작 과정을 각 단계별로 보여준다. 첫 번째 그림은 3D's Max 프로그램을 활용해서 석수를 3D 모델링하는 작업이다. 두 번째 그림은 이러한 모델링을 기반으로 해서 Z-brush 프로그램으로 석수의 외양을 편집하면서 구현하는 단위 폴리곤의 갯수를 조정하는 단계이다. 세 번째 그림은 Unity5를 통하여 코딩 된 석수 모델의 인터액티브 기능의 설정 단계이다. 이 단계를 거치고 Visual Studio 프로그램을 통해서 구체적인 코딩 작업이 이루어지는 것을 네

번째 그림을 통해 알 수 있다.

지금까지 언급한 작업 과정은 사실 일반적인 절차를 중심으로 서술한 증강현실 콘텐츠 제작에 불과하다. 본고에서 구체적인 관심으로 다루고자 하는 부분은 고고학 콘텐츠를 대중화시키기 위한 수단으로서 디지털 기술을 활용하는 것이다. 따라서 가상현실 및 증강현실 콘텐츠를 구체적으로 구현한 대중고고학 사례를 검토 해 보면서 이러한 디지털 기술의 차후 활용 방안에 대해 생각해 보도록 하자.

4. 사례 검토

4.1 고고학 유적을 대상으로 하는 가상현실 콘텐츠

청동기 시대부터 역사시대의 유적 그리고 해외 발굴조사 유적을 대상으로 제작된 가상현실 콘텐츠는 현재 다양한 사례들이 축적되어 있다. 정적인 상황이 대부분에 해당하는 고고학 유적을 대상으로 하기 때문에 여기에는 가상현실 콘텐츠 제작 기법 중 하나인 P-VR 기술이 주로 채택되고 있다.

【그림 5】 보령 구룡리 유적의 청동기 시대 장방형 주거기 P-VR의 일부 이미지
(재단법인 백제문화재연구원 제공)

【그림 6】 백제 왕궁리 동문지 유적 가상현실 콘텐츠의 일부(국립부여문화재연구소 제공)

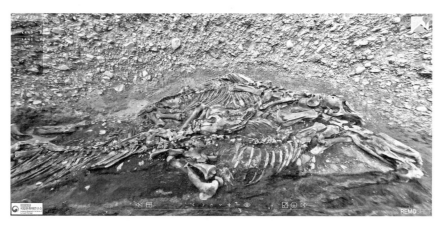

【그림 7】 해외 발굴 조사 가상현실 콘텐츠 – 몽골 고분 유적에서 발견 된 동물뼈 화석
(국립문화재연구소 제공)

4.2 고고학 유물을 대상으로 한 증강현실 콘텐츠 사례

4.2.1 대전 농경문청동기 증강현실 콘텐츠

청동기시대를 대표하는 유물인 농경문 청동기를 대상으로 제작 된 콘텐츠
이다. 마커 기반의 증강현실 콘텐츠(Marker–AR)로서, 농경문 청동기의 마커–

이미지를 스마트폰 앱의 카메라로 투영하면 3D 모델링된 유물의 이미지가 화면에 나타난다. 이 이미지는 부분적으로 사용자와 상호작용이 가능하기 때문에 실제 유물을 만지거나 뒤집어 보지 않더라도 가상현실 상으로 유물을 자세하게 관찰하고 감상할 수 있음은 물론 유물 자체의 정보도 담아낼 수 있다. 특히 청동기 유물의 특성 상 부식되거나 녹이 슬어 변색되기 이전 상태도 구현할 수 있기 때문에, 보다 생동감 있게 유물 관찰이 가능하고 농경문이 변형되기 이전 상태를 선명하게 관찰할 수 있으며 필요하면 확대 재현도 가능하다. 이와 관련해서 텍스트 기반의 유물 관련 상세 정보를 사용자에게 제공할 수도 있다. 이 정보는 언제든지 업데이트가 가능한 개방형 인터페이스이기도 하다.

【그림 8】 농경문 청동기의 증강현실 콘텐츠 구현 모습

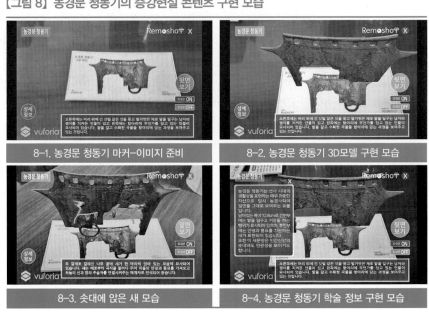

8-1. 농경문 청동기 마커-이미지 준비

8-2. 농경문 청동기 3D모델 구현 모습

8-3. 솟대에 앉은 새 모습

8-4. 농경문 청동기 학술 정보 구현 모습

4.2.2 무령왕릉 석수 증강현실콘텐츠

백제시대의 대표 무덤인 무령왕릉 내에서 출토된 석수를 대상으로 제작한 콘텐츠이다. 오브젝트 기반의 증강현실 콘텐츠(Object-AR)로서 스마트폰에 탑재된 앱을 통하여 3D 프린팅된 석수를 바라보면, 해당 석수의 3D 이미지와 함께 여러 가지 추가 정보가 나타나게 제작이 되었다. 이러한 추가 정보에는 무령왕릉에 대한 설명부터 발굴 조사 당시의 도면, 사진, 영상 자료 그리고 석수 이외의 출토 유물까지 탐색이 가능하다. 또한 이러한 정보는 해외 전문가 및 관련 분야에 관심있는 일반인들을 위하여 일본어로도 볼 수 있으며, 차후 중국어 및 영어와 같은 기타 언어도 선택이 가능하다.

【그림 9】 무녕왕릉 석수의 증강현실 콘텐츠 구현 모습

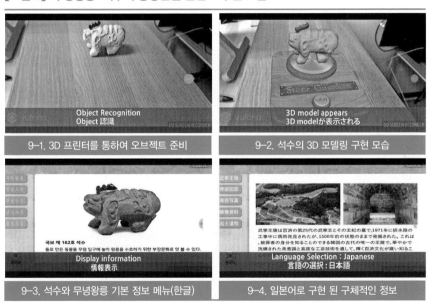

4.3 GPS에 기반 한 증강현실 콘텐츠

지리 정보를 기반으로 제작 된 증강현실 콘텐츠의 대표적인 사례는 발굴 조

사가 완료된 후 복토된 매장 문화재 유구를 대상으로 제작되는 것이 보통이다. 지금은 복토되어 발굴 조사 당시의 상태와 정확한 위치를 알 수 없는 지점은 조사 당시 유구의 GPS 좌표를 스마트폰 앱에 설정해 놓고 해당 위치로 이동해서 조사 당시 모습을 화면에 구현하는 방식이다. 현재 이러한 방식의 증강현실 콘텐츠는 아직 국내에서 활발하게 구현되지는 않고 있지만 인접한 일본에서는 GPS 기반으로 제작 된 증강현실 콘텐츠가 이미 활황을 누리고 있다(曾根俊則 2016). 따라서 조만간 다수의 국내 사적지나 중요 유적지 중 보존 처리 된 곳에서 이러한 콘텐츠를 활용할 수 있을 것으로 기대된다.

4.4 문화유산과 유적의 가상현실 콘텐츠 활용 사례

고고학적인 문화유산을 대상으로 제작된 가상현실 콘텐츠는 주로 특정 하드웨어 시스템을 갖춘 박물관에서 제공되고 있다. 이에 반해 스마트폰으로 이용 가능한 콘텐츠는 2016년부터 중요 발굴 조사 유적지를 대상으로 제작되고 있다. 이에 대한 구체적인 활용 사례는 2017년부터 본격화 되고 있다. 대표적인 것으로 양주 회암사지박물관은 기타 지역에 위치하는 유적지(예: 수원 창성사지유적, 공주 요룡리 유적)들을 대상으로 제작된 가상현실 콘텐츠를 관람객의 교육에 활용하고 있다. 또한 해외 발굴 조사 유적(예: 러시아의 발해 유적, 몽골과 카자흐스탄의 고분 유적)을 대상으로 제작 된 가상현실 콘텐츠도 배치해서 국내의 고고 유적 및 문화유산과 비교할 수 있는 공간을 마련하였다.

【그림 10】 가상 및 증강현실 콘텐츠의 다양한 활용 사례

10-1. 회암사지 박물관의 가상현실 콘텐츠 활용 모습

10-2. 회암사지 박물관의 가상현실 콘텐츠를 활용한 어린이 박물관 교육 현장 모습

10-3. 2017년도 한국 고고학 전국대회에서의 가상현실 활용 부스

10-4. 아시아 고고학대회에서의 가상현실 콘텐츠체험 모습

5. 맺음말

지금까지 고고학 및 문화유산의 활용에 적용 가능한 가상현실과 증강현실의 기법 및 그 활용 방면에 대해 간략하게 살펴보았다. 가상 및 증강현실 기술은 사용자의 위치와 관계없이 미리 제작된 콘텐츠를 현실감 있게 감상하도록 하는 기술로써, 구현하려는 대상에 따라 실사기반의 촬영 혹은 컴퓨터그래픽 기법을 이용하여 제작된다. 가장 보편적인 플랫폼의 형태로 P-VR(사진기반), M-VR(영상기반), CG-VR(컴퓨터그래픽기반) 등으로 구분할 수가 있지만 고고학 콘텐츠는 대부분 움직이지 않는 정적인 환경을 가지고 있기 때문에 현

재까지는 P-VR 기법이 가장 많이 채택되고 있다. 또한 P-VR은 비용 측면에 있어 M-VR이나 CG-VR과 달리 상당히 저렴한 비용으로 제작이 가능하기도 하다. 물론 유적지의 보존이나 훼손 상황, 계절 변화에 따른 추이를 반영하려면 다수의 P-VR이 제작되거나 아니면 CG-VR의 도입이 필수적인 것은 사실이다. 특히 CG-VR처럼 다양한 콘트롤러(모션 인식, 음성 인식 등)를 활용할 경우 보다 입체적이고 생동감 있게 문화유산을 체험할 수 있다. 그러나 다양한 문화유산을 대상으로 해서 합리적인 비용으로 콘텐츠를 제작한다는 것은 쉽지 않다. 특히 컴퓨터 그래픽 기술이 필수적으로 첨가되는 CG-VR과 달리 실사 장면을 적극적으로 활용한다는 측면에서 볼 때 P-VR의 활용이 고고학 콘텐츠에서 독보적으로 선호되는 것은 당연한 일이라 볼 수 있다.

물론 P-VR이 유일무이한 가상현실이나 증강현실의 기술적 선택은 아닐 것이다. 대중들이 문화유산을 체험하고자 할 때 고가의 전용 PC나 콘트롤러를 구비하는 것은 아직까지는 현실적으로 괴리가 있다. 그렇기 때문에 이러한 장비가 개인적으로 소비되는 가정이나 직장보다는, 공공 기관이나 국가의 정책 방향이 결부되는 사회간접자본의 형태가 우선해야 하는 것이 바람직할 것이다. 하지만 가상현실과 증강현실 모두 현재 개개인이 소지한 스마트 디바이스를 중심으로 파급되고 있기 때문에 지금보다 더욱 강력한 대중성을 확보할 수 있는 날도 머지않았다는 것을 알 수 있다.

본고는 고고학 및 문화유산에 대한 대중들의 관심을 환기시키면서, 이에 대한 구체적이고 직접적인 체험 방법이 어떤 것이 있을까에 대한 고민에서 시작되었다. 그리고 4차 산업혁명이라는 국제적 모토와 기술적으로 가장 잘 부합하는 최신의 디지털 산업 매체인 가상현실(VR), 증강현실(AR)에 대하여 살펴보았다. 이러한 기술을 고고학에 적용하는데 있어서 가장 중요한 문제는 기술적 장치를 개발하고 활용하는 것이 아니다. 바로 이러한 매체를 통하여 고고

학의 대중성을 확보하는 것이다. 대중성을 확보하는 것에서 필수적인 전제조
건으로는 바로 이용하고자 하는 콘텐츠가 얼마나 호소력과 설득력을 가지냐
의 문제일 것이다. 아직까지 개개인이 소유한 스마트폰에 고고학이나 문화유
산 관련 앱을 설치한다는 생각은 요원한 수준이다. 그러한 고정관념을 타파
하고 스마트폰 소지자가 누구든지 능동적으로 고고학이나 문화유산 콘텐츠를
활용할 수 있다는 보편적 가치관을 확립하는 것이 기술 발전에 선행해야 할
당면과제이기도 하다. 그런 의미에서 본고는 가상현실과 증강현실의 기술적
탁월함과 경제적 가치보다는 그것이 가져다주는 대중적 파급력과 접근의 수
월성에 더 높은 의미를 두고자 한다.

[참고문헌]

강영환 2016, 「VR기술을 활용한 암각화 박물관의 콘텐츠 개발 연구」, 한국콘텐츠학회 논문지16.

김병택 2015, 「비콘(beacon)을 중심으로」, 『사물인터넷 환경에서 사용자 만족도 향상을 위한 UX디자인 활용 체계 연구』, 디지털디자인학 연구 제15권 제 2호.

김해동 외 3인 1997, 『Augmented Reality에서 GPS와 모델기반 비전 처리를 이용한 향상된 가상 이미지 정합방법』한국정보과학회 학술발표논문집 24.

서희전 2008, 『증강현실기반 학습 환경에서 학습자의 현존감, 몰입감, 사용성에 대한 태도, 학업성취도의 관계연구』, 교육정보미디어연구 14.

안형기 2017, 『考古學과 ICT融合活用 研究』, 고려대학교 고고미술사학과 석사논문.

이금실 2012, 「북촌 한옥마을 방문객을 대상으로」, 『문화유산 관광지의 여행 경험에 증강현실기술 (augmented reality)이 미치는 역할에 관한 탐색적 연구』, 대한경영학회지 제25권 제2호.

이기호 2013, 「증강현실의 공간적 개념에 관한 연구」, 『예술과 미디어』 12권 4호, 한국영상미디어협회.

윤종록 2016, 『4차 산업혁명과 소프트파워』, 한국정토통신기술협회.

정상훈 2017, 「디지털기술이용 청담사지활용검토」, 『신라 화엄십찰 청담사지 2차 학술대회』, 덕성여대 산학협력단.

George Coates. 1992, 『Program from Invisible Site – a Virtual Show, a Multimedia Performance Work Presented by George Coates.』 Performance Works, San Francisco, CA.

Michael R. Heim. 1998, 『Virtual realism』.

曽根俊則. 2016, 『遺跡におけるVR/AR技術利用の現状』独立行政法人国立文化財機構奈良文化財研究所文化遺産部遺跡整備研究室.

■ 웹사이트

http://www.remoshot.com

한국 대중고고학 개론

엮은이   한국대중고고학회

펴낸이   최병식

펴낸날   2018년 10월 19일

펴낸곳   주류성출판사

서울특별시 서초구 강남대로 435 (서초동 1305-5)

TEL | 02-3481-1024 (대표전화) • FAX | 02-3482-0656

www.juluesung.co.kr | juluesung@daum.net

값 20,000원

잘못된 책은 교환해 드립니다.

ISBN 978-89-6246-364-4   93910